HARTWIG SCHILLER

Der Neuanfang

HARTWIG SCHILLER

Der Neuanfang

Anthroposophische Arbeit in Stuttgart und Deutschland
nach Verbot, Enteignung und Weltkrieg

VERLAG FREIES GEISTESLEBEN

Mit freundlicher Unterstützung des «Bauvereins Stuttgarter Anthroposophen e. V.» und der «Friedrich Hiebel-Stiftung»

ISBN 978-3-7725-0125-8

1. Auflage 2022

Verlag Freies Geistesleben
Landhausstraße 82, 70190 Stuttgart
www.geistesleben.com

Einbandmotiv/Frontispiz: Skizze Rudolf Steiner-Haus in Stuttgart
aus *Mensch und Baukunst*, Heft 2/7. Jg., Januar 1958, S. 19.
Einbandgestaltung: Thomas Neuerer und Christiane Woltmann
Druck: Friedrich Pustet GmbH & Co. KG, Regensburg
Printed in Germany

Inhalt

Vorwort

1917 regte Rudolf Steiner in Vorträgen über geschichtliche Wirkenskräfte die Erkenntnis eines verborgenen Entwicklungsstroms geschichtlichen Werdens an. Er wies dabei auf den Zusammenhang von Zeitintervallen aufeinanderfolgender Generationen im Zeitmaß von dreiunddreißig zu dreiunddreißig Jahren hin, der sich in den Impulsen, welche von einer Generation zur anderen wirksam werden, manifestiert.

Dreiunddreißig Jahre bezeichnete er als eine «Menschheitsgenerationszeit»[1], die dem Weltenwerden eingepflanzt ist. Diese Zeit wird aufgegriffen und mit neuem Einschlag in der folgenden Generation von dreiunddreißig Jahren weitergeführt.

Was die vorhergehende Generation als Impuls gelegt hat, wird dabei von der folgenden Generation empfangen und weiterentwickelt. Diese Entfaltung geht über die individuelle, persönliche Perspektive hinaus. Sie betrifft den Werdegang sozialer, sittlicher Wirkungen im geschichtlichen Ganzen.

Was eine Generation sät, reift die folgende Generation aus und erntet es in der dritten Generation. In diesem Gang durch drei Generationen oder 100 Jahre kann eine Entwicklung geschichtsträchtiger Impulse beobachtet werden, die von einer ersten Ideenbildung über eine Gemütsverinnerlichung schließlich als Handlungsvollzug voranschreiten. «Eine Menschengeneration von dreiunddreißig Jahren reift einen Gedankenkeim, einen Tatenkeim aus. Ist er dann ausgereift, so wirkt er durch sechsundsechzig Jahre weiter noch im geschichtlichen Werden. Man erkennt die Intensität eines Impulses, den der Mensch ins geschichtliche Werden hineinlegt, auch in seiner Wirksamkeit durch drei Generationen, durch ein ganzes Jahrhundert hindurch.»[2]

Die Geschichte der anthroposophischen Arbeit in Deutschland zeigt in ihrer Symptomatik unverkennbare Züge einer solchen historischen Physiognomie. Von den ersten Anfängen zeugten die Begründungen in Berlin, Stuttgart, München und vielen anderen Orten. Diese Impulse einer ersten Generation wurden im nationalsozialistischen Terror unterdrückt und bekämpft. Davon berichtet der Band *Aller Anfang*.

Von Wiederaufbau und Neubeginn der zweiten Generation handelt *Der Neuanfang*. Er schlägt die Brücke von der Verbotszeit des Nationalsozialismus bis zum zweiten Drittel des 20. Jahrhunderts.

Im Wirken dieser Generation wird mehr als die bloße Fortsetzung eines Früheren sichtbar, es zeigt sich vielmehr ein Selbstständig-Werden in der Gestaltung von Zielen und Arbeitsweisen. Wachsende Souveränität wird durch Neubesinnung, Selbstprüfung und Selbstbestimmung ermöglicht. Die dritte Generation erfährt eine Kulmination zum Ende des Säkulums und sich steigernder Expansion in den Achtzigerjahren.

Aus dem Geschehenen lassen sich orientierende Fragestellungen für den dritten Abschnitt von dreiunddreißig Jahren erarbeiten. Denn jedem Alpha entspricht ein Omega und jedem Erreichnis ein neuer Anfang.

Die vorliegende Arbeit verdankt ihre Existenz den Spuren, welche die Protagonisten dem Leben der Anthroposophischen Gesellschaft eingeprägt haben und den Pflegern dieser Spuren in Dokumentationen und Würdigungen.

Dank schuldet die Arbeit jedoch auch der immer umsichtigen Sorgfalt des Verlags, seiner unermüdlichen Lektorin Christiane Woltmann sowie der sorgsamen Ausstattung durch Thomas Neuerer.

Eine wesentliche Hilfe erfuhr das Quellenstudium durch die materiell wie menschlich hervorragend ausgestattete Bibliothek des Rudolf Steiner-Hauses in Stuttgart unter Leitung von Jörg und Ruth Ewertowski.

Zuletzt wurde das Erscheinen des Buches durch die Förderung des «Bauvereins Stuttgarter Anthroposophen e. V.» und der «Friedrich Hiebel-Stiftung» ermöglicht.

Sommer 2022 *Hartwig Schiller*

I. Am Abgrund

Die Weihnachtstagung von 1923/24 hatte der Anthroposophischen Gesellschaft jene geistige Erneuerung und Vertiefung eingestiftet, die ihr Orientierung für die zukünftige Arbeit und Erkenntnishilfen für selbst verursachte Schwächungen bot. Das Programm der «Gründungs-Versammlung der Internationalen Anthroposophischen Gesellschaft, Dornach 1923» sah für Dienstag, den 25. Dezember, vormittags, 10 Uhr, die Grundsteinlegung durch Rudolf Steiner vor. An diesem Vormittag wurden erstmals die Worte des Grundsteinspruches vorgetragen, die mit der Hinwendung zum Menschheitsgeist den Weltenaugenblick der ChristusErscheinung und der Bitte um seine menschheitsbildende Kraft ihre Krönung erhielten. Sie lauteten:

In der Zeiten-Wende
Trat das Welten-Geistes-Licht
In den irdischen Wesensstrom;
Nacht-Dunkel
Hatte ausgewaltet;
Taghelles Licht
Erstrahlte in Menschenseelen;
Licht,
Das erwärmet
Die armen Hirtenherzen;
Licht,
Das erleuchtet
Die weisen Königshäupter.

Göttliches Licht,
Christus-Sonne,
Erwärme
Unsere Herzen;
Erleuchte
Unsere Häupter;

Dass gut werde,
Was wir
Aus Herzen gründen,
Was wir
Aus Häuptern
Zielvoll führen wollen.

Mit der unablässigen Arbeit ihrer Mitglieder in diesem Umkreis entwickelte sich die anthroposophische Arbeit auf den praktisch ergriffenen Lebensfeldern mit stetig zunehmender Wirksamkeit. Dem konnte auch durch manche Widerstände, die ihr aus politisch und theologisch dogmatischen Kreisen entgegengebracht wurden, nichts wirklich Schädigendes zugefügt werden.

Diese Situation veränderte sich jedoch durch die «Machtergreifung» der Nationalsozialisten im Januar 1933 drastisch.

Gegenbilder

Die nachfolgenden Ereignisse ließen manchen Anthroposophen die eingetretenen Verhältnisse als eine Entstellung der Worte des Grundsteinspruches erscheinen.

Mit der Jahreswende
Trat die Welten-Geistes-Finsternis
In den menschlichen Werdestrom;
Tiefes Dunkel
Waltete allüberall;
Nachtdunkle Finsternis
Dräute in Menschenseelen:
Finsternis,
Die verhärtete
Verarmte Menschenherzen;
Finsternis,
Die verdunkelte
Fanatische Menschenhäupter.[3]

Die Weltwirtschaftskrise im Herbst 1929 hatte durch Existenzängste und materielle Not ein aggressives politisches Klima entstehen lassen, das von ideologischen Extremen und Gewaltexzessen geprägt war.

SA und SS lieferten sich als paramilitärische Kampforganisationen mit dem Roten Frontkämpferbund der Kommunistischen Partei blutige Straßen- und Saalschlachten. Die Zahl der Anhänger wuchs auf beiden Seiten exponentiell. Die Mitgliederzahl der NSDAP belief sich 1929 auf etwa 100 000, die der KPD auf 120 000 Genossen.

Nach der «Machtergreifung» im Januar 1933 stieg die Mitgliederzahl der NSDAP bis April auf 830 000. Daraufhin erklärte sich die Parteiorganisation mit dem Verwaltungsaufwand überfordert und beschloss einen Aufnahmestopp, der erst 1937 aufgehoben wurde. Zu diesem Zeitpunkt war die Zahl der Mitglieder auf 2,4 Millionen angestiegen, bis 1938 wuchs sie auf 3,9 Millionen an und 1945 betrug sie schließlich 8 Millionen.[4] Damit war etwa jeder fünfte erwachsene Deutsche Parteigenosse.

Mit dem Anwachsen der Parteimitglieder der NSDAP vollzogen sich parallel Massenaustritte aus allen anderen politischen Parteien.

Bereits am 1. Februar 1933 begann im Abendblatt der Berliner *National-Zeitung* eine 14-teilige Artikelserie gegen Rudolf Steiner und die Anthroposophie. Sie wiederholte die seit den Zwanzigerjahren erhobenen Verleumdungen, der deutsche Generalstabschef Helmuth von Moltke habe unter dem direkten Einfluss Steiners gestanden und deshalb in der kriegsentscheidenden Marne-Schlacht versagt. Deutschlands Niederlage im Ersten Weltkrieg gehe auf das Wirken des «Theosophen, Juden, Freimaurers und Kommunisten Rudolf Steiner» zurück. Die Verleumdungskampagne folgte den Stereotypen von Nationalsozialisten und Rechtskonservativen: Der Jude und Freimaurer Steiner war schuld an Deutschlands Unglück.

Eine «Das ‹Wunder› der Marne-Schlacht. Wunder oder Verbrechen?» betitelte Kampfschrift bündelte die gleichförmig wiederholten Anklagen in einer durch Straßenverkäufer und nationale Buchhandlungen verbreiteten 10-Pfennig-Broschüre:

«Ihr Werk (das der Theosophin Annie Besant) vollendete der Halbjude Rudolf Steiner, der Agent des Großorients, zur Reifmachung des deutschen Volkes für den vernichtenden Schlag, der, wenn die Zeit gekommen, gegen das Kaiserreich geführt werden sollte. Rudolf Steiner fand Eingang bei den maßgebenden militärischen und politischen Kreisen in Deutschland und brachte es fertig, wie wir später hören werden, selbst die wichtigsten militärischen Operationen im Weltkriege zu beeinflussen und mit dem Verlust der Marne-Schlacht den Untergang des alten Reiches im Auftrage des französischen Großorients und in letzter Linie im Interesse der Weltherrschaft Judas herbeizuführen.»[5]

Das Potenzial der rechtskonservativen Agenda hatte Rudolf Steiner bereits 1923 mit dem Hitler-Ludendorff-Putsch vom 8. und 9. November entlarvt. Das Ziel des Umsturzversuchs war die Beseitigung der parlamentarischen Demokratie und die Errichtung einer nationalsozialistischen Diktatur. Die Putschisten hatten mit der Unterstützung der rechtskonservativen bayerischen Landesregierung und Verwaltung gerechnet. München war zu einer Hochburg der Rechten geworden.

Die Münchener Ereignisse veranlassten Rudolf Steiner zu der Aussage: «Wenn diese Herren an die Regierung kommen, kann mein Fuß deutschen Boden nicht mehr betreten.»[6]

Im Zusammenhang der Geschehnisse kündigte Steiner seine Berliner Wohnung. Seine Einschätzung der Lage erwies sich in den kommenden Jahren als realprophetisch. Die anwachsende Wucht nationalsozialistischer Propaganda steigerte sich unaufhörlich. Im Dezember 1933 erschien an unscheinbarer Stelle im *Pforzheimer Anzeiger* unter der Überschrift «Judenschwindel» die Invektive:

«War Rudolf Steiner Jude? Meine Freunde behaupten es. In dem Buch *Rudolf Steiner – ein Schwindler wie keiner* ist es bewiesen worden. In einem Vortrag vom 5. Brachet 1920 rühmte sich Steiner öffentlich seiner Freundschaft mit dem Literaten und Juden Ludwig Jakobowski.»[7]

Die Verwendung des alten deutschen Monatsnamens Brachet oder Brachmond für Juni, in dem die Dreifelderwirtschaft des Mittelalters mit der Bearbeitung der Brache begann, ist Indiz für den Gesinnungshintergrund des Verfassers Gregor Schwartz-Bostunitsch, der mit seinem fingierten Leserbrief Propaganda für seine Schmähschrift betrieb.

Hermann Poppelbaum verlangte von der Redaktion sogleich eine Richtigstellung unter Beifügung des arischen Abstammungsnachweises Steiners durch den Sachverständigen für Rassenforschung, der von der Pressestelle der NSDAP bestätigt sei.

Statt der gewünschten Richtigstellung erfolgte jedoch eine kondensierte Steigerung der Diffamierungen:

«Ein Sammelbecken getarnter Mächte ist die Anthroposophie Rudolf Steiners. Neuerdings ziehen sich dort die intellektuellen Marxisten und sonstige Überstaatliche zusammen. Man weiß nicht, ob die schwarze und freimaurerische Internationale in den Kreisen der Anthroposophischen Gesellschaft die jeweilige Haltung bestimmt. Tatsache ist jedenfalls, dass sich das Judentum immer ganz besonders in diesen Kreisen betätigte und noch betätigt. [...] Es hat keinen Sinn, mit den Anthroposophen zu verhandeln. Mit Bakterien verhandelt man nicht, man vernichtet sie.»[8]

Das Verbot der Anthroposophischen Gesellschaft 1935

In der «Hauptstadt der Bewegung», wie Hitler München als Gründungsort der NSDAP bezeichnete, vollzog sich der nächste Schritt der ausgesprochenen Bedrohung. Dort war Reinhard Heydrich unter der Protektion von Heinrich Himmler zum Leiter der Abteilung VI der Münchener Polizeidirektion aufgestiegen, die mit der Überwachung von politischen Vorgängen und der Verfolgung politischer Delikte befasst war. Wenige Wochen später wurde diese Abteilung zur neugegründeten Bayerischen Politischen Polizei (BPP) umgeformt und Heydrich zu ihrem stellvertretenden Chef und De-facto-Leiter gemacht. 1941 beauftragte Hermann Göring Heydrich mit der «Endlösung der Judenfrage», wodurch Heydrich zu einem Hauptorganisator des Holocausts wurde.

Heydrichs Wirken in München wurde sogleich bemerkbar. Am 2. Mai 1934 berichtete Heinrich Leiste in einem Brief an die Mitglieder der Münchener Initiativgruppe von einem Gespräch mit der Polizeidirektion:

«Dort erfuhr ich diesen Montag, dass das Verbot aller Betätigung der Anthroposophischen Gesellschaft in München von der höchsten Stelle der politischen Polizei in Bayern ausgesprochen sei. Zunächst für München, es laute aber für Bayern.»[9]

Wenige Tage zuvor hatte das Sicherheitsdienst-Amt am 12. April 1934 an die BPP den Antrag gestellt, der Anthroposophischen Gesellschaft in München jede Tätigkeit zu untersagen. Diese wies daraufhin am 16. April 1934 die Polizeidirektion telefonisch entsprechend an.

Zur Begründung des Vorgangs erklärte die BPP:

«Wie aus beiliegendem Bericht des SS-Sicherheitsamtes hervorgeht, handelt es sich bei der Anthroposophischen Gesellschaft um eine überflüssige sektenähnliche Vereinigung. Es ist offensichtlich, dass die sektiererische Lehre dieser Verbindung mit deutschem und völkischem Ideengut niemals in Einklang gebracht werden kann. Daraus ergibt sich die Notwendigkeit zur Wahrung der Volkseinheit und zur Verhinderung der Zersetzung der Volkskraft auf dem Umwege über geisteszermürbende Agitation, derartige

Organisationen zu verbieten. Der Anthroposophischen Gesellschaft war daher jede Betätigung zu untersagen.»[10]

Das im April 1934 in München erlassene Verbot der Anthroposophischen Gesellschaft war das erste Fanal einer Entwicklung, die zum 1. November 1935 ihre schlussendliche Konsequenz zeitigen sollte: dem landesweiten Verbot der Anthroposophischen Gesellschaft in Deutschland.

Seine rechtspolitische Rechtfertigung bezog der von Heydrich unterzeichnete Erlass aus der «Verordnung des Reichspräsidenten zum Schutz von Volk und Staat» vom 28. Februar 1933, die nach dem Brand des Reichstagsgebäudes in Berlin auf Antrag des Kabinetts Hitler von Reichspräsident Paul von Hindenburg nach dem Notstandsartikel 48 der Weimarer Reichsverfassung erlassen worden war. Zusammen mit der bereits am 4. Februar angeordneten Einschränkung des Versammlungs- und Presserechtes sowie dem Ermächtigungsgesetz vom 24. März 1933 bildete dieses Gesetzesbündel die juristische Grundlage für Eingriffe in die persönliche Freiheit, das Recht auf freie Meinungsäußerung, die Pressefreiheit, das Vereins- und Versammlungsrecht, das Brief-, Post-, Telegrafen- und Fernsprechgeheimnis. Es legalisierte Hausdurchsuchungen, Beschlagnahmen und Beschränkungen des persönlichen Eigentums.

Mit den Ermächtigungsgesetzen von 1933 wurde dem nationalsozialistischen Regime ein scheinlegitimer Anstrich gegeben, der zur Grundlage des von ihm dauerhaft eingerichteten Ausnahmezustandes und unkontrollierter Machtfülle diente.

Zur Begründung des Verbotes der Anthroposophischen Gesellschaft in Deutschland gab Heydrichs Erlass vom 1. November 1935 an:

«Nach der geschichtlichen Entwicklung der Anthroposophischen Gesellschaft ist diese international eingestellt und unterhält auch heute noch enge Beziehungen zu ausländischen Freimaurern, Juden und Pazifisten. Die auf der Pädagogik des Gründers Steiner aufgebauten und in den heute noch bestehenden anthroposophischen Schulen angewandten Unterrichtsmethoden verfolgen eine individualistische nach dem Einzelmenschen ausgerichtete Erziehung, die nichts mit den nationalsozialistischen Erziehungsgrundsätzen gemein hat. Infolge ihres Gegensatzes zu dem vom Nationalsozialismus vertretenen völkischen Gedanken besteht die Gefahr, dass durch die weitere Tätigkeit der Anthroposophischen Gesellschaft die Belange des nationalsozialistischen Staates geschädigt werden.

Die Organisation ist daher wegen ihres staatsfeindlichen und staatsgefährlichen Charakters aufzulösen.»[11]

Im Rückblick zeigt sich eine kontinuierliche Verdichtung weltanschaulicher und ideologischer Ressentiments seit Steiners Auftreten für Anthroposophie, welche im Vernichtungsterror des Nationalsozialismus gipfelte. Die Wucht der Ablehnung findet in der Kürze des zeitlichen Geschehens Ausdruck. Das Verbot vom 1. November 1935 wurde 33 Monate nach der «Machtergreifung» vom 30. Januar 1933 und 33 Jahre nach dem Beginn von Steiners anthroposophischem Wirken 1902 vollstreckt.

Äußeres Verbot und innere Versuchung

Vorausgegangen waren zermürbende Bemühungen von Mitgliedern und Funktionären, um das drohende Unheil abzuwenden. Da wurde mit allen Mitteln rhetorischer Kraftanstrengung versucht, aufseiten der Machthaber Verständnis zu finden, Abgründe zu ebnen oder unbedenklich zu erscheinen. Vieles bewegte sich nah an der Grenze zu einem zumindest kollaborativ erscheinenden Verhalten. Insbesondere wurde dies im Ringen um den Begriff des «Deutschen», «Deutsch-Seins» und «Nationalen» sichtbar, das ähnlich auch beim Verständnis von Völkern und Volkseigenschaften, Geschichte und Wesen der jüdischen Kultur und anderem auftrat.

Dieser Konflikt zeigte sich symptomatisch in unzähligen, zum Teil banal wirkenden Situationen. Eine solche Begebenheit schilderte Hans Meyer aus Bremerhaven am 15. Oktober 1934 im Zusammenhang der laufenden Zweigarbeit. Sein Bericht an den Vorstand der Landesgesellschaft macht den Zwiespalt von Bedrohung und Beschwichtigung deutlich:

«Abends erschien ein Kriminalassistent und fragte höflich, ‹ob ihm ein bisschen zuhören gestattet sei›. – ‹Selbstverständlich›, wurde ihm geantwortet. Es waren sieben bis acht Mitglieder anwesend. An diesem Abend wurde aus dem Buch über das *Initiatenbewusstsein* vorgelesen.

Nach 30 bis 40 Minuten entfernte sich der Kriminalassistent leise mit freundlichem Wink. Hans Meyer begleitete ihn hinunter und bewog ihn unmerklich zu einer Äußerung. – ‹Ja, das ist ja vollkommen harmlos›, sagte der Beamte. Meyer ergänzte: ‹Gewiss ist es das. Es handelt sich eben nur um rein wissenschaftliche Dinge. Und im Übrigen haben Sie ja auch gehört, dass es uns darauf ankommt, den Intellektualismus und Materialismus zu bekämpfen und stattdessen den ganzen Menschen zur Geltung zu bringen, wie es Hitler ja auch für die neue Erziehung vorgesehen hat.›

– ‹Ja, in dem Sinn werde ich dann auch günstig berichten.› Sprach's und verabschiedete sich mit freundlichem Händedruck.»[12]

Die anthroposophische Arbeit war auf allen Ebenen längst Gegenstand von Ausspähung und Bespitzelung geworden. Die Mitglieder der Gesellschaft lebten unter dem Eindruck andauernden Drucks und Gefährdung.

Dieser Druck konzentrierte sich in den letzten Monaten vor dem Verbot vor allem auf die jüdischen Mitglieder. In Heidelberg hatte der Kreisleiter der NSDAP Parteimitglieder, die gleichzeitig Mitglieder der Anthroposophischen Gesellschaft waren, aufgefordert, entweder aus dieser oder aus der Partei auszutreten. Anton Deutzmann aus Wuppertal schlug vor, dass die jüdischen Mitglieder die deutsche Landesgesellschaft verlassen sollten, ohne aus der Anthroposophischen Gesellschaft auszutreten, in der sie durch den direkten Anschluss an Dornach verbleiben könnten.

Die in vielen Zweigen herrschende Stimmung kommt in dem Bericht zum Ausdruck, den das Mitglied Ernst Schampanier von einer Versammlung in Breslau aus der Pfingstzeit 1935 gab:

«Es war klar, dass ein Jude nicht mehr Zweigleiter sein konnte, was aber sollte mit den jüdischen Mitgliedern geschehen? Es wurde vorgeschlagen, dass die jüdischen Mitglieder aus der Gesellschaft austreten (was aber nicht realisiert wurde). Aber Dr. Zellner, der Zweigleiter, wurde so schnell ersetzt, dass man sich nicht einmal die Zeit ließ, ihm zu danken. Das war wie überall im Leben: Es gab Helden und Feiglinge. Ich glaube, Zellner ging auch nicht mehr zu unserer Pfingsttagung, und nach dem ersten Auftauchen der Gestapo in unserem Zweigraum durfte ich auch nicht mehr an der Eurythmie teilnehmen. Andererseits halfen einige Freunde den Zellners bis zu deren Emigration; das taten sogar unsere zwei Frauen von der Polizei, die damit ihre Stellung und ihre Freiheit riskierten. [...]

In meiner Heimatstadt Breslau gab es drei anthroposophische Ärzte: Dr. Zellner, stellvertretender Zweigleiter nach Moritz Bartsch, Dr. Pagel, ein junger Arzt, und Dr. Ludwig Engel von der Freien Anthroposophischen Gesellschaft. Alle drei waren Juden. Als ein neues Gesetz den Juden verbot, Arier zu behandeln, waren alle drei Zweige ohne Arzt. Zunächst hatten wir aber noch etwas Luft und konnten eine Pfingsttagung im Riesengebirge veranstalten. Die Stimmung war todernst, gespannt, brüderlich, wohinein sich Ungewissheit und Furcht über die Zukunft, die jeden Einzelnen und uns alle erwartete, mischte. Aber über allem erhob sich Hoffnung und michaelische Stärke. Es war ein einzigartiges Erlebnis trotz der Gegenwart der Gestapo, die dabeisaß und versuchte, das zu notieren, was über ihren Verstand hinausging: Wir lasen ‹Pfingsten, ein Fest der freien Individualität›! Schließlich machten unsere Freunde selbst den Bericht für die Gestapo.»

Ernst Mitchell

Ernst Schampanier wurde 1942 aus Berlin deportiert. Bis Dezember wurde er der «Organisation Todt» zugeteilt, einer aus Zwangsarbeitern, Kriegsgefangenen und KZ-Häftlingen bestehenden Bautruppe, die für Rüstungsprojekte eingesetzt wurde. Anschließend wurde er in die Konzentrationslager Kaiserwald (bei Riga) und Stutthof (bei Danzig) gebracht. 1945 wurde das Lager von der russischen Armee befreit.

Über diese Zeit berichtete er in einem Interview für das «Testimony Archive of the Association of Jewish Refugees»: «Ich war das, was man in unserer Sprache einen Muselmann nannte, das heißt einer, der noch nicht sterben konnte, wissen Sie, eines dieser Gerippe, die zwischen Himmel und Erde hingen. War noch nicht ganz tot. Und wieder durfte ich durch eines der Wunder krank werden. Sonst wurden Kranke getötet oder in die Öfen geschickt. Und ich wiederum war eines der vielen Wunder, dass ich offiziell krank sein durfte. Zertifiziert. Und da kamen die Russen, eines Tages, ich meine, ich lag da auf dieser Pritsche, halb tot, und da kamen die Russen rein. Unglaublich! Es war Ostern 45.»[13]

1948 kam er zu seiner Schwester nach Großbritannien, die ihm eine Zulassung als Zahntechniker vermittelt hatte, und nahm den Namen Ernst Mitchell an. Der «deutsch-jüdischen Bourgeoisie» stand er sehr kritisch gegenüber und engagierte sich stark in der «International Friendship League», die nach dem Krieg Pakete nach Deutschland schickte, und dem Roten Kreuz.

Von seiner Rückkehr nach Berlin und schließlich der Ausreise nach Großbritannien erzählte er:

«Ich werde nie vergessen, wie ich in der Zollhalle ankam, zum ersten Mal kam ich über eine Grenze und wurde allein gelassen mit einem Zollbeamten, der wissen wollte, was jetzt in Berlin mit dem Start der Luftbrücke passiert. Und wir redeten und redeten und redeten ganz glücklich. Kurz darauf kam ein Portier auf mich zu: ‹Herr, der Zug wartet auf Sie.› Und dann wusste ich, dass ich nach Hause gekommen war. Ich hatte keinen halben Penny; ich hatte buchstäblich keinen halben Cent. Alles, was ich besaß, war alte Unterwäsche, aber ich wusste, dass ich nach Hause gekommen war, das vergesse ich nie. Nicht nur die Art, wie er mich angesprochen hatte, die ganze Atmosphäre. Nicht nur, dass er einen Bettler mit

‹Sir› anredete, sondern auch, dass er mir sagte: ‹Der Zug wartet auf Sie.› Stellen Sie sich ein anderes Land vor, ‹Der Zug wartet auf Sie!›»[14]

Bis zum Herbst 1935 hatten die Mechanismen der nationalsozialistischen «Gleichschaltung» tief in die Strukturen anthroposophischer Zusammenhänge eingegriffen. Für Organisationen und Institutionen, deren Existenz nicht infrage gestellt wurde, bedeutete Gleichschaltung

– die Beseitigung demokratischer Strukturen zugunsten des Führerprinzips,
– die Entfernung von Juden aus leitenden Positionen, die entweder abgelöst oder gänzlich aus der Organisation entfernt wurden,
– sowie ein Führungswechsel zugunsten von Parteimitgliedern.

Tatsächlich gaben infolge des Terrors sämtliche Zweigleiter jüdischer Abstammung ihre Ämter ab, ein Großteil der jüdischen Mitglieder trat aus der deutschen Landesgesellschaft und Hans Büchenbacher aus ihrem Vorstand aus.

Ein Schreiben des Vorstandsmitglieds Hermann Poppelbaum zeugt von der prekären Lage, in der sich die Gesellschaftsvertreter gegenüber der nationalsozialistischen Herrschaft befanden:

«Grundsätzlich spricht die Anthroposophie zu Menschen jederlei Herkunft. Das Verständnis für sie hat gar nichts mit irgendwelchen leiblichen Vorbedingungen zu tun. Etwas ganz anderes ist es, dass heute in Deutschland nur solche Persönlichkeiten für Anthroposophie verantwortlich eintreten können, die bestimmte Bedingungen erfüllen. Mir ist ganz selbstverständlich, dass die anderen zurücktreten. Was die Zweigleiter betrifft, so ist dies nun, soviel ich orientiert bin, vollständig durchgeführt. Darüber hinaus ist eine Reihe von nichtleitenden Mitgliedern aus der Gesellschaft ausgetreten, um durch ihr Verbleiben das Ganze nicht zu belasten. Die Leitung der Landesgesellschaft enthielt sich aber jeglicher Äußerung, da ein solcher Schritt der Einsicht der Betreffenden überlassen bleiben muss.»[15]

Die Grenzen zwischen politischer Willfährigkeit und gebotenem Schutz des Bedrohten können aus nachträglicher Sicht nur schwer bestimmt werden.

Noch bis weit in das Jahr 1936 hinein sammelte der Staatssicherheitsdient belastendes Material, um die einem unbefangenen Rechtsempfinden widersprechenden Maßnahmen öffentlich zu rechtfertigen. Damit stellt sie der Anthroposophie und Anthroposophischen Gesellschaft ungewollt das überzeugendste Zeugnis hinsichtlich der in späteren Zeiten vorgebrachten

Vorwürfe über Rassismus, Antisemitismus und Nationalismus aus. Ein Bericht über Anthroposophie des Sicherheitsdienstes erklärte im April 1936:

«Eine auf der Anthroposophie aufgebaute Weltanschauung mit ihren verschwommenen Humanitätsidealen, bolschewistischen und jüdischen Tendenzen, in deren Mittelpunkt lediglich das bindungslose Individuum steht, und deren Ziel eine fade allgemeine Menschenbildung ist, kann in den Gang der Erziehung des deutschen Volkes durch den Nationalsozialismus unmöglich eingebaut werden. Die Anthroposophie ist unvereinbar mit dem Nationalsozialismus, weil sie in allen irgendwie wesentlichen Fragen eine grundsätzlich andere Auffassung vertritt.»[16]

Dass es verblendete Gemüter gab, die sich dem nationalsozialistischen Herrschaftswahn gegenüber anfällig zeigten, belegt die extreme Notlage, in der sich Mitglieder und Gesellschaftsleitung befanden. Sie wurde verstärkt durch die Blockwartmentalität mancher Volksgenossen, die sich dem System andienten:

«Hierdurch gestatte ich mir, die Reichskulturkammer darauf aufmerksam zu machen, dass die verbotene Anthroposophische Gesellschaft immer noch Tagungen abhält, die Verbindungen der Gliederungen noch bestehen und viele Mitglieder nach Dornach bei Basel in der Schweiz fahren, ob mit Erlaubnis der Devisenstelle oder nicht, entzieht sich meiner Kenntnis. Wir wollten ein einiges Deutschland mit unserem Führer errichten und erfahren von der Seite manche Zerstörung.»[17]

Der Kontrollwahn der Machthaber ging so weit, das Verhalten von deutschen Anthroposophen in Dornach zu bespitzeln und höhnisch zu kommentieren. 1938 begab sich der SS-Oberscharführer Max Rostock im Auftrag des SD nach Dornach. Er schickte einen ausführlichen Bericht über seine Beobachtungen bei der Aufführung von Goethes Faust und das Verhalten der Tagungsteilnehmer an das Geheime Staatspolizeiamt. Folgende Auszüge sind darin besonders aufschlussreich:

«Bemerkenswert im Verhalten der anwesenden Reichsdeutschen ist vor allem eins: Sie sind alle streng darauf bedacht, nichts zu tun, was sie irgendwie mit den deutschen Gesetzen in Konflikt bringen könnte. Es wurde sehr oft beobachtet, wie am Bücherstand deutsche Käufer sofort davon Abstand genommen haben, ein Buch zu erwerben, wenn ihnen gesagt wurde, dass dieses Buch im Reich verboten sei. Es scheint demnach tatsächlich bei den deutschen Anthroposophen eine Anweisung zu bestehen, wonach nichts unternommen werden darf, was sie irgendwie mit dem Staat in Konflikt bringen könnte, und die Anhänger von Rudolf Steiner schienen sich streng an diese Anordnung zu halten»[18]

Der berichterstattende Max Rostock diente in Prag, Kladno, Königgrätz und Ungarn. In Kladno war er am Massaker von Lidice beteiligt.

Nach dem Krieg lebte er in Heidelberg, flüchtete aus amerikanischer Gefangenschaft und tauchte unter falschem Namen in Ludwigshafen unter. 1949 wurde er enttarnt und von der französischen Besatzungsmacht nach Prag ausgeliefert. Das zunächst gefällte Todesurteil wurde in eine Gefängnisstrafe geändert. Unter dem Decknamen «Fritz» wurde er 1960 in die Bundesrepublik eingeschleust, um ehemalige Mitglieder des Sicherheitsdienstes zu identifizieren. Max Heinrich Rostock lebte als Angestellter in Bremen und starb am 13. September 1986 in Mannheim.

Die 1923/24 so hoffnungsvoll begonnene Neubegründung der Anthroposophischen Gesellschaft wurde durch den Nationalsozialismus nicht zuletzt auch im internationalen Zusammenhang existenziell bedroht.

Zahlenmäßig stellte die deutsche Landesgesellschaft den größten Anteil der Mitglieder der Anthroposophischen Gesellschaft. Damit verbunden war auch der finanzielle Beitrag dieser Landesgesellschaft für das Goetheanum der umfangreichste.

Mit dem Verbot in Deutschland und den Einschränkungen im Reise- und Zahlungsverkehr waren schwere Beeinträchtigungen bei der Finanzierung des Goetheanum verbunden. Darüber hinaus unterschieden sich die Einschätzungen der deutschen Situation und mögliche Einflussnahmen unter den Vorstandsmitgliedern signifikant. Albert Steffen, Ita Wegman und Elisabeth Vreede standen dem Nationalsozialismus ablehnend gegenüber, Guenther Wachsmuth und Marie Steiner suchten nach vermittelnden Kontakten.

Währenddessen spitzte sich die Situation fortwährend zu. Durch eine mangelhafte Koordinierung der deutschen Behörden verzögerte sich die praktische Durchsetzung des Verbots vom 1. November 1935 über einen Zeitraum mehrerer Wochen und teilweise sogar Monate.

Am widersprüchlichsten war der Verlauf in Stuttgart. Dort wurde der Sicherheitsdienst erst am 15. November über eine Zeitungsmeldung informiert, die vom Beschluss des badischen Innenministeriums zur Auflösung der Anthroposophischen Gesellschaft in Baden berichtete. Am folgenden Tag erschien die entsprechende Meldung als Erlass der Gestapo im *Stuttgarter NS-Kurier*. Die Beschlagnahmung bei der Anthroposophischen Gesellschaft erfolgte am gleichen Tag durch die württembergische Politische Polizei. Als der württembergische Innenminister von der Maßnahme erfuhr, hob er das Verbot für Württemberg auf und forderte am 18. November das Material an, um sich persönlich einen Überblick zu verschaffen.

Am 19. November ordnete er schließlich selbst die Auflösung der Gesellschaft für das Land Württemberg an. Mit diesen Vorgängen war zugleich die Beschlagnahme des Zweighauses in der Landhausstraße 70 verbunden.

Bei seiner Einweihung am 15. Oktober 1911 hatte Rudolf Steiner die Verbindung zu den Geistestaten Schillers, Hölderlins, Hegels, Völkers und Oettingers geknüpft und die vorbildliche Zusammenarbeit der anthroposophischen Freunde gewürdigt, die das Bauvorhaben erst möglich gemacht habe. Die verbindende Zielsetzung fasste er mit den Worten zusammen: «Wir haben dem Geiste, dem wir dienen, einen Tempel gebaut.» Die Weiherede gipfelte in Worten Salomos zur Einweihung des Tempels auf dem Berg Morija, die Rudolf Steiner frei übersetzte:

«Geist des Weltenalls, der Du Dich ankündigst in unserer wirklichen Selbsterkenntnis, auf den Willen zum Verstehen, auf die Sehnsucht nach Erkenntnis Deiner Diener! Siehe, Geist des Weltenalls, Durchdringer eines jeglichen Ichs, auf uns herab, und lass Deine Augen offen sein über diesem Bau, wo Du beschlossen hast zu wohnen! Erhöre unsere Gefühle, die danach drängen, durch unsere Arbeit des Einfließens Deines Geistes in die Räume, die wir Dir gewidmet haben, uns würdig zu zeigen!»[19]

«Aus dem Geist der mit der Welt fortgeschrittenen Menschenentwicklung», so formulierte es Rudolf Steiner, sollten Sammlung des Geistes, Einkehr, Lebenskeime, Erkenntnis, Liebe und Friede als Samenbildung einer neuen Kultur erwachsen. Das wurde als geistiger Keim mit dem Bau verbunden, der in Stuttgart Menschengruppen verschiedenster Kulturströme vereinigt hatte, Schwaben, Deutsche aus dem Norden, Westen, Süden, Osten, mit Menschen jüdisch-seraphischer Abstammung, Angehörige aller Gesellschaftsschichten, Unternehmer, Arbeiter, Künstler und Wissenschaftler.

Doch was mit einer so gewaltigen Perspektive begonnen hatte, hielt dem Druck des widerstrebenden Zeitgeschehens nicht unverletzt stand.

Die überaus tätigen Mitglieder Adolf Arenson, Carl Unger und José del Monte hatten die anthroposophische Arbeit in ihrer Gruppe so anregend gestaltet, dass sie zum zentralen Zweig der Stuttgarter Anthroposophen wurde.

Im Kontrast dazu arbeitete der Kerning-Zweig unter der Leitung Toni Völkers. In den beiden Gruppen wurden bewusst ergriffene unterschiedliche Arbeitsformen gepflegt, die zuweilen als konkurrierend auftraten und sich ablehnend zueinander verhielten.

In einer Sitzung verantwortlicher Gruppenleiter, dem sogenannten Dreißigerkreis, wurde Toni Völker am 10. Juli 1923 eine Verunglimpfung des Arenson-Unger-Zweiges vorgeworfen, die sie sechzehn Jahre zuvor getätigt habe. Das Protokoll hielt über diesen Disput fest: «Frl. Völker habe damals von der Judenherrschaft gesprochen, die hier sei. Benkendörfer habe dagegen beim Sturz der Besant geäußert, dass es Frl. Völker bald ebenso gehen werde. Auch hier erklärten Benkendörfer wie Unger die Hoffnung auf eine Verständigung als völlig aussichtslos.»[20]

Auch wenn Carl Unger wenig später eine öffentliche Ehrenerklärung für Toni Völker abgab, zeigt das Vorkommnis dennoch die latenten Spannungen, die sogar in engsten Leitungskreisen der Anthroposophischen Gesellschaft als Antisemitismus auftreten konnten.

Der Tiefpunkt dieser Konflikte wurde in den problematischen Entschlüssen der Mitgliederversammlungen von 1935 erreicht. Sie führten zum Ausschluss von Ita Wegman und Elisabeth Vreede sowie dem Nutzungsverbot der Völker-Gruppe in der Landhaustraße.

Der Kern des Hasses

Im Zentrum des Hasses und der Verfolgung stand für den Nationalsozialismus die anthroposophische Weltanschauung und Lebensweise. Internationalismus, Esoterik, Individualismus, Selbsterziehung und Kosmopolitismus waren Grundpfeiler der Anthroposophie, die ausgemerzt werden sollten.

Damit zeigte sich im Nationalsozialismus eine negative Erkenntnis des Wesens Anthroposophie. Diese negative Erkenntnis entstellte zum Gegenbild, was Rudolf Steiner im Sommer 1924 anlässlich eines Vortrages in Arnheim als in der Anthroposophie wirkende geistige Wirklichkeit dargestellt hatte. Dabei ging er von einer Frage aus, welche den Keim des Unheils direkt in den Blick nahm:

«Wie kommt es, dass in der gegenwärtigen Zeit, wo doch das Zeitalter des Michael eingetreten ist, ein so starkes nationalistisches Element auf der Erde auftritt? Ja, geistig hat sich das lange vorher vorbereitet; dann wirkt es fort, schwingt ab, und es sind noch lange die Nachwehen vorhanden, die oftmals schlimmer sind als das unmittelbare Zeitalter. Denn nur nach und nach schiebt sich die Michael-Impulsivität in das hinein, was zum großen Teil jetzt von der Gabriel-Herrschaft zurückgelassen ist. Immer aber dann, wenn das Michael-Zeitalter anfängt, beginnt für die

Menschheit auf der Erde eine Sehnsucht, alle völkischen Unterschiede zu überwinden und über die verschiedenen Völker, die zu dieser Zeit die Erde bevölkern, dasjenige auszubreiten, was als die höchste Kultur, als der höchste Geistesinhalt in einem bestimmten Zeitalter entstanden ist. Die Michael-Herrschaft bezeichnet immer das Überhandnehmen eines kosmopolitischen Prinzips, bezeichnet immer die Ausbreitung eines höchsten Geistesstandes auf der Erde unter denjenigen Völkern – gleichgültig, welche Sprache sie haben –, die für diesen Geistesstand zugänglich sind. Daher ist von den sieben Erzengeln, die ihre Impulse in die Menschheitsentwickelung hineinsenden, Michael immer derjenige, der der Menschheit den Impuls des Kosmopolitismus gibt – und zu gleicher Zeit den Impuls, das Wertvollste, das in einem Zeitalter da ist, unter den Menschen zur Ausbreitung zu bringen.»[21]

Das Wertvollste der Gegenwart aber war das Aufkommen einer vorurteilsfreien Welt- und Menschenerkenntnis, die Anerkennung eines differenzierten Menschentums über die Erde hin und der positive Impuls zu einer Gemeinschaftsbildung über äußere Unterschiede und Grenzen hinweg.

Gemäß der Negation dieses Impulses durch den Nationalsozialismus galt sein erster Vernichtungsstoß der Anthroposophie selbst. Die Mittel dieses Stoßes waren Denk- und Redeverbot, Beschlagnahmen, Raub und Inhaftierung.

Durchgreifenden Erfolg konnten die Gewaltmaßnahmen jedoch trotz allem nicht vermelden. Vorausschauend hatten Anthroposophen vermehrt Bücher Steiners gekauft, um im Falle eines Verbotes versorgt zu sein.

In einem vertraulichen Lagebericht des württembergischen Innenministeriums heißt es über Anthroposophie:

«Die Auflösung der Anthroposophischen Gesellschaft, der Anthroposophischen Arbeitsgemeinschaft und ihrer Untergliederungen ist von den betroffenen Kreisen äußerlich ohne Widerstand und mit verhältnismäßiger Ruhe aufgenommen worden. Es besteht jedoch kein Zweifel darüber, dass sich die Anthroposophen, die starken persönlichen Zusammenhang untereinander haben, gruppenweise und in Konventikeln nach wie vor zusammenfinden. Charakteristisch ist die Wahrnehmung, dass der Buchhandel nach der Auflösung der Gesellschaft einen mehrfach erhöhten Umsatz in anthroposophischen Büchern und Schriften zu verzeichnen hatte. Nicht selten hatten sich einzelne Mitglieder anthroposophische Literatur im Betrag bis zu einigen hundert Mark erworben, die zweifellos nicht nur zum eigenen Gebrauch, sondern zur Weiterverleihung an Gesinnungsgenossen und damit zur Weiterverbreitung des anthroposophischen Geistesgutes selbst bestimmt sind. Eine wirksame Unterbindung der anthroposophischen Bestrebungen ist nur durch das Verbot der Verbreitung der gesamten anthroposophischen, umfangreichen Literatur zu erreichen.»[22]

Der begrenzte Erfolg des ideologischen Terrors war den Machthabern offensichtlich bewusst. Das esoterische Arbeitsfeld der Anthroposophie erwies sich als unüberwindlich. Infolgedessen wandte man sich den Arbeitsgemeinschaften, Einrichtungen und Praxisfeldern zu.

Erste Angriffe richteten sich vor allem gegen die biologisch-dynamische Landwirtschaft und die Waldorfschulen. Doch waren weder diese noch die heilpädagogischen Heime, Kliniken und Kureinrichtungen, pharmazeutische Betriebe oder Verlage im juristischen Sinn Einrichtungen der Anthroposophischen Gesellschaft. Das Fehlen eines institutionellen Zusammenhanges machte es der Gestapo unmöglich, das Verbot der Gesellschaft einfach auf die Einrichtungen anzuwenden, was intentional beabsichtigt war.

Durch unterschiedliche personale Voraussetzungen, Verteidigungsmaßnahmen und Einflüsse entstanden auf den Praxisfeldern über Jahre hinweg unentschiedene Verhältnisse. Nischen unauffälliger Betätigung wechselten mit Verhaftung und Berufsverbot. Vor Kriegsausbruch unternommene Versuche zur Wiederzulassung der anthroposophischen Arbeit durch Verhandlungen scheiterten jedoch.

Die Waldorfschulen in Stuttgart, Berlin und Altona stellten ihre Arbeit angesichts des Zwangs zum Eid auf Hitler, von Eingriffen in Methodik und Lehrplan, Schüleraufnahmesperren und Arier-Nachweisen durch Selbstschließung ein. Andere Schulen wurden bald darauf durch die Behörden geschlossen, zuletzt auch die Dresdener Schule, die nach dem Englandflug von Hess ihre letzte Fürsprache verlor.

Mit ähnlicher Härte ging das Regime gegen die Christengemeinschaft vor. Letzter Grund war die Tatsache, dass sie mit Unterstützung durch Rudolf Steiner gegründet worden war. Aus Aufzeichnungen der leitenden Priesterschaft geht hervor, dass Versammlungen in ihren Räumen häufig als verkappte Veranstaltungen der Anthroposophischen Gesellschaft identifiziert wurden.

Alfred Heidenreich gehörte ab 1921 dem Gründerkreis der Christengemeinschaft an und kämpfte mit großem Mut um ihre Erhaltung. Von ihm sind aufschlussreiche Notizen aus den Jahren der Bedrohung erhalten:

«In kleineren Orten muss man erschreckend oft sich eingestehen, dass ein außenstehender Beobachter den Eindruck gewinnen muss ‹desch sin halt de Anthroposophe›, in größeren Gemeinden ergibt heute die Überflutung der Vortragsveranstaltungen durch Mitglieder der aufgelösten Anthroposophischen Gesellschaft dasselbe Bild.»

Die damit verbundene Gefahr war Heidenreich deutlich:

«Es hat den Anschein, als begännen die zuständigen Behörden den rein religiösen Charakter unserer Arbeit ernsthaft in Zweifel zu ziehen [...]. Die Beobachtungen zahlreicher Freunde und auch eigene Erfahrungen deuten darauf hin, dass wir seit einiger Zeit unter verschärfter Beaufsichtigung stehen, sowohl in unserer Bewegungstätigkeit wie in unserem Privatleben. (Es gibt offenbar auch Personalakten über uns.) Die an zahlreichen Orten durchgeführten erneuten Erhebungen über die lokalen Verhältnisse hängen sicher damit zusammen.»[23]

Von Hans Erdmenger, einem Marineoffizier und Mitglied der Christengemeinschaft, wurden aus einem Gespräch mit Reinhard Heydrich Vertretern der Christengemeinschaft verblüffende Informationen mitgeteilt. Danach habe Heydrich 1941 geäußert:

«Wir werden das Christentum aus der Welt schaffen. Nach dem Kriege wird der Führer selbst die religiöse Frage neu regeln. Die christlichen Kirchen noch länger zu verfolgen ist unnötig, denn sie werden allein für ihren Untergang sorgen. Die Christengemeinschaft jedoch könnte in der Zukunft zu großer Bedeutung gelangen und dem Christentum eine neue Stütze geben. Wir würden uns selbst die größten Schwierigkeiten bereiten, wenn wir sie nicht jetzt mit energischem Zugriff erledigten.»[24]

Erstaunlich ist 1936 eine inhaltsnahe Formulierung Friedrich Rittelmeyers gegenüber dem Ministerialrat Werner Haugg vom Kirchenministerium, in dem Rittelmeyer Argumente gegen ein Verbot der Christengemeinschaft niederlegte. Er führte aus, dass die Christengemeinschaft einen deutschen Ursprung und eine deutsche Aufgabe habe, aus «idealistischem deutschen Opferwillen geboren» sei, ihre Träger vorherige Berufe verlassen hätten, um «ihr ganzes Leben für die Gesundung des deutschen Volkes einzusetzen», als einzige christliche Bewegung an der zukünftigen Versöhnung der «widerstreitenden Religionsbestrebungen» wirke und «das Jahrhunderte alte deutsche Problem, wie Protestantismus und Katholizismus sich einmal finden können, durch die Christengemeinschaft praktisch schon gelöst» sei. Rittelmeyer schloss mit den Worten:

«Das Allerwichtigste sei zum Schluss gesagt. Die Christengemeinschaft weiß, dass eine neue Zeit des Christentums im Anbruch ist, eine Zeit, die mit vielem Alten aufräumen wird, die die alten Konfessionen hinter sich lässt und ein neues weltweites, naturverbundenes Christentum heraufführen wird, ein Verbot der Christengemeinschaft würde sich nach unserer Überzeugung gegen die Zukunft des Christentums selbst richten. Auf jede Frage ist die Christengemeinschaft bereit zu antworten. Zu verbergen ist nichts. Einzelne Fehler werden überall gemacht. Ihre Sache in ihrer Reinheit empfindet die Christengemeinschaft als ein allerwichtigstes Lebensgut des deutschen Volkes, von Christus selbst dem deutschen Volke geschenkt und nicht nur dem deutschen Volk. Nur zum größten Schaden des deutschen Volkes könnte unsere zukunftstragende Sache verkannt und verurteilt werden.»[25]

Moralisches Äquilibrium

An der Kluft von Anpassung und Widerstand stellte sich für die Repräsentanten aller Lebensfelder eine Gewissensprüfung. Wie weit durften begriffliche Klärungen diffus bleiben, Inhalte stereotyp unkenntlich gemacht und mit den Wölfen geheult werden? Wo wurde aus Märtyrertum Dummheit und wo aus Dummheit Verbrechen?

Mit dem Verbot und den Verhaftungen entschied der Lauf der Geschichte über diese Fragen. Marie Reuter berichtete über die Ereignisse am Pfingstsonntag, dem 1. Juni 1941. Es war der Tag ihrer Weihe zur Priesterin im neuen Kirchenbau in Stuttgart, die durch Emil Bock unter Anwesenheit der Geheimen Staatspolizei vollzogen wurde.

In mutigen Ansprachen wiesen Gottfried Husemann und Emil Bock auf das Geist-Erleben im Nachtodlichen hin. Bock bewegte die Frage, ob die Jünger ein Bewusstsein von den Christenverfolgungen hatten, und führte aus:

«Ich glaube wohl. Aber man musste in eine Welt hinausziehen, von der man ganz genau wissen konnte, dass sie, wenn sich diese Kräfte regen, feindlich dagegen auftreten muss. Aber diese pfingstliche Schau auf die Zukunftsgemeinschaft, die der Leib des Heiligen Geistes sein wird, gab absolute Zuversicht, und man wusste, man kann uns in der Welt befehden, berauben, man kann uns schlagen, so viel man will, dieses wird daraus entstehen: Die Christus-Sphäre wird wachsen in der Menschheit.»[26]

Am 9. Juni reiste Marie Reuter nach Nürnberg, wo sie als Priesterin vorgestellt werden sollte. «Nach kurzer Zeit ging die Tür auf und drei Gestapobeamte stellten sich vor. Sie baten uns, an drei Tischen mit je einem Beamten Platz zu nehmen und die Handtaschen zu öffnen. Mit mir konnten sie nichts anfangen, ich stand noch nicht auf ihrer Liste, war noch zu frisch gebacken. Die Verhöre dauerten etwa eine Stunde, dann wurden wir entlassen.» Marie Reuter wurde angewiesen, sich am Mittwoch, den 11. Juni, vormittags der Stuttgarter Gestapo zu stellen. Als sie zum Bahnhof ging, begegnete sie Gottfried Husemann, der ihr den Priesterkelch gab. Den sollte sie in Stuttgart in eine Familie bringen.

Am Mittwoch ging sie zum Verhör auf das Amt. Dort saß sie zunächst mit Gerbert Grohmann auf der Wartebank und sie unterhielten sich über das Predigen nach Pflanzenmotiven. Er forderte: «Ihr müsst nicht nur über die Rosen sprechen, sondern auch bis zur Stinkmorchel herunterkommen.» Als sie gerufen wurde, begegnete sie Emil Bock in Gewahrsam von zwei Beamten: «Ich begriff sofort, und Herr Bock sagte leise, aber gut verständlich: ‹Grüßen Sie die Freunde!›»

Am 20. Februar 1942 begegnete sie Emil Bock wieder in Bonn, wo er im Ersten Weltkrieg als Schwerverwundeter gelegen hatte. Er rief ihr zu: «Halten Sie sich bereit, Unterbrechungen hat es in der Geschichte des Christentums immer wieder gegeben. Diesmal wird es vier, höchstens viereinhalb Jahre dauern, dann fangen wir wieder an. Dann kommen viel mehr Kinder zu uns, und wir brauchen dann Lehrer.»[27]

In seinem Abschlussbericht kam das Reichssicherheitshauptamt zu dem abschließenden Urteil über die Gesamtheit der anthroposophischen Aktivitäten:

«Aufgrund der nach vorstehenden Darlegungen zu treffenden Feststellung muss behauptet werden, dass die Anhänger der Anthroposophie, die vor 1935 in der Anthroposophischen Gesellschaft organisiert und sich nach deren Verbot in den genannten Zweckverbänden und Nachfolgeorganisationen der Anthroposophischen Gesellschaft zusammengefunden haben, ihre Denkweise in keiner Hinsicht geändert haben. Will man die Totalität des weltanschaulichen Denkens gelten lassen und ihre Auswirkung auf die Gesamtmeinung und Haltung des Menschen, so kann nicht angezweifelt werden, dass der Anhänger der Anthroposophie zwangsläufig zum Gegner des Nationalsozialismus werden muss, zum mindesten aber dem Nationalsozialismus fremd bleiben wird. Die gemachten Erfahrungen lassen erkennen, dass die Gründungen der Anthroposophischen Gesellschaft, wie Eurythmie, biologisch-dynamische Wirtschaftsweise, christliche Anthroposophie und anthroposophische Medizin nicht anders zu betrachten sind, sondern sich in derselben Sphäre bewegen und von derselben weltanschaulichen Basis aus zum Gegner oder Fremdling innerhalb der nationalsozialistischen Volksgemeinschaft werden.

Es muss weiter festgestellt werden, dass sich die Anthroposophen ganz bewusst den Schein des Harmlosen zugelegt haben und ganz zielstrebig die Anthroposophie bzw. ihre Gründungen, die auch 1935 von dem Verbot der Anthroposophischen Gesellschaft nicht berührt wurden, als reine Religions- oder Lebensform hinstellten, um ihnen damit den Stempel des Ungefährlichen aufzudrücken. Darüber hinaus ist festzustellen, dass die Anthroposophen mit klar gestecktem Ziel einen Anschluss an die nationalsozialistische Bewegung suchten, um unter dem nach katholischem Beispiel variierten Motto: ‹Anthroposophie ist eine Weltanschauung und hält sich von der Politik fern, ist daher kein Hindernis zum Nationalsozialismus› die nationalsozialistische Bewegung zu unterhöhlen. Die besten Beweise hierfür sind die Beeinflussungen des Stellvertreters des Führers und anderer Persönlichkeiten der Partei und des Staates.

Diese Feststellungen wurden aufgrund zahlreicher Einzelerfahrungen getroffen, die in ihrer Gesamtheit erkennen lassen, dass die Anthroposophie nach wie vor international verbunden ist und dass die deutsche Anthroposophie noch eine weite Anhängerschaft aufzuweisen hat, die innerlich dem Nationalsozialismus völlig fremd gegenübersteht. Diese Fremdheit kam gerade angesichts des gegenwärtigen Krieges eindeutig zum Ausdruck und zeigte sich ganz klar in allen Formen eines Gegnertums, zum mindesten eines abträglichen oder wertlosen Verhaltens. Als wesentlichstes Merkmal war eine offene Kriegsgegnerschaft zu erkennen, wie sie von einem konsequenten Anthroposophen nicht anders erwartet werden kann und wie sie seine von Menschheits-Ideen getragene Weltanschauung und von unkontrollierbaren Seelenvorstellungen bestimmten Fantasien ihm diktieren. Bekanntlich ist höchstes Ziel des Anthroposophen ja nicht das Vaterland, der Staat oder das Volk, sondern das Heil seiner persönlichen Seele und im weiteren Sinne die Besserung aller ‹guten› Seelen.

Wenn es auch bisher nicht zu offenen Auseinandersetzungen zwischen den Anthroposophen und der nationalsozialistischen Weltanschauung gekommen ist, so darf keineswegs daraus gefolgert werden, dass sich die Anthroposophie dem Nationalsozialismus angepasst habe. Auch etwaige bejahende Äußerungen aus Kreisen der Christengemeinschaft, des Reichsverbandes für biologisch-dynamische Wirtschaftsweise, der anthroposophischen Ärzte- oder Lehrerschaft zur Politik der nationalsozialistischen Staatsführung können ebenfalls nicht als positive Überzeugung gewertet werden. Wie bereits betont, nimmt der Anthroposoph die jeweilige Staatsform als etwas zeitlich Schicksalhaftes hin. Es gibt für ihn kein ‹gutes deutsches Volk› oder ‹böse Nazis›, sondern er sieht sein Volk wie die ganze Menschheit in zwei Lager gespalten, die einen, die ‹auf dem Wege ihrer Entwicklung sich bereits in reinere Sphären hineingelebt haben›, und die anderen, die auf diesem Entwicklungsgang noch nicht so weit sind und auf einer anderen Basis und in eine andere Richtung hineinleben. In diesem Zusammenhang ist die Feststellung interessant, dass in der heutigen Zeit der Auseinandersetzung des Nationalsozialismus mit den Kirchen stärker denn je mit den Begriffen der Bibel, mit den ‹Christuskräften›, dem Michaelkult und den Begriffen ‹Luzifer› und ‹Ahriman› (Teufel) operiert wird. Anhand dieser Feststellungen muss die Überzeugung vertreten werden, dass die Anthroposophie in jeder Erscheinungsform – sei es die Christengemeinschaft, eine landwirtschaftliche, ärztliche, pädagogische oder künstlerische Methode – als der nationalsozialistischen Weltanschauung entgegenstehend eine Gefahr für die einheitliche nationalsozialistische Ausrichtung des deutschen Volkes darstellt, die nicht unterschätzt werden darf.»[28]

Der Vernichtungswille von 1941

Das in Konsequenz dieses Berichtes vom Chef der Sicherheitspolizei und des Sicherheitsdienstes (Heydrich) erlassene Dekret ordnete für den 6. Juni 1941 eine zwischen 7 und 9 Uhr durchzuführende Aktion gegen Geheimlehren und sogenannte Geheimwissenschaften an. In der Begründung hieß es:

«Im gegenwärtigen Schicksalskampf des deutschen Volkes ist es erforderlich, nicht nur die körperlichen, sondern auch die seelischen Kräfte des Einzelnen wie des ganzen Volkes gesund und widerstandskräftig zu erhalten.

Okkulten Lehren, die vorgeben, dass das Tun und Lassen des Menschen von geheimnisvollen magischen Kräften abhängig sei, kann das deutsche Volk nicht weiterhin preisgegeben werden.

Es ist daher gegen diese Lehren und Wissenschaften mit schärfsten Sofortmaßnahmen vorzugehen. Eine endgültige gesetzliche Regelung ist bereits in Vorbereitung. Diese Sofortmaßnahmen erstrecken sich auf Astrologen, Okkultisten, Spiritisten, Anhänger der okkulten Strahlentheorien, Wahr-, richtig Falschsager (gleich welcher Art), Gesundbeter, Anhänger der christlichen Wissenschaften (Christian Science), Anhänger der Anthroposophie, Anhänger der Theosophie und Anhänger der Ariosophie, und zwar sowohl gegen ihre Organisationen, Vereine, Verbände, Zirkel usw. als auch gegen alle führenden und Einzelpersonen, soweit sie diese Lehren oder Wissenschaften zum Hauptberuf haben oder sonstwie besondere Funktionen innehaben oder einen besonderen Einfluss ausüben.

Ziel der bevorstehenden Aktion:

1) Sämtliche Organisationen, Vereine, Verbände, Zirkel usw. sind

a) restlos und gleichzeitig zu überholen; das vorhandene Material (insbesondere Adressenverzeichnisse, Karteien, Korrespondenzen, Apparaturen, okkulte Gegenstände, Schriftgut und etwa vorhandenes Eigentum) zu beschlagnahmen,

b) aufzulösen und zu verbieten.

Da anzunehmen ist, dass solches Material bereits weggeschafft wurde, ist bei allen maßgebenden Personen dieses Kreises und auch bei solchen, die irgendwie verdächtig sind, solches Material bei sich aufzubewahren, ebenfalls gleichzeitig Haussuchung zu halten.

2) Verlage und Druckereien, welche sich hauptsächlich mit der Herausgabe solchen Schrifttums befassen, sind zu überholen, zu beschlagnahmen (mit dem Ziel der Einziehung).

Soweit sich Verlage und Druckereien nur von Fall zu Fall mit der Herstellung derartigen Schrifttums befasst haben, sind sie ebenfalls zu überholen, das noch vorhandene Schriftgut zu beschlagnahmen und ihnen unter Androhung der Einziehung im Falle der Missachtung die weitere Herstellung solcher Schriften zu verbieten.

3) Personen, welche sich diesen Geheimlehren und Geheimwissenschaften hauptberuflich gewidmet haben und daher auf Kosten der Volksgemeinschaft ein Schmarotzerdasein führen konnten, sind auf jeden Fall festzunehmen. Personen, welche sich nebenberuflich mit diesen Lehren und Wissenschaften befasst haben, ist diese Tätigkeit mit sofortiger Wirkung bei Androhung schärfster staatspolizeilicher Maßnahmen zu verbieten; sie sind von Fall zu Fall einem Konzentrationslager oder (in leichteren Fällen) durch Vermittlung der Arbeitsämter einer für die deutsche Volksgemeinschaft nützlicheren Beschäftigung zuzuführen. Auch bei ihnen ist selbstverständlich eine gründliche Haussuchung vorzunehmen und das vorhandene Material (Adressenverzeichnisse, Karteien, Korrespondenzen usw.) zu beschlagnahmen.

IV) *Ich ordne daher an:*

1) Die Aktion ist am 9.6.1941 im gesamten Reichsgebiet (einschließlich Ostmark, Elsass, Lothringen, Luxemburg und Protektorat) möglichst zwi-

schen 7 und 9 Uhr durchzuführen. Die verantwortliche Leitung der Aktion obliegt dem Leiter der Staatspolizei(leit)stelle.

2) Die Leiter der Staatspolizei(leit)stellen haben sich sofort mit den Leitern der Kriminalpolizei(leit)stellen und Führern der SD(leit)Abschnitte in Verbindung zu setzen, um mit ihnen die einheitliche Durchführung der Aktion zu besprechen, die erforderlichen Kräfte zusammenzufassen und bereitzustellen und die sofortige Auswertung des beschlagnahmten Materials (nach weiteren, etwa noch nicht bekannt gewordenen Organisationen, Vereinen, Zirkeln usw., Einzelpersonen) sicherzustellen.

Ergibt die Sofort-Auswertung weitere Anhaltspunkte, so ist sofort im Rahmen dieses Erlasses das Weitere zu veranlassen.

Soweit ortsgeboten, ist ferner für den gesundheitlichen Sektor mit den Leitern der Gesundheitsämter sofort Verbindung aufzunehmen. Der Reichsminister des Innern hat die Gesundheitsämter entsprechend unterrichtet.

Für die Endauswertung des Materials ergeht nach Abschluss der Aktion gesonderte Weisung.

3) Soweit hier bekannt geworden, werden die in den dortigen Bereich fallenden Organisations-, Verlags- und Personenlisten noch im Laufe des heutigen Tages mittels Schnellbriefes bekannt gegeben. Soweit Festnahme erforderlich erscheint, wird diese im Einzelnen vermerkt (siehe jedoch allgemeine Weisung folgende Ziffer).

Darüber hinaus haben die Staatspolizei(leit)stellen im engsten Zusammenwirken mit den Kripo(leit)stellen und SD(leit)Abschnitten von sich aus zu prüfen, welche weiteren Organisationen, Vereine usw. sowie Einzelpersonen noch in die Aktion mit einzubeziehen sind.

4) Für die Behandlung der von der Aktion zu erfassenden Personen gilt Folgendes:

a) Eingehende Vernehmung über die Familienverhältnisse, Lebenslauf, Beschäftigung, Erwerb, Art und Umfang ihrer Tätigkeit auf den bezeichneten Gebieten, ihre einschlägigen Beziehungen zu Vereinen, Verbänden, Zirkeln und Personen. Für die Vernehmung dieser Personen werden mittels Schnellbriefes Richtlinien noch rechtzeitig übersandt.

b) Personen, welche sich hauptberuflich diesen Geheimlehren oder -wissenschaften gewidmet haben oder welche bereits einschlägig vorbestraft sind und sich weiterhin betätigt haben, sind grundsätzlich festzunehmen. Schutzhaftantrag mit Stellungnahme, ob Einweisung in ein Konzentrationslager geboten erscheint, ist nach Klärung des Sachverhalts zu stellen.»[29]

Damit hatte das nationalsozialistische System auch die letzten Masken fallen lassen und zugleich allen Bemühungen um Verständigung Hohn gesprochen.

An die Stelle von Bangen und Hoffen trat das Grauen. Doch manche hielten den Schlägen auf erstaunliche Weise stand.

Beispielhaft kann die Biografie von Emil Bock herangezogen werden. Er wurde als Arbeiterkind unter bescheidenen Verhältnissen in Wuppertal-Barmen geboren. Seine vielseitige Begabung zeigte sich früh, und durch Förderung des Arbeitgebers seines Vaters konnte er die Oberrealschule besuchen. Schon bald trug er durch Nachhilfeunterricht zum Lebensunterhalt der Familie bei, zumal der Vater bereits 1911 nach langer Krankheit starb.

In der Schule regten ihn die mathematisch-naturkundlichen Fächer ebenso an wie der sprachliche, musikalische oder kunstgeschichtliche Unterricht. Zu seiner leiblichen Gesundheit trugen ausgedehnte Wanderungen am Rhein und seinen Nebenflüssen bei.

Die Wahl des Theologiestudiums hatte einen Ausgangspunkt in dem Besuch einer Sonntagsschule, war aber doch überraschend, weil er eigentlich Lehrer werden wollte. Doch durch einen Freund kam er in den Theologischen Studentenverein von Bonn. Nach einem Fronteinsatz und schwerer Verwundung setzte er das Studium in Berlin fort, hörte zunehmend theologische Vorlesungen und lernte Friedrich Rittelmeyer bei dessen Antrittspredigt und durch ihn die Anthroposophie kennen.

1922 gehörte er zum Gründerkreis der Christengemeinschaft, war von Anfang an mit Leitungsaufgaben betraut und fundierte die seelsorgerische Orientierung mit einem gründlichen Studium der Anthroposophie. In seinem Abschlussexamen leistete er eine sowohl mutige wie geistesgegenwärtige Rechtfertigung geisteswissenschaftlich-theologischer Ideenbildung.

1922 wurde mithilfe einer ausländischen Spende in Stuttgart das Urachhaus gebaut, in dem nicht nur die Stuttgarter Pfarrer wohnten, sondern auch das Priesterseminar, die Verwaltung der Christengemeinschaft und der Verlag untergebracht waren.

Im selben Jahr heiratete Bock und siedelte von Berlin nach Stuttgart ins Urachhaus über. Als Friedrich Rittelmeyer 1938 starb, wurde Bock sein Nachfolger als Erzoberlenker. Im Jahr darauf starb Bocks Frau bei der Geburt des vierten Kindes.

Mit dem Verbot der Christengemeinschaft wurde Bock bis zum Februar 1942 im KZ Welzheim festgehalten. Anschließend nahm er eine Halbtagsstelle in der Firma Bosch an und war mit kaufmännischen Aufgaben betraut. Diese Tätigkeit ließ ihm Zeit für umfangreiche schriftstellerische Arbeiten und Korrespondenz mit Freunden und Gemeinden der verbotenen Christengemeinschaft im In- und Ausland.

Weltumspannende Skrupellosigkeit

Bei den alliierten Siegermächten des Ersten Weltkrieges hatte sich die Auffassung gebildet, dass die im Deutschen Reich relativ geringen Kriegsschäden den Revanchismus des Nazi-Regimes begünstigt hätten und dieser Fehler im Zweiten Weltkrieg nicht wiederholt werden dürfe.

1943 beschlossen die Alliierten auf der Casablanca-Konferenz eine «kombinierte Bomberoffensive» gegen das Deutsche Reich einzuleiten. Dabei sollte das «deutsche militärische, industrielle und wirtschaftliche System» attackiert werden, außerdem der Durchhaltewillen der Zivilbevölkerung. Die Amerikaner setzten dabei auf Tagangriffe, die zusammen mit den britischen Nachtangriffen ein «round-the-clock bombing» ermöglichten.

Arthur Harris, Marschall der Royal Air Force, in der deutschen Bevölkerung bekannt als «Bomber-Harris», hatte die Idee, Tausend-Bomber-Angriffe (Bomberstrom) fliegen zu lassen. Dies sollte die Wirkung maximieren. Im Rückblick bekannte er:

«Von Essen abgesehen haben wir niemals ein besonderes Industriewerk als Ziel gewählt. Die Zerstörung von Industrieanlagen erschien uns stets als eine Art Sonderprämie. Unser eigentliches Ziel war immer die Innenstadt.»[30]

Zu diesem Zweck wurden viele Brandbomben wie die Elektron-Thermitstab-Brandbombe verwendet, die eine verheerende Wirkung auf die Wohnviertel der bombardierten Städte hatten. In Stuttgart zerstörten zwischen 1940 und 1944 insgesamt 53 Luftangriffe 68 Prozent aller Gebäude im gesamten Stadtgebiet.

Dabei kamen 4562 Menschen ums Leben, von denen 770 Ausländer, zum größten Teil Zwangsarbeiter waren.

Hintergrund des Wegfalls aller Bedenken waren Überlegungen, wie sie der Historiker Daniel Jonah Goldhagen 1996 mit seinem Buch *Hitler's Willing Executioners – Ordinary Germans and the Holocaust* (deutsch: *Hitlers willige Vollstrecker – Ganz gewöhnliche Deutsche und der Holocaust*[31]) zum Ausdruck brachte. Der Nationalsozialismus wäre ohne die aktive und duldende Unterstützung der deutschen Bevölkerung nicht möglich gewesen. Der angebliche Befehlszwang sei eine bloße Schutzbehauptung der Täter gewesen. Die damit indizierte Kollektivschuld war geeignet, unmenschlich erscheinende Reaktionen gegen unmenschliche Aktionen zu rechtfertigen. Sie war geeignet, ein alttestamentarisches Prinzip des «Auge um Auge, Zahn um Zahn» zu rechtfertigen.

Darin lag aber weder ein Lösungsansatz zur Heilung des grundlegenden Übels noch eine Möglichkeit, die Prüfungen des Mensch-Seins eigenverantwortlich und souverän zu bestehen.

Solche Leistung zeigt das Leben von Emil Bock. Er ergreift sein Schicksal selbsttätig vom jugendlichen Halbwaisen, Nachhilfelehrer, Theologiestudenten, Kriegsversehrten zum Gründer der Christengemeinschaft, Priester, Witwer, vierfachem Vater nicht mündiger Kinder, KZ-Häftling und Zwangsarbeiter. Schicksalsschlag folgt auf Schicksalsschlag, Entschluss auf Entschluss, Schritt auf Schritt zu einer sinnerfüllten und sinnstiftenden Existenz. Initiative und Verantwortung verbinden sich zu einem Individualismus michaelischer Prägung kosmopolitischer Signatur. Ertragenes Leid steigert seine Menschlichkeit, statt sie zu verhärten.

Ein Gerechter

Briefe aus den letzten Kriegsjahren zeugen von der Signatur, unter der Bocks Leben in den letzten Kriegsjahren stand.

So schrieb er am 4. November 1944 an Wilhelm Kelber: «Unterdes haben Sie aber sicher meinen Bericht über die Stuttgarter Brandnacht bekommen. Jetzt sind, nachdem Ende September bei einem Angriff die Hochschule für Musik ausgebrannt ist, alle Häuser in Stuttgart zerstört, in denen zelebriert worden ist und in denen sich bisher das Leben der Christengemeinschaft abgespielt hat. Unser Haus wurde zwar auch beschädigt, wir haben aber das meiste schon einigermaßen wieder richten können. Die Freunde, die in der Urachstraße, Spittlerstraße und Werfmershalde wohnten, haben dagegen sehr viel verloren. Borchart ist wohl am meisten geschädigt, da niemand mehr die Kraft hatte, aus den himmelhohen Flammen des Gemeindehauses noch etwas herauszuholen. Husemann hatte noch viele Sachen im Seminar, das nun ganz niedergebrannt ist; und im Haus Molt, wo er wohnte, hat er auch viel eingebüßt. Schühle desgleichen, vor allem wohl deshalb, weil er in erster Linie Frau Rittelmeyer geholfen hat, noch recht vieles aus dem Urachhaus herauszuschleppen.»[32]

Am 28. Oktober 1944 hatte er Margareta Morgenstern berichtet, dass in Stuttgart «so vieles Schwerwiegende geschehen ist». Die letzte Brandnacht hatte «alle die Häuser zerstört, in denen die ersten Stuttgarter Entwicklungen stattgefunden haben». Er habe «unterdes das Fiechter'sche Haus, in welchem wir wohnen, schon zum großen Teil wieder instand setzen können. Fragt sich nur, wie lange dann jetzt die Scheiben und das Dach und die Türen standhalten werden».[33]

In einem Brief an Hubert Stierle berichtete er ausführlicher von dem Kampf um die eigene Wohnstätte: «Unser Haus ist bisher verschont geblieben. Am 19./20. Oktober konnte ich eine Anzahl Brandbomben im Dach sofort löschen, sonst stünde es nicht mehr. Durch eine Mine in nächster Nachbarschaft entstanden starke Beschädigungen, aber sie lassen sich beheben. Es geht uns also ganz ordentlich. Und ich kann, obwohl ich jetzt ganztägig bei Bosch arbeite, doch immer das notwendige andere tun und aufrechterhalten.»[34]

Drei Wochen zuvor hatte er an einen Freund im Ausland Zeilen geschrieben, die von der inneren Substanz berichteten, aus der die Kraft gewonnen wurde, um den sich stellenden Aufgaben zu genügen:

«Die Schicksale sind in den letzten Zeiten in ein etwas anderes Tempo geraten. Das war für uns hier immerfort eine Aufforderung, die innere Vorbereitung und Bereitschaft zu prüfen und zu verstärken. Glücklicherweise gab es auch immer die Möglichkeit dazu, das in einer gewissen Gemeinsamkeit zu tun, und ich zweifle nicht, dass Sie mit uns darin auf genau den gleichen Bahnen gegangen sind. Wir haben uns hier immer auf die innere Seite des Ganzen eingestellt und uns gesagt, dass die äußeren Dinge sich im gegebenen Augenblick klären lassen, wenn man das Gefühl haben darf, spirituell den richtigen Boden unter den Füßen zu haben.

Selbstverständlich ist es, wenn man allein steht, unvergleichlich viel schwerer, das Plänemachen und die konkreten Zukunftssorgen zu unterlassen und ganz vertrauensvoll den zukünftigen Schicksalen entgegenzuleben. Aber ich hoffe, dass Ihnen die Gemeinsamkeit, die äußerlich nicht zu praktizieren ist, doch innerlich so weit zur Verfügung steht, dass auch Sie der Zukunft ohne drückende Sorgen entgegengehen können. Sie wissen ja, mit welcher herzlichen Liebe wir alle unausgesetzt an Sie denken. Eine Zeit lang wird vielleicht die jetzt schon vorhandene Isolierung noch viel krasser werden, aber ich meine, es werden sich dann doch wieder Wege auftun, die uns zusammenführen. Wir müssen das nur mit solchen starken Gedanken erhoffen, dass diese Gedanken vielleicht auch einen gewissen Anteil an der Schicksalsgestaltung gewinnen. Das Recht dazu haben wir, weil es sich nicht um persönliche Wünsche, sondern um höchste sachliche Notwendigkeiten handelt.»[35]

1923 hatte die Berliner Mitarbeiterin Anna Samweber im Vorausahnen kommender schwerer Zeiten für Berlin Rudolf Steiner um Hilfe gebeten. Daraufhin gab Steiner ihr einen Spruch, welchen er «Den Berliner Freunden» widmete. Einige Zeilen daraus hatten Emil Bock in der schweren Zeit begleitet. Er bezeichnete sie als «eine der prägnantesten Weissagungen der Weltgeschichte und zugleich als Richtlinie für unsere Zeit».[36]

«So mögen Blitze unsre Sinneshäuser
In Schutt zerschmettern;
Wir errichten Seelenhäuser
Aus der Erkenntnis
Eisenfestem Lichtesweben.
Und Untergang des Äußern
Soll werden Aufgang
Des Seelen-Innersten.»[37]

In dem Brief an Hubert Stierle war bereits ein Hinweis enthalten, zu welchem tiefgreifenden Ergebnis Emil Bock durch eine Gewissensprüfung der tragischen Ereignisse gelangt war. Er wies dabei zunächst auf den für die Christengemeinschaft entstandenen Schaden hin:

«Unterdes sind beim Oktober-Angriff alle die Häuser zerstört worden, in denen sich das Leben der Christengemeinschaft abgespielt hat: Urachstraße 41, Spittlerstraße 11/13, Gemeindehaus.»

Doch dieser Bestandsaufnahme folgte eine erschütternde Erkenntnis:
«Es ist die michaelische Schicksalsabsicht unverkennbar:
Alles soll *ganz neu* aus den Anfängen heraus entwickelt werden.»[38]

Für Emil Bock bezog sich diese Erkenntnis nicht allein auf die zuversichtlich erwartete Wiederherstellung der Christengemeinschaft, sondern auf die gesamte anthroposophische Arbeit im Zusammenhang ihrer Gesellschaft und der Lebensfelder.

Mit Emil Leinhas und Emil Kühn bildete er 1945 ein geschäftsführendes Dreierkollegium des Initiativkreises der Anthroposophischen Gesellschaft in Stuttgart und übernahm wenig später zusammen mit Friedrich Kempter die Verantwortung für die Verwaltung der neu konstituierten deutschen Landesgesellschaft.

Als am 9. Juni 1957 die Einweihung des Rudolf Steiner-Hauses auf der Uhlandshöhe gefeiert werden konnte, sprach er hinsichtlich der Aufgabe des Hauses von einer Art «unbeglichener Schuld», die abzutragen seit 1945 Leitmotiv der Arbeit gewesen sei.

In diesem Sinn wurde der von Rudolf Steiner für das Zweighaus in der Landhausstraße gegebene «Spruch des Hauses» als Aufgabe dem neuen Bau eingeschrieben:

Wer eintritt, bringe Liebe diesem Heim.
Wer drinnen weilt, suche Erkenntnis an diesem Ort.
Wer austritt, nehme Frieden mit aus diesem Haus.

II. Die Einweihung des Rudolf Steiner-Hauses auf der Uhlandshöhe

Am 9. Juni 1957, Pfingstsonntag, stand die Einweihung des Hauses im Zeichen der Sonne. Noch am Vortag vollzogen sich die vorbereitenden Veranstaltungen des Samstags zum großen Teil unter Donnergrollen. Dazu hatten sich mehr als 1200 Mitglieder im Festsaal der Waldorfschule versammelt, wo zehn Jahre lang alle Veranstaltungen der Anthroposophischen Gesellschaft stattgefunden hatten. Emil Kühn erzählte die Entstehungsgeschichte des Baues und hob hervor, dass alle Mitglieder der deutschen Landesgesellschaft durch den Baugroschen an der Verwirklichung des Baues beteiligt seien. Felix Kayser sprach aus, dass sich der Bau an den umfassenden Kunstimpuls Rudolf Steiners vom Münchener Kongress 1907 anschließen wolle. Emil Bock gab eine Darstellung des anthroposophischen Lebens in Stuttgart, seit Rudolf Steiner 1904 zum ersten Mal in Stuttgart gesprochen hatte, und sprach von einer Art «unbeglichenen Schuld», die abzutragen seit 1945 Leitmotiv der Arbeit gewesen war. Er betonte die Notwendigkeit, bei der Besitznahme des Hauses in der Stuttgarter Geschichte wie in einer Art «Lehrbuch» zu blättern und daraus abzulesen, welche inneren Ziele dieser neue Bau fordere.[39]

Jetzt, am Pfingstsonntag, pilgerten Scharen von Menschen zu dem neuen Bau und drängten sich vor dem dreiteiligen Portal unter der hohen Fassade. Der Saal in dem neuen Haus bot zwar mit Bühne und Foyer etwa 550 Plätze, aber es wollten so viele Menschen teilnehmen, dass Karten ausgegeben wurden und die Veranstaltung wiederholt werden musste.

Die erste Gruppe fand um 8 Uhr 30 Einlass, die zweite Gruppe um 11 Uhr. Zur angegebenen Zeit strömten sie durch alle drei Flügel die von Rex Raab entworfene Treppe hinauf, durch die kleine Wandelhalle mit ihren in den Garten führenden Glastüren. Dort standen sie vor den geöffneten Saaltüren. Es empfing sie ein Glanz von Blau. Wände, Säulen, die große Bühnenöffnung, Vorhänge: alles in Blau! Aber nicht dicht, sondern in einem ständigen Zwiegespräch mit dem Tageslicht atmete die von Arne Klingborg und seinen Gesellen auf den Untergrund getupfte Farbe.

Treppenaufgang

Fritz Götte fasste die Farbwirkung in bewegten Worten zusammen: «Die Wände antworten auf das einfallende Licht, wie das Meer antwortet auf Licht und Dunkel aus dem Firmament mit wechselnder Bläue. Man fühlt plötzlich, was man entbehrt hat durch all die Jahre: die Hilfe des Raumes, der als solcher schon die Seele festlich zu erheben vermag, sie konzentrierend und zugleich auch wiederum aufschließend, helfend, bei denjenigen geistigen Verrichtungen, die wir brauchen, ‹um spirituelle Wahrheiten in uns innerlich zu verarbeiten›, wie Rudolf Steiner über das Wirken des Blau in der Landhausstraße sagte.»[40]

Raimund Schwedeler

Im Ablauf der Einweihungsfeier erklang zunächst der erste Teil jener Musik, die Raimund Schwedeler, geboren am 3. September 1925 und am 2. März 2011 verstorben, für diesen Anlass geschaffen hatte. Das zentrale Motiv seines musikalischen Wirkens war, in einer geerdeten Tonalität die Durchlässigkeit für überirdisch Geistiges zu schaffen. Starkkräftiges und Zartes erklangen in der eindrücklichen Darbietung des Streichorchesters. Anschließend rezitierte der Sprechchor unter Leitung von Ida Rüchardt den Prolog des Johannes-Evangeliums auf Deutsch, Griechisch und Lateinisch. Hermann Poppelbaum sprach die Worte der Grundsteinlegung der Weihnachtstagung von 1923, Jürgen von Grone vergegenwärtigte den Grundsteinlegungsakt vom 1. Juli 1956, indem er den Wortlaut der gemeinsam mit einem pyritenen Doppel-Pentagondodekaeder, einem Stück Meteoreisen und einem aus den esoterischen Handlungen der Landhausstraße stammenden Granitwürfel in den Grundsteinkörper eingefügten Urkunde verlas.

Ida Rüchardt

Hermann Poppelbaum

Jürgen von Grone

Erich Gabert

Danach hielt Erich Gabert die Weiherede, in welcher er auf Vergangenes, Gegenwärtiges und Zukünftiges der anthroposophischen Arbeit in Stuttgart hinwies: die pädagogisch-volkspädagogische Wirksamkeit der Waldorfschule, die künstlerische Impulsierung durch Eurythmie, den Münchener Kongress von 1907, der das bildnerisch-künstlerische Gestalten bis in die Architektur angeregt und über die Landhausstraße bis in den neuen Bau hinein entzündet hat wie vor allem jene esoterisch-kultische Arbeit, die in jenem ersten Haus der Anthroposophie in Deutschland geleistet worden ist.

Emil Kühn unternahm es daraufhin, etwas vom durch Rudolf Steiner anempfohlenen Geist des Hauses Landhausstraße 70 in den neuen Bau herüberzurufen. Rudolf Steiner wies damals in der Weiherede vom 15. Oktober 1911 auf die Quellen der ersten theosophischen Arbeit hin, die an diesem Ort zusammenwirken: «... wie sich hier ebenso wohl mystisch-innerliches wie theosophisch-intellektuelles Streben seit Jahren schon in liebevoller Weise die Hände gereicht haben, wie einträchtig und harmonisch zusammengewirkt haben seit Jahren Menschen verschiedensten Temperaments, verschiedenster Arbeitsweise, die alle aber in gleicher Art ihre Arbeitsweise, ihre Temperamente und Charaktere harmonisieren konnten, weil doch als der tiefste Impuls in ihnen lebte, was wir ausdrücken können als theosophische Liebe, als theosophisches Friedensgefühl und Friedensstreben.»[41]

Emil Kühn konkretisierte diese Zielsetzung durch weitere Motive aus der Einweihung der Landhausstraße, in denen Sammlung des Geistes, Konsolidierung der Seele und spirituelle Erkenntnissuche als Aufgabenfelder der theosophischen Arbeit angesprochen wurden. Weltenherbst möge sich da zu Seelenfrühling wandeln. Im verinnerlichten Seelenleben können die Samen äußerer Welterfahrung erblühen, reifen und Früchte tragen. Was in der stillen Heimstätte von Sammlung, Erkenntnis, Liebe und Frieden gewachsen sei, könne zum Träger des allgemeinen Kulturlebens werden.

Die Anknüpfung an die Quellen der theosophischen Arbeit im Zweighaus Landhausstraße 70 wurde sodann vom Sprechchor durch eine Rezitation der von Rudolf Steiner 1911 übersetzten Worte der Salomonischen Tempelweihe bekräftigt: «Du Geist des Weltenalls, der Du Dich verkündigst unserer wahren Selbsterkenntnis, Du hast gnädig das Wort gehalten, welches Du uns gegeben hast, da Du sahest unsere Arbeit, wie sie geleistet wurde seit Jahren von Deinen Dienern; und offenbar wird es heute in dieser Stunde. Zwar vermögen die weitesten Geistesräume Dich nicht zu fassen, großer Geist des Weltenalls, der Du mit Deinen Gedanken alle Deine Werke durchdringst, der Du wohnen willst in den Worten, die von unseren Lippen ertönen dürfen; wie viel weniger können Dich fassen diese Tempelmauern, die wir Dir erbaut haben. Siehe aber, Geist des Weltenalls, der Du Dich ankündigst in unserer wirklichen Selbsterkenntnis, auf den Willen zum Verstehen, auf die Sehnsucht nach Erkenntnis Deiner Diener! Siehe, Geist des Weltenalls, Durchdringer eines jeglichen Ich, auf uns herab und lass Deine Augen offen sein über diesem Bau, wo Du beschlossen hast zu wohnen! Erhöre unsere Gefühle, die danach drängen, durch unsere Arbeit des Einfließens Deines Geistes in die Räume, die wir Dir gewidmet haben, uns würdig zu zeigen!»[42]

Christian Morgenstern

In der Zeit der Vorbereitung war der Bau stets mit der Bezeichnung «Haus der anthroposophischen Arbeit» benannt worden. Jetzt, nach der Vollendung, erhielt das Haus seinen wahren Namen. Emil Kühn knüpfte dabei zunächst an Wesen und Wirken Rudolf Steiners an. Dessen Wort sei ein selbstloses Wort: «... es ist so rein, dass wir darüber denjenigen vergessen könnten, der es gesprochen hat. Es ist, als ob wir – ohne jeden Vermittler – mit uns selber sprächen, mit unserem eigenen höheren Selbst. Rudolf Steiners Wort spricht das Wesen aus der Dinge und der Menschen. Es ist Führer zum Worte Gottes, sei es zu dem Wort, das schaffend wirkt in der Natur, sei es zu dem, was aus den Evangelien zu uns spricht. Alles ist durch Rudolf Steiners Wort, durch diesen ‹lebendigsten Mund›, wie Christian Morgenstern sagt, neu geboren und neu geschenkt.

Aber im Laufe der Zeit dringen wir durch die Selbstlosigkeit des Lehrerwortes zum Lehrer selbst hindurch – auch wenn wir ihm auf Erden nicht begegneten –, zur Menschenseele Rudolf Steiner, von dem Louis Werbeck am Ende der Weihnachtstagung sagte: ‹Du großer, reiner Menschenbruder›. ... Weil dem so ist, hat eine größere

Louis Werbeck

Carl Unger

Gruppe von Stuttgarter Freunden unmittelbar an der Schwelle zu dieser Stunde, die uns jetzt vereinigt, beschlossen, diesen Bau, der in der Liebe zu Rudolf Steiner errichtet ist, den Namen zu geben Rudolf Steiner-Haus. Wir taten dies, weil wir im Innersten gewiss waren, dass alle Herzen, die jetzt in diesem Saale schlagen, freudig ‹Ja› zu diesem Namen sagen. ... In diesem Namen fühlen wir uns verbunden mit allen Anthroposophen in der Welt. In dem gemeinsamen Dienst für Rudolf Steiner und seine Mission, in dem Bewusstsein der hohen Pflichten, die wir haben, wenn wir ein solches irdisches Haus, das in aller Öffentlichkeit steht, so benennen.

Die Größe dieses Namens ließ, als er auftauchte, jeden zurückscheuen, ihn für dieses bescheidene Haus in Anspruch zu nehmen. Nach Augenblicken tiefen Besinnens folgte aber dann immer auch das: Dennoch! Es kam der Mut, sich würdig erweisen zu wollen, der Mut auch, sich zu bekennen, der Mut, all unser Denken und Tun an diesem Orte in das Licht dieses Namens zu stellen. Mut und Demut wollen hier zusammenwirken, indem wir bewegten Herzens sagen: Rudolf Steiner-Haus, das wir von der ersten Stunde an – eben unter diesem Namen – mehr noch lieben.

Der Mut ruft Erkenntniswillen und Willensstärke in uns auf. Die Demut aber spricht:

Segne diesen Mut, Du unser Lehrer! Hilf uns, Deines Namens würdig zu sein in allen Lagen unseres gemeinsamen Lebens, würdig zu sein auch der Verpflichtung, welche für uns liegt in Deiner immer wieder erfahrenen Anrede: ‹Meine lieben Freunde!›»[43]

Eberhard Schickler bekräftigte den Vorgang durch die nachfolgende Handlung: «Wir tragen jetzt den Spruch, welchen Rudolf Steiner für die Landhausstraße gegeben hat, in diesen Bau. Damit fassen wir zusammen den zeitlichen Ablauf der Arbeit in der Landhausstraße und tragen ihn auf diesen Grund und Boden, auf dem vor diesem neuen Hause das Eurythmeum stand, die erste Eurythmieschule außerhalb Dornachs. In ihr haben gewirkt Lehrer der ersten Waldorfschule und der deutschen anthroposophischen Gesellschaft. Wir haben also zeitlich und räumlich tragende Elemente der Vergangenheit da, wenn wir diesen Spruch des Hauses erstmals in diesem Bau aussprechen. Wir haben uns gedacht, dass wir mit ihm jede offizielle Arbeit in diesem Hause beschließen, und zwar, indem sich an diesem Aussprechen auch beteiligen Freunde aus der Schar der Hörenden. Der Spruch des Hauses lautet:

Wer eintritt, bringe Liebe diesem Heim.
Wer drinnen weilt, suche Erkenntnis an diesem Ort.
Wer austritt, nehme Frieden mit aus diesem Haus.»[44]

Mit dem zweiten Teil der von Raimund Schwedeler für die Hausweihe geschaffenen Musik fand die Feier ihren Abschluss.

Am Sonntagnachmittag fand die Einweihung des Hauses eine Fortsetzung durch Grußworte aus nah und fern. Die anteilnehmende Freude der weltweiten anthroposophischen Bewegung teilte sich den Anwesenden mit. Einige Beispiele können das erlebbar machen.[45]

Hermann Poppelbaum überbrachte die Grüße des Vorstandes am Goetheanum und wies auf die Verpflichtung der Namensgebung für die Initiatoren wie auch den Vorstand hin. Sie sei ein Treuegelöbnis zu Rudolf Steiners Werk, zu welchem auch die Formung der Allgemeinen Anthroposophischen Gesellschaft gehöre und der besonderen, dem Goetheanum zugedachten Rolle. Dabei ging er auch auf die moralische Technik in der Zusammenarbeit ein. Positiv sich zu verhalten zueinander bedeute nicht, mit allem einverstanden zu sein, und er bekannte sich zu dem Wort Carl Ungers: «Mein Einfluss wird nicht weiter reichen, als meine Arbeit taugt.» Dem neuen Hause und seinem Wirken wünschte er den «herzlichsten Segen der geistigen Welt».

Rudolf Grosse hob in seiner Grußbotschaft den unmittelbaren Eindruck auf das Herz hervor, welchen die von Arne Klingborg in den neuen Raum hineingezauberte Bläue des nordischen Himmels mache, und schloss die Hoffnung daran, dass damit auch etwas von der gastlichen Wärme des Nordens in den Bau einziehe.

Er habe als Jugendlicher am Bau des ersten Goetheanum nach dem Lernen gefragt, nach dem «zu den Quellen Gelangen». Das habe ihn zum Lernen in die Waldorfschule gebracht. Auch jetzt würden junge Menschen fragen: Wo

Arne Klingborg

Rudolf Grosse

Felicia Schwebsch

Franz Geraths

Emil Bock

Simonne Rihouët-Coroze

lernt man das? Und die Antwort sei: «Hin zur Quelle, zum Goetheanum.»

Zu den mündlichen Beiträgen gesellte sich eine Reihe schriftlicher Grußworte. Aus dem Osten des geteilten Deutschlands wurde geschrieben: «Unsere Gedanken gehen in Freude und Dankbarkeit nach Stuttgart zu dem ‹Haus der anthroposophischen Arbeit›, das in diesen Pfingsttagen seiner Bestimmung übergeben werden soll. Möge fruchtbare Arbeit darin geleistet werden, welche die Menschengeister öffnet für den Geist. Möge es wecken und einigen und ein Mittelpunkt werden für alle Schüler Rudolf Steiners. Ich glaube das sagen zu können im Namen sehr vieler Freunde hier im Osten, die nicht in der Lage sind, ihren Empfindungen Ausdruck zu geben oder an den Festtagen teilnehmen zu können. Bleibt uns verbunden, so wie wir immer hinüberdenken!»

Felicia Schwebsch erklärte für das Kollegium der Waldorfschule: «Einigkeit macht stark. Dass wir in der Einigkeit stärker und wirksamer werden, das ist der Wunsch der Lehrerschaft an die Gesellschaft.»

Franz Geraths bekräftigte: «Bringe Liebe diesem Heim. Das sollten wir von heute an als ein Pfingstliches durch die Zeiten tragen. Wer eintritt ...: ich muss mich erst geistempfänglich machen. So können wir innerlich gerechten Frieden in die Welt tragen.»

Emil Bock wies auf zukünftige Aufgaben hin: «Manche empfinden noch Baulücken. Aber es fehlen nicht nur bunte Fenster und dergl. Im gemeinsamen Wirken, im Miteinander, da entsteht der geistige Bau! Zusammenarbeit ... bis zur deutlichen Sichtbarkeit und Spürbarkeit!»

Simonne Rihouët-Coroze, die französische Generalsekretärin, erklärte: «Vos problèmes sont les nôtres. Votre Maison est la nôtre!»

Anna Samweber übermittelte im Telegramm: «Im Gedenken der Worte Rudolf Steiners: Im Geiste sich finden heißt Menschen verbinden.»

Max Stibbe schrieb: «Wenn wir in der Anthroposophischen Gesellschaft wirklich lernen, das seelische Leben, das

Leben der Menschenseele zu pflegen, dann werden wir leisten können, was die Welt von uns erwarten muss.»

Charlotte Chandler überbrachte Grüße aus der Ferne: «Die Gesellschaft in den USA ist nur weit entfernt von hier, wenn man nach Meilen misst. Aber der Geist verbindet unsere Anstrengungen und bringt uns sehr eng zusammen. Alle Mitglieder in allen Ländern können sich über diesen Bau freuen. Denn was einem von uns geschieht, geschieht uns allen!»

Anna Samweber

Aus A. Cecil Harwoods Worten sprach ein europäisch-menschheitliches Bewusstsein: «Wir leben nicht mehr in einem Europa, das durch gemeinsame Sprache, gemeinsame Bildung und gemeinsamen Glauben zusammengehalten wird. Aber uns sind gemeinsame neue Begriffe geschenkt worden, eine gemeinsame neue Sprache des Bewusstseins, Schild und Wehr von Michael selbst, unter dessen Zeichen wir für die gemeinsame Geisteswissenschaft kämpfen können für eine neue Austeilung der pfingstlichen Zungen. – Was Sie erleben, was Sie hier vollbracht haben, ist daher nicht abgetrennt zu denken von dem übrigen Europa. Wir freuen uns mit Ihnen, wir nehmen teil an Ihrer Verantwortung, wir sind eins mit Ihnen in dem großen Erbe und dem einen Ziel. Unser Enthusiasmus flammt aufs Neue auf in dem Feuer Ihrer Hingabe.»

A. Cecil Harwood

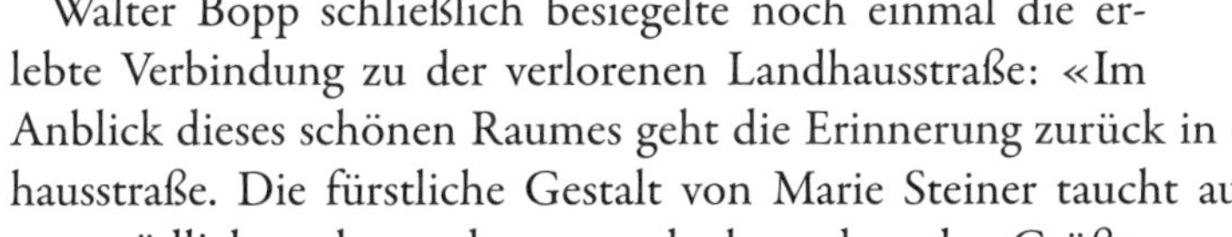

Walter Bopp schließlich besiegelte noch einmal die erlebte Verbindung zu der verlorenen Landhausstraße: «Im Anblick dieses schönen Raumes geht die Erinnerung zurück in die Landhausstraße. Die fürstliche Gestalt von Marie Steiner taucht auf, welche unermüdlich mahnte, daran zu denken, dass der Größte unserer Zeit unter uns lebe; ferner die Gestalt von Carl Unger, der es als die wichtigste Aufgabe bezeichnete, die Seelen zu integrieren.»

Die Anzahl der teilnehmenden Freunde war so groß, dass nicht alle gleichzeitig bei den Versammlungen anwesend sein konnten. Daher wurde parallel zu den Begrüßungsansprachen im neuen Haus in der Waldorfschule eine Rezitation von Karin Haupt und die Lesung des Vortrages «Das Pfingstfest des seelischen Zusammenstrebens und des Arbeitens an der Vergeistigung der Welt» angeboten.

Darin schildert Rudolf Steiner, wie der Mensch in der Vergangenheit in ein Gruppenseelenhaftes hineingeboren wurde. «Dann wurde

Erwin Schühle

Herbert Hahn

die Menschheit in der Vergangenheit entlassen aus der Gruppenseele. Aber in der Zukunft der Entwickelung müssen sich die Menschen ein sicheres Ziel setzen, dem sie zustreben.

Wenn sich Menschen vereinigen in einer höheren Weisheit, dann steigt aus höheren Welten wieder eine Gruppenseele herab – wenn aus den gebundenen natürlichen Gemeinschaften freie Gemeinschaften entstehen.» Das stellte Steiner als das Ziel der geisteswissenschaftlichen Bewegung hin, das sich in der Zeitenwende der Menschheit zeigte. «Da ist eine Anzahl von Menschen, deren Seelen noch nachbeben von dem erschütternden Ereignis, sodass in allen das Gleiche lebte. In dem Zusammenströmen dieses einen, gleichen Gefühls lieferten sie das, worin sich ein Höheres, eine gemeinsame Seele verkörpern konnte. Das wird ausgedrückt mit jenen Worten, die besagen, dass der Heilige Geist, die Gruppenseele, sich herniederließ und sich zerteilte wie feurige Zungen. Das ist das große Symbolum für die Menschheit der Zukunft.»[46]

Der Abend wurde durch Herbert Hahn mit einem Vortrag «Der Geistesruf der Zeit an den Einzelnen und an die Gemeinschaft» beschlossen. Ausgehend von seinen Lebensbegegnungen mit Rudolf Steiner stellte er die Mission der Anthroposophie dar. Im widersprüchlichen Zeitgeschehen, das sich soziologisch als Überalterung und Verfall der Persönlichkeitskräfte bei gleichzeitiger Suche nach den durch das Tor der Geburt mitgebrachten Geisteszielen darstellt, wird die Bedeutung des Geistesrufes evident, der durch Rudolf Steiner an die Menschenseele ergangen ist.

Pfingstmontag

Fritz Götte

War der vorangegangene Tag durch eine Mehrzahl an Wortbeiträgen mit hineinkomponierten künstlerischen Beiträgen durch Musik und Sprachgestaltung geprägt, gestaltete sich der Pfingstmontag zu einem Feiertag, an dem sich Kunst und Erkenntnis untrennbar miteinander verbanden.

Für die Ideenbildung wirkte ein «Pentagon» aus Erwin Schühle, Gisbert Husemann, Fritz Götte, Eberhard Schickler und Ernst Weißert, die Motive der «Anthroposophie als Quelle der Erneuerung», «Zeichen der Schwelle», «Die Schwelle zur geistigen und die Schwelle zur sozialen Welt», «Befreiung von Energie in der Materie und in der Menschenseele» sowie «Menschenbildung und Menschheitszukunft» entfalteten.

Ernst Weißert

Begleitet, ergänzt und verstärkt wurden diese Beiträge durch Ida Rüchardt, die aus dem Schluss des vierten Mysteriendramas rezitierte, sowie Kompositionen von Wilhelm Lewerenz, Julius Knierim und Georg von Albrecht. Zuletzt entbot ein Leierchor unter der Leitung von Julius Knierim einen Gruß aus der heilpädagogischen Bewegung.

Der Abend wurde durch Else Klink und Mitarbeiter des Köngener Konservatoriums mit einer festlichen Eurythmie in der dicht besetzten Waldorfschule zum abschließenden Höhepunkt der Einweihungsfeier. Als man anschließend noch einmal hinüberging zum neuen Haus, sah man in nächtlicher Stunde die erste Eurythmie auf seiner Bühne: «Die ‹Salomonischen Worte› aus der Weiherede von 1911, den Beginn des Johannes-Evangeliums und Bach'sche Musik. Die hohe Gestalt, welche die Weiheworte verkörperte, die roten Schleier bei den Johannes-Worten – alles auf dem weiten lichtblauen Hintergrund des Bühnenraumes. Keine Hand regte sich angesichts dieses feierlichen Schauspiels. Aber alle fühlten: Nun hat die Eurythmie die neue Bühne ergriffen und sie damit eingeweiht.»[47]

Prof. Bockemühl kleidete eine vielfach erlebte Empfindung in die Worte: «Viele Freunde haben gesagt, als sie diesen Raum zum ersten Mal betraten: Oh, ihn kennen wir schon, darinnen sind wir schon immer gewesen, hier sind wir zu Hause.»

Julius Knierim

Alfred Bockemühl

Else Klink

In diesem Erleben klangen Worte wieder, die Rudolf Steiners in Nachrufen für verstorbene Freunde ausgesprochen hatte, und Worte von Freunden über ihre Begegnung mit Rudolf Steiner.[48]

«Worte von Friedrich Rittelmeyer

Erst nach Rudolf Steiners Tod ging mir auf, dass das letzte persönliche Gespräch mit ihm ein wirkliches Abschiedsgespräch war, weit über das hinaus, was im Bewusstsein der Beteiligten damals leben konnte. Er sagte mir noch ein Wort über mich selbst, das seine Meinung über unsere Lebensbegegnung zusammenzufassen schien. Es ist mir zu heilig, als dass ich es erzählen könnte.

Ich dankte ihm dann noch, dass er mir wieder in körperlicher Erkrankung aus der Ferne mit Ratschlägen gründlich geholfen hatte. Mit dem Ausdruck größter Güte lehnte er ab: ‹Nein, lieber Herr Doktor, ich danke Ihnen, dass Sie mir Gelegenheit gegeben haben, zu helfen.›

Das war sein letztes Wort, das er auf der Erde persönlich zu mir sprach.»

«Worte von Christian Morgenstern aus einem Briefe ... es ist doch ein großer Schmerz, dass du diesen Zyklus nicht mithören kannst. Es steht zwar das Grundlegende auch in der ‹Theosophie› – aber wie neu und reich und überwältigend kommt es aus diesem lebendigsten Munde! ... Steiner sprach da, in Verbindung mit der Apokalypse, von der schöpferischen Kraft des Wortes, von dem Kehlkopf als dem künftigen schöpferischen Organ. (Und Gott *sprach*: Es werde Licht! Und es *ward* Licht.) Da sagte ich mir: Nun denn, so mag in mir geschaffen werden, was noch in mir geschaffen werden kann – durch diesen Geist, unter dem Namen Rudolf Steiner.»

«Worte von Michael Bauer

Das Verhältnis des esoterischen Lehrers zu seinem Schüler wird durch den Tod nicht gelöst. Ging doch der innerste Sinn der Belehrung darauf aus, den Schüler einen Standpunkt oberhalb des Todes gewinnen zu lassen, und hatte doch diese Belehrung auch schon bei Lebzeiten des Lehrers in der ewigen göttlich-geistigen Welt ihren Urstand. – Aber die Schulung muss sich von nun an einer tieferen Schicht der Seele bedienen.

Es ist ja nicht schwer gewesen, eine leichthin gestellte Frage bei Lebzeiten an den Lehrer zu richten und seine Antwort entgegenzunehmen. Jetzt, nach dem Hingang, muss eine Frage ganz anders in der Tiefe der Seele gestellt werden, sie muss der klare Ausdruck der erkenntnissuchenden Seele schlechtweg sein. Nichts vom liebenden Herzen des Lehrers ging verloren.»

«Worte von Toni Völker

Mehr und mehr wird sich ein solches Wissen innerhalb dieser geisteswissenschaftlichen Richtung entfalten, das wieder von den Offenbarungen weiß, die sich in der Sternenschrift am Himmel aussprechen. So wissen wir durch Rudolf Steiner, dass dasjenige Gestirn, das wir esoterisch den Merkur nennen, exoterisch in der heutigen Astronomie Venus genannt wird. Venus, den Abendstern, ihn nennen wir esoterisch Merkur, weil er die geistig seelischen Kräfte des Merkur in sich birgt ... Es ist der Stern der Menschheit, der zum edelsten Menschentum führen möchte. ... So mögen wir den Stern der Menschheit, den Merkurstern in uns selbst realisieren. ... Dieser Stern, er grüßt uns an der Schwelle, an der Pforte dieses Hauses. ...»

«Rudolf Steiner über Carl Unger

Frühzeitig sah Dr. Unger, dass Anthroposophie vor allem einer strengen erkenntnistheoretischen Begründung bedarf. Mit tiefem Verständnis nahm er auf, was ich selbst vor vielen Jahren in meinen Schriften *Erkenntnistheorie*, *Wahrheit und Wissenschaft* und *Philosophie der Freiheit* habe geben können. Er entwickelte die Anregungen selbstständig weiter. Die Natur des menschlichen Erkenntnisprozesses in lichtvoller, klarer Analyse zu durchschauen und das Durchschaute in synthetischer Art zu einem wirklichen Bild des Erkennens zu machen, war sein von denkerischem Scharfsinn getragenes Bestreben. Unger ist nicht Dialektiker, sondern Beobachter der empirischen Erkenntnis-Tatbestände.

Friedrich Rittelmeyer

Michael Bauer

Toni Völker

Eugen Kolisko

Erich Schwebsch

Karl Schubert

Und das macht, dass er im Laufe der Jahre ganz besonders Wertvolles liefern konnte nach der Richtung hin, dass der Erkenntnisprozess des gewöhnlichen Bewusstseins durchaus überallhin die Impulse zur anthroposophischen Forschung aus sich selbst hervortreibt.»

«Rudolf Steiner über Eugen Kolisko

Persönlichkeiten wie Dr. med. Eugen Kolisko können von der anthroposophischen Bewegung nicht hoch genug eingeschätzt werden. … Der naturwissenschaftliche Phänomenalismus hat in Kolisko einen Verfechter, der diese Seite des anthroposophischen Denkens überall aus der unbefangenen Sacherkenntnis objektiv entwickelt. Man hat bei Kolisko nirgends das Gefühl, dass er von vornherein Anthroposophie in seine Welt-Erkenntnis hineinträgt; sondern überall das, dass er in einem sachgemäßen, aber intimen Denken aus den konkreten Problemen die anthroposophische Anschauung gewinnt.

Dabei ist er innig als Persönlichkeit mit seinen Problemen verwachsen, sodass für mein Gefühl man ihm gegenübersteht als einer durch und durch wissenschaftlich überzeugend wirkenden Persönlichkeit. Wenn ich von ihm so sprechen höre wie diesmal über «freies Geistesleben», dann habe ich die Empfindung: Der redet bis ins Herz hinein wahr; und in dieser Wahrheit lebt er sich restlos aus.»

«Worte von Erich Schwebsch

Tief ist durch tausendjährige echte Mysterienwirkung in den menschlichen Seelengrund hineinverpflanzt der Trieb, durch geist- und stoffgemäße Umgestaltung die Sinnenwelt zum Gleichnis höheren Lebens umzuformen, im Sinnensein Formen zu schaffen, an denen der Mensch geistig-seelische Götterbegegnungen in sich erfahren kann. Da scheint ein Leben höherer Ordnung durch die verwandelte Ordnung des bloßen Stoffes. So ruht in diesem Mysteriensamen der Trieb zur Verwandlung der Erde, der Trieb zur Kunst, die ihre Mysterienstätten verlassen hat und doch ein ewiges Mysterium bleibt. Die Produktion eines wahren Fantasiebildes verlangt heute vom künstlerischen Menschen die geistergebene Hingabe an die Weltenziele in der Führung seines Lebens. Er muss auf seine Weise ‹eingeweiht› sein in die Planmäßigkeit des schaffenden Weltengeistes, welcher der Gottheit lebendiges Kleid wirkt und dessen geheimer Mitwisser der Künstler immer ist. Verwandelte Sinne künden an das Herannahen der übersinnlichen Welt im Seelenleben des Künstlers.»

Helmuth Lauer

«Worte von Karl Schubert

Weil man Dr. Steiner nicht hier hat, soll man gegenseitig sich erkennen und im Urteil tragen. Wir brauchen unbedingt, dass wir im Atemstrom der Herzen leben. – Sich kümmern umeinander und Wertempfindung entwickeln über das Werk des andern; wenn es nicht so gut ist, dann sich helfen, dass es gut werde.»

Rex Raab

Die Baugestalt

Als beauftragte Architekten fassten Felix Kayser, Helmuth Lauer und Rex Raab ihre Aufgabe gegenüber der Stuttgarter Mitgliedschaft, den Behörden und der Finanzlage dahingehend auf, ein Bauwerk in die Öffentlichkeit, d. h. in das Sein und Werden von Gegenwart und Zukunft zu stellen, das in seinen Aufgaben von jedermann wahrgenommen werden könne. Denn in einem wahrhaftig gestalteten Bauwerk musste das Äußere zum Spiegel des Innern werden. Es sollte bereit sein zu zeigen, «wes' Geistes Kind» es diente.

Vorentwürfe trugen dazu bei, den treffenden Weg zu finden und die Kräfte und Möglichkeiten der Beteiligten zu steigern. Eine Reihe von Persönlichkeiten, insbesondere auch einige Künstler, wirkten beratend und helfend an dem Zustandekommen des Baues mit. Der langgestreckte Bauplatz mit seiner schmalen Straßenfront stellte dabei besondere Anforderungen, das erforderliche Raumprogramm funktional wie gestalterisch aufzunehmen.

Auf Seiten des Bauvereins Stuttgarter Anthroposophen leisteten ins-

Rudolf Steiner-Haus in Stuttgart, Fassade (Blick von der Straße «Zur Uhlandshöhe»)

besondere Emil Kühn und Erwin Schühle einen besonderen Einsatz, die als Vertreter der Bauherrschaft die Hauptlast der Verantwortung trugen.

Der Bau gliederte sich in einen beherrschenden Hauptbau, der den Vortragssaal mit Bühne enthielt, und einen «Flügelbau», der sich mit seinen Arbeits- und Verwaltungsräumen sowie einem kleinen Vortragssaal nach hinten anschloss.

Ein kleiner Zwischentrakt mit Künstlerzimmer und Nebeneingang stellte die organische Verbindung beider her.

Im Vergleich zur späteren Nutzung fällt beim Betrachten des Grundrisses der Wegfall des kleinen Saales zugunsten der Bibliothek ins Auge, die heute das gesamte östliche Erdgeschoss einnimmt.

Der kleinere Vortragssaal wurde als unentbehrlich für Tagungen, Kurse und kleinere Vortragsabende erachtet.

Der große Saal war auf einem trapezähnlichen Grundriss so aufgebaut, dass sich seine Seitenwände gegen die Bühne hin verbreitern und seine Decke leicht ansteigt.

Dadurch gewann der Raum nicht nur an Weite, sondern es wurde auch seine Bewegungsrichtung zur Bühne hin deutlich spürbar. Seine Farbe wurde gewählt, weil Blau am besten geeignet ist, die innere Sammlung bei der anthroposophischen Arbeit zu unterstützen.

Die Bühne war nur mittelgroß, jedoch für Eurythmie-, Konzert- und

Saal-Inneres mit Blick zur Bühne

Ansicht des Flügelbaus und der Saalbau-Rückseite

kleinere Theateraufführungen ausreichend. An sie schloss sich ein Künstlerzimmer an, das unter der Bühne durch eine kleine Treppe mit einem Eurythmie-Übungsraum sowie Umkleide- und Waschräumen verbunden war.

Die farbige Gestaltung des Flügelbaus lag in den Händen von Felix Goll, der für den kleinen Vortragssaal auch ein abstraktes Wandbild schuf.

Im Untergeschoss waren außer Heizung, Küche und verschiedenen Nebenräumen ein weiterer Eurythmie-Übungsraum und ein Plastizierraum untergebracht; im Obergeschoss fanden Verwaltungsräume der Anthroposophischen Gesellschaft in Deutschland und des Arbeitszentrums Stuttgart für «Anmeldung», Sekretariat, Konferenzzimmer und ein weiteres Besprechungszimmer Platz.

Die Finanzierung

Sein besonderes Engagement, ein umfassendes Bewusstsein von der Entwicklung der anthroposophischen Bewegung in Stuttgart und Dankbarkeit für die Leistungen der mittragenden Menschen wurden in dem Bericht sichtbar, den Emil Kühn an Weihnachten 1957 zur Baugeschichte in den *Mitteilungen aus der Anthroposophischen Arbeit in Deutschland* gab.

«Der Baugedanke tauchte im Januar 1948 zum ersten Mal auf mit der Feststellung, dass es aussichtslos erscheinen müsse, wieder ein Haus für die Anthroposophische Gesellschaft zu bekommen, ‹das alles Wünschenswerte, was die Gesellschaft braucht, enthalten soll›. Von hier spannt sich der Bogen durch neuneinhalb Jahre bis heute, da das Haus fertig steht. Der Boden in den Herzen der Mitglieder musste durch langdauernde Beschäftigung mit dem Bedarf, mit den möglichen Ausgestaltungen ebenso bearbeitet werden, wie es galt, einen irdischen Boden zu finden und Baupläne dafür zu schaffen. Fünf Jahre später – im März 1953 – konnten der Mitgliedschaft zum ersten Mal konkrete Pläne vorgelegt und Ideen zur Finanzierung dargestellt werden. Ein Grundfonds zum Bauen war aus der Entschädigung für das ehemalige Haus in der Landhausstraße 70 entstanden. Diesem konnte hinzugefügt werden, was aus den laufenden Jahresetats für Bauzwecke abgesondert worden war, sodass beim Beginn der Planung etwa ein Viertel der späteren Bausumme beisammen war.

Zunächst wurde nun in breiter Beratung durch einen größeren Mitgliederkreis ein Baubedarf festgelegt und hierauf konnten dann die Entwurfspläne gestaltet werden, die von den Architekten Helmuth Lauer, Felix Kayser und Rex Raab, als einer Arbeitsgemeinschaft, eingefordert wurden. Besonders förderlich war es dabei, dass der Stuttgarter Architektenkreis sich schon jahrelang vorher auf das Gründlichste mit den Anregungen Rudolf Steiners zu Gesellschaftsbauten beschäftigt hatte. – Von außen kam uns dabei die Bereitwilligkeit der Stadt Stuttgart entgegen, einen Erbbaupachtvertrag über das Gelände abzuschließen, auf dem von 1922 bis in den Krieg das Eurythmeum gestanden und geistig gewirkt hatte. – Die jeweiligen Pläne wurden sehr sorgfältig immer aufs Neue beraten, der gesamten Mitgliedschaft vorgeführt und von ihr zur Ausführung genehmigt. Aus solchem geistigen Nehmen und Geben konnten dann allein auch die materiellen Opfer gefordert werden, deren der Baugedanke zur Ausführung bedurfte: Im Durchschnitt war dies ein Monatseinkommen von jedem Mitglied! Das erforderte viel Fantasie und Anstrengung in der Werbung, für die dann auch rund 22 000 Postsachen in den verschiedensten Mitgliederkreisen versandt worden sind. Der Erfolg ist nicht ausgeblieben: Bis zum Baubeginn war die Hälfte der nötigen Baumittel zusammengekommen.

Damit konnte die Bauausführung im Juni 1956 gewagt werden. Wie ist es nun weiter zur zweiten Hälfte gekommen?

Zunächst haben viele Mitglieder 12, 24, 36 Monate lang in Teilbeträgen abbezahlt, was sie zum Bauen gezeichnet hatten. Dieses Verfahren brachte endlich auch große Beträge. Die wirtschaftliche Anteilnahme ging sogar weit hinaus über den Kreis der unmittelbar Beteiligten, und durch den Baugroschen der deutschen Landesgesellschaft haben alle Mitglieder in Deutschland zu dem Bau beigetragen. – Als es dann soweit war, dass der Innenausbau beschafft werden musste, wurden in einem ‹letzten Aufruf› die nötigen Teile der Einrichtung einzeln aufgeführt und mit DM-Beträgen bewertet, so die Bühnenbeleuchtung, das Gestühl, die Bücherei, das Außengelände und vieles andere, alles zusammen über hunderttausend Mark. In diesem Stadium sind bedeutende Einzelstiftungen für konkrete Ausbauobjekte auch in größeren Beträgen zusammengekommen, sodass zur Einweihung an Pfingsten 1957 (9. Juni) das Haus der anthroposophischen Arbeit in Stuttgart im Prinzip fertig vorgestellt werden konnte. Von der Idee begeistert, gaben unsere Freunde aus warmen Herzen die zum Bauen benötigten Mittel – rund 620 000 DM waren diese am Einweihungstag. Aus den Einfällen der Architekten und aus den Kenntnissen der Bauleute wurde der irdische Bau. Dieser erweist sich heute in seiner Vollendung – nach der einjährigen Bauzeit – erst recht als ein ideelles Kräftezentrum, dessen Wirkungen auf die geistig Produzierenden wie auf diejenigen, die als Entgegennehmende hereinkommen, gleich spürbar sind. Die Räume des Rudolf Steiner-Hauses in Stuttgart immer mehr mit dem zu erfüllen, was unser Lehrer uns als das Wesen Anthroposophie anvertraut hat, soll unsere Verpflichtung und unser Wollen in der Zukunft sein.»[49]

In einem *Rundbrief*, der ein Jahr zuvor die Stuttgarter Mitglieder erreichte, wurde auf eindringliche Weise die Opferbereitschaft sichtbar, welche das Bauunterfangen ermöglichte und die damit verbundene Wende, die den von wenigen Vermögenden getragenen Bauimpuls der Landhausstraße zu einem gemeinschaftlich getragenen Werk vieler werden ließ.

Darauf machten die Worte des Schriftleiters Fritz Götte aufmerksam, die einem Brief anonymer Spender vorangestellt waren. Götte schrieb:

«Wenn der Bau einmal stehen wird, wenn wir ihn im Frühjahr 1957 einweihen und danach zur laufenden Arbeit oder zu Tagungen darin zusammenkommen, dann dürfen wir uns nicht ohne Freude sagen: Dieses Werk ist nicht – wie so oft heute in der Welt – durch die Stiftung eines Großen oder eines mächtigen Industrieunternehmens entstanden, sondern es wurde aus der Liebe und Opferwilligkeit zahlreicher Menschen, welche Rudolf Steiner und die Anthroposophie in ihrer Bedeutung erkannt haben, errichtet, meist wenig bemittelter Menschen, die dennoch gaben! Wie viel Schönes, ja Ergreifendes, ließe sich da berichten!»

Anschließend folgte der Abdruck jenes Briefes, der den Vorsitzenden des Bauvereins erreicht hatte:

«Sehr geehrter Herr Dr. Kühn!

In diesen Tagen sind wir in der glücklichen Lage, Ihnen 500 DM überweisen zu können für den Bau des Hauses der anthroposophischen Arbeit in Stuttgart. Damit Sie nicht in den Irrtum kommen, wir wären kleine Krösusse, fühle ich mich veranlasst, Ihnen zu sagen, wieso wir die Spende geben können.

Elf Jahre war unser Häuschen beschlagnahmt, jetzt wurde es frei und wir bekamen für entstandene Schäden einen Betrag vom Besatzungsamt, dem wir die Spenden entnehmen. 500 Mark für den Bau, 200 Mark für das Kinderheim Berlin (Herr Löffler), 200 Mark für das Kinderheim in Bingenheim, 150 Mark für das Krankenhaus Dr. Bühler, 100 Mark für die Eurythmie in Köngen, 100 Mark für die Christengemeinschaft am Ort zu geben sind wir entschlossen und haben die Möglichkeit, das fehlende Geld für die Reparaturen durch Stottern zu erledigen. Was uns treibt, ist die Liebe und Treue zu Rudolf Steiner und der innige Wunsch, sein Werk zu stützen. Das ist auch für seine Schriften eines Tages geschehen, als mir mein verloren gegangener Haushalt entschädigt wurde.

Nun wissen Sie, verehrter Herr Dr. Kühn, wer wir sind.

Mit herzlichen Grüßen und einem Berg guter Wünsche für das Gelingen des Baues und seiner Arbeit darin.

[Zwei Unterschriften mit dem Zusatz] 90 und 65 Jahre alt.»

Fritz Götte ergänzte den Brief durch den erklärenden Zusatz: «Das Besondere bei dieser Tat ist, dass sie nicht von unmittelbar an dem Stuttgarter Bau Interessierten ausgeht, denn der Brief stammt aus dem Rheinland! Könnte dieses Beispiel nicht zünden? Und zwar gerade unter denen, welchen sich sicher viel mehr Gelegenheit bietet, von dem Bau etwas zu ‹haben›, als das bei unseren rheinischen Freunden der Fall ist – zünden vor allem unter den Freunden unseres Gebietes? Und noch dazu in der Zeit des liebevollen Gebens, in der Zeit der Weihenacht!»[50]

Das darin zum Ausdruck kommende besondere überpersönliche Interesse an dem Stuttgarter Geschehen wird auch durch einen Blick auf die Liste der persönlich oder durch Briefe und Telegramme teilnehmenden Menschen bezeugt, welche das überwältigende Ereignis der Einweihung dokumentiert.

Die Übersicht zeigt eher den Charakter einer internationalen Generalversammlung denn eines lokalen oder nationalen Geschehens.

Darin werden die Früchte eines seit mehr als einem Jahrzehnt waltenden Bemühens um Verständnis, Ausgleich und Befriedung in den seit den Zwanzigerjahren aufgetretenen Zerwürfnissen der Anthroposophischen Gesellschaft sichtbar. Dieses Bemühen war nicht zum Geringsten gerade auch von Stuttgarter Freunden ausgegangen. Die Liste der Anwesenden nennt u. a.:

Dr. Felicia Schwebsch im Namen der Lehrerschaft der Freien Waldorfschule,

Dr. Franz Geraths für die Mitgliedschaft des Stuttgarter Arbeitsgebiets,

Lic. Emil Bock für die Christengemeinschaft und die Tochterbewegungen,

Mr. Alfred Cecil Harwood für die Anthroposophische Gesellschaft in Großbritannien,

Georg Hartmann im Namen des Hegel-Zweiges,

Wilhelm Rath – G. van Wageningen für die Niederländische Abteilung der Allgemeinen Anthroposophischen Gesellschaft,

Dr. Rudolf Kreutzer, Mitglied des Arbeitskollegiums der Anthroposophischen Gesellschaft in Deutschland,

Dr. Helmut von Kügelgen für die jungen Menschen,

Madame *Simonne Rihouët-Coroze* für die Anthroposophische Gesellschaft in Frankreich,

Dr. Walter Bopp,

Dr. Friedrich Husemann, Mitglied des Arbeitskollegiums in Deutschland, für das Arbeitszentrum Freiburg,

Max Stibbe für die Anthroposophische Gesellschaft in den Niederlanden (auch im Namen des verhinderten Dr. Zeylmans van Emmichoven),

Herr Erich Weißmann für die Gesellschaft in Süd-Württemberg,

Charlotte Chandler für die Anthroposophen in den USA,

Arne Klingborg für die Anthroposophische Gesellschaft in Schweden,

Clara Kreutzer für das Arbeitszentrum Nürnberg,

Hermann Ehret, welcher ein Geschenk aus dem Nachlass von Immanuel Hermann Fichte übergab.

Briefe und Telegramme sandten:

Gräfin Sophie Schönborn-Dentice für die Sezione d'Italia della Societa Antroposofica Universale,

Bjarne Eliassen und *Dan Lindholm* für die Antroposofisk Selskap i Norge,

Kurt Franz David für die Landesgesellschaft in Österreich,

Klinisch-Therapeutisches Institut in Arlesheim (Schweiz),

Der Initiativkreis des Arbeitszentrums Berlin,

Prof. Max Benirschke und der Zweig in Weißenseifen (Eifel),

Dr. Gotthard Starke, die Mitarbeiterschaft des Heil- und Erziehungs-Institutes Bingenheim, sowie die Teilnehmer an der dortigen Pfingsttagung,

Der Zweig Frankfurt am Main,

Siegfried Pickert für das Landschulheim Schloss Hamborn,

Dr. Paula Dieterich für die Anthroposophische Gesellschaft Hamburg,

Hans Vollmer für die Freie Anthroposophische Arbeitsgruppe Hamburg,

Jürgen Lauenstein für den Zweig Kassel,

Der Zweig Marburg,

Josef Geith, Dr. Friedrich Kempter und *Herbert Witzenmann* für das Arbeitszentrum München,

Hanns Scheck für den Zweig München,

Die Freunde des Arbeitszentrums Nürnberg,

Der Zweig Schorndorf,

Dr. Heribert Kaufmann, Paul Steppat, Günter Reinicke, Alfred Wiedemann, Dr. Anselm Basold, Johannes Barkhahn, Annemarie Basold, Mechthild Werner und *Arthur von Zabern* für den Zweig Schwäbisch Gmünd,

Dr. Carl Brestowsky, Frau Anja Gruson und *Richard Stribeck* für das Arbeitszentrum Wuppertal,

George Adams, Mrs. Adams, Miss Olive Whicher und *Michael Wilson* (Clent Grove),

Wally Allmendinger (Stuttgart),

Gräfin Astrid von Bethusy, geb. von Moltke,

Margarete Brackebusch (Hannover),

Elfriede und *Margarete Faulmann* (Karlsruhe),

Dr. Rudolf Frieling (Stuttgart),

Dr. Hildegard Gerbert (Tübingen),

Dr. Ernst Glatz (Frankeneck),

Rudolf Gmelin (Musberg),

Henri Daniel van Goudoever (Den Haag),

Dr. Karl Heyer (Kreßbronn),

Präsident Dr. Richard Idler (Reutlingen),

Eve Dorothé und *Hermann Jülich* (Arlesheim),

Dr. Karl König (Camphill),

Dr. Maria und *Dr. Ernst Lehrs* (z. Zt. Italien),

Alfred und *Anna Mattes* (Badenweiler),

Dr. med. Leendert F.C. Mees (Den Haag),

Baronin Monica von Miltitz (Unterlengenhardt),

Dr. Ruth Moering (Dornach),

Frau Emma del Monte (Stuttgart),

Martin Münch (Berlin),

Edmund Pracht (Arlesheim),

Dr. Paul H. Prausnitz (Zwiesel),

Anna Samweber (Berlin),

Marg. Schmied-Kowarzik (Wien),

Dr. Gustav Troberg (München),

Frau Auguste Unger (Ilkeston),

Gerlind und *Dr. Hedwig Zaiser* (Gerlingen),

Herr Dr. Frederik W. Zeylmans van Emmichoven und *Frau Ingeborg Zeylmans van Emmichoven* mit anderen Freunden (z. Zt. Samothrake).

Das Richtfest

Emil Kühn trat im Dezember 1954 in den Bauverein ein. Er hatte 1945 zusammen mit Emil Bock und Emil Leinhas das geschäftsführende Dreierkollegium des Initiativkreises der Anthroposophischen Gesellschaft in Stuttgart gebildet und wenig später zusammen mit Friedrich Kempter die Verantwortung für die Verwaltung der neu konstituierten deutschen Landesgesellschaft übernommen. Zugleich wurde er gebeten, im Bauverein mitzuarbeiten. Im Schlusswort sprach er 1961 bei der Feier seines 75. Geburtstages aus, dass er stets gerne in wirtschaftlichen Angelegenheiten mitgeholfen und nie daran gedacht habe, in der Anthroposophischen Gesellschaft hervorzutreten oder sich in eine führende Rolle zu drängen, dass er aber mehrfach eine leitende Stellung habe einnehmen müssen, weil die Verantwortlichen ausgefallen seien. So war es auch, als er in den Bauverein eintrat und sehr bald das Amt des 1. Vorsitzenden übernahm. In jenem Jahr 1954 war der bisherige 1. Vorsitzende C. S. Picht gestorben und der 2. Vorsitzende Emil Leinhas ausgeschieden, weil er sich mit sechsundsiebzig Jahren aus allen Ämtern zurückzog – also musste Emil Kühn die Lücke schließen. Es war die Zeit, als die Pläne für den Bau und seine Finanzierung konkrete Gestalt annahmen. Felix Kayser versicherte, dass der Bau ohne den persönlichen Einsatz von Emil Kühn und die Unterstützung durch Erwin Schühle als Vertreter des Initiativkreises nicht zustande gekommen wäre. Der Bau sei aber nicht das Werk eines Einzelnen, sondern aus der intensiven Zusammenarbeit von Bauherrschaft, Architekten und Künstlern hervorgegangen. Kayser betonte in seinem Bericht, dass die Baukunst das soziale Zusammenwirken aller brauche und dieses Prinzip auch hier durch Erfahrung bestätigt wurde.

Angesichts der durch den Weltkrieg eingetretenen Zerstörungen und die vielfältigen Aufgaben des Wiederaufbaus waren 1955 auf einer Mitgliedertagung in München von anthroposophisch orientierten Architekten neben Entwürfen für das Stuttgarter Haus Modelle für Schulbauten, Heime, Kirchen sowie die Entwürfe für den ursprünglich in München geplanten Johannesbau gezeigt worden. Der Münchener Architekt Walter Beck wies dabei auf den Gestaltungsduktus des in München geplanten Johannesbaus hin, der als «Innenbau» vorgesehen war. Der neue Baugedanke konnte darin noch nicht in Erscheinung treten. Erst das Goetheanum in Dornach zeigt die entscheidende Umwandlung, durch die das innere Geschehen des Geisteslebens nach außen wesensgemäß gestaltet wurde. Dem Prinzip

«Wie draußen – so drinnen» bzw. «Wie drinnen – so draußen» fühlten sich die Architekten Felix Kayser, Helmuth Lauer und Rex Raab verpflichtet. Der Bau sollte von der anthroposophischen Arbeit in seinem Inneren äußerlich Zeugnis ablegen. In Bezug auf die Farbgestaltung wurden sie dabei von Felix Goll und Arne Klingborg unterstützt.

Der Bezug zur Landhausstraße wurde dabei in der Farbgestaltung ausdrücklich hergestellt, indem die Farbwahl für den Saal mit seinem Gestühl dem damaligen Zweigraum (und auch dem Zweigraum der Geisbergstraße 2 in Berlin) entsprach.

Die Münchner Tagung von 1955 fand nur wenige Monate vor dem Richtfest am

20. Oktober 1956 in Stuttgart statt. Der Rohbau fand damit einen gewissen Abschluss. Mit den Gipserarbeiten und der Installation konnte begonnen werden. Noch immer aber waren die initiativ Verantwortlichen von schweren finanziellen Sorgen bedrückt. Alle Möglichkeiten wurden genutzt, um die Hilfsbereitschaft der Mitglieder und Freunde zu aktivieren.

Mit dem Bau wurden große Aufgaben verbunden: es handele sich um einen Stuttgarter Bau und um einen nicht nur Stuttgarter Bau. Erinnert wurde daran, was alles Rudolf Steiner zusammen mit Freunden der anthroposophischen Bewegung in Stuttgart gesät, gewirkt, gebaut hat, wodurch ein Zentrum vielfältiger kultureller Erneuerungsbewegungen in pädagogischer, sozialwissenschaftlich-praktischer, religiöser und künstlerischer Hinsicht geschaffen wurde. Mit der Verbotszeit und dem Zweiten Weltkrieg aber war das schützende Dach verloren gegangen. Durch das permanente Zu-Gast-Sein geriet man trotz aller großzügiger Freundeshilfe in eine Obdachlosigkeit, die nicht nur äußerlich, sondern zum Teil auch geistig auszehrte. Viel Kraft wurde vergeudet. Es gelte, der Obdachlosigkeit Einhalt zu gebieten und im Hinblick auf die kommenden Jahrzehnte die Kräfte innerlich und äußerlich zu sammeln. Mit dem Stuttgarter Bau werde etwas gegeben, was über alle lokalen Interessen hinausweist. Auch kleinere und kleinste Spenden seien herzlich willkommen. Ein wahrhaft Weihnachtliches gelte es zu pflegen im Sinne der großen Weihnachtstagung am Goetheanum. Unterzeichner eines entsprechenden Aufrufs zur Adventszeit waren Emil Bock, Herbert Hahn und Margarita Woloschin.[51]

Die Grundsteinlegung

Bei jedem Bauvorhaben verbinden sich seit Menschengedenken drei Manifestationen menschlichen Willens, der sich mit dem Weltenwillen in Einklang zu bringen sucht. Sie drücken sich in den Schritten von Einweihung, Richtfest und Grundsteinlegung aus, die durch Aufgabenbewusstsein, Hochmut oder Bangen gefärbt sein können.

Als drei Ehrfurchten hat Goethe im *Wilhelm Meister* Ideale beschrieben, die mit den drei grundlegenden Schritten des Hausbaus verbunden sind. Da begegnen dem Wanderer in der «pädagogischen Provinz» Kinder, die, «sie mochten beschäftigt sein, wie sie wollten», ihre Arbeit liegen ließen und sich mit «besondern, aber verschiedenen Gebärden» den Vorbeireitenden zuwendeten.

«Die jüngsten legten die Arme kreuzweis über die Brust und blickten fröhlich gen Himmel, die mittlern hielten die Arme auf den Rücken und schauten lächelnd zur Erde, die dritten standen strack und mutig; die Arme niedergesenkt, wendeten sie den Kopf nach der rechten Seite und stellten sich in eine Reihe, anstatt dass jene vereinzelt blieben, wo man sie traf.»

Ehrfurcht zu erweisen dem, was unter dem Menschen, was neben ihm und schließlich über ihm ist, sollten diese Gesten ausdrücken. Die eine Geste wandte sich den Naturkräften des Erdbodens zu, die andere dem Neben- und Mitmenschen und die dritte dem Bereich des Höheren, über dem Menschen zu Verehrenden. Dankbarkeit, Demut, Bescheidenheit und Anerkennung vereinigen sich in diesen Haltungen. Aus den drei Ehrfurchten sollte sich schließlich die oberste Ehrfurcht, die Ehrfurcht vor sich selbst entwickeln und diese wiederum die drei anderen verstärken. Erzieherisches Leitbild der pädagogischen Provinz war «Sittlichkeit ohne Pedanterie und Strenge zu üben und zu fördern, wie es die Ehrfurcht vor uns selbst verlangt, welche aus den drei Ehrfurchten entsprießt, zu denen wir uns sämtlich bekennen, auch alle in diese höhere allgemeine Weisheit, einige sogar von Jugend auf, eingeweiht zu sein das Glück und die Freude haben».[52]

Mit der obersten Ehrfurcht vor sich selbst aber hängt eine fünfte Ehrfurcht zusammen, die Ehrfurcht vor dem Werden des Gewordenen und Zukünftigen. Sie betrifft den Menschen als Träger eines geschichtsfähigen Bewusstseins. Von daher ist es nicht von ungefähr, dass anlässlich einer Grundsteinlegung der Blick von der Gegenwart zum Ursprung zurückgeht und nach den Motiven des Gewordenen fragt.

Für die Grundsteinlegung des Stuttgarter Baus gab es 1956 vier orientierende Beispiele: den Malscher Versuchsbau von 1909, das Zweighaus in der Landhausstraße von 1911, das erste Goetheanum von 1913 und die Weihnachtstagung von 1923/24.

Die von Rudolf Steiner in diesem Zusammenhang gegebenen Sprüche enthalten in mantrische Spruchformen verdichtete geisteswissenschaftliche Wahrheiten.

Die Grundsteinlegung in Malsch

Beim Aufgehen des ersten Frühlingsvollmondes in der Nacht vom 5. zum 6. April 1909 wurde die Grundsteinlegung von Rudolf Steiner vollzogen. Die von ihm verfasste Urkunde trug das Zeichen des Makrokosmos, einen von zwei sich durchkreuzenden Dreiecken gebildeten Sechsstern. Er war von zwei Drachen umschlossen, die sich gegenseitig in den Schwanz bissen. Der obere weiß beflügelt, der untere vertrocknet und dunkler.

Rechts standen untereinander die Worte: «Oben alles wie unten», und links von unten beginnend nach aufwärts: «Unten alles wie oben».

Der vollständige Wortlaut der Urkunde lautete:

«Euer Segen
Ihr großen
Brüder
Die ihr lebt in unseren Gedanken,
die ihr kraftet in unserem Fühlen,
die ihr durchpulst unseren Willen,
die ihr formt von Oben das Untere,
die ihr geistigt das Untere zum Oberen,
ihn erbeten unsere Seelen
für die theosophische Loge Malsch.
Umwebt mit eurem Leben den Stein,
den wir hier in die Erde senken, auf dass,
was über ihm gedacht, gefühlt, gewollt wird,
wachse aus eures Lebens Keim.

Gegeben und der Erde vertraut
für die Loge Malsch und deren treue Hüter
und der Familie Stockmeyer in Gegenwart
der Vertreter der theosophischen Logen:
Berlin, Düsseldorf, München, Stuttgart,
Nürnberg, Wiesbaden, Lugano, Karlsruhe,
Heidelberg, Bielefeld.
Dr. Rudolf Steiner und ca. 40 weitere Unterschriften»

Nach Unterzeichnung aller Anwesenden rollte Steiner die Urkunde zusammen und legte sie in einer Flasche unter den Grundstein. Rudolf Steiner wartete den Mondaufgang ab – damals war der kleine Modellbau noch offen –, und als der Ostervollmond aufging und von Osten her in die kleine Versammlung schien, trat er mit den Anwesenden ins Freie. Er sprach von Grundsteinlegungen in alten Zeiten, in denen sich ein Priester freiwillig in den Grund einmauern ließ, um Lebenskraft in den Bau einfließen zu lassen.

Das Versenken des Grundsteins in den Mutterschoß der Erde sollte geistig diese Aufgabe erfüllen. Wie der Mond Sonnenlicht reflektiere, so sollen die Anwesenden das Licht der geistig-göttlichen Wesen widerspiegeln. Die Erinnerung an diesen Augenblick wird als den Bau fördernde und schützende Gesinnung fortwirken.

Der Segen der Meister der Weisheit und des Zusammenklanges der Empfindungen und der Segen aller hohen und höchsten Wesen, aller geistigen Hierarchien, die mit der Erdenevolution verbunden sind, möge seine Kraft in den Grundstein einfließen lassen, damit alles, was über diesem Steine gedacht, gefühlt, gewollt und getan wird, im Einklang mit ihnen und von ihrem Geist durchseelt sei.

Anschließend sprach er die Worte:

«Leuchten möge auf diesen Bau
Das Licht der Geister des Ostens;
Die Geister des Westens mögen es zurückstrahlen lassen;
Die Geister des Nordens mögen es verfestigen
Und die Geister des Südens es durchwärmen,
Sodass die Geister des Ostens, Westens,
Nordens und Südens den Bau durchströmen.»

Die Aufgabe des Menschen ist, die Erde zu vergeistigen, aus der Verfestigung zu erlösen und zu einem geisterfüllten Kunstwerk umzuarbeiten. Das Selbstständig-Werden der Menschheit ist mit dem Bösen und dem Tod verbunden. Durch die Kraft des Christus kann der Tod besiegt werden. In Christo zu sterben heißt, zu leben und die Materie zu vergöttlichen, vergeistigen. So wird die Kraft des heiligenden, des Heiligen Geistes im Menschen erwachen.

Zum Abschluss wurde als Wahrspruch gesprochen:

«Ex Deo nascimur,
In Christo morimur,
Per Spiritum Sanctum reviviscimus.

Aus Gott bin ich geboren,
In Christo sterbe ich,
Durch den heiligen Geist auferstehe ich.»[53]

Die Grundsteinlegung des ersten Goetheanum

In der zeitlichen Reihenfolge stand die Grundsteinlegung in der Landhausstraße an zweiter Stelle. Für den Bau von 1956/57 aber gingen die zwei Grundsteinlegungen für das erste Goetheanum 1913 und die Allgemeine Anthroposophische Gesellschaft von 1923 als Ereignisse mit Richtcharakter voran.

Max Benzinger, geboren am 1. Januar 1877 und am 2. Februar 1949 verstorben, gelernter Schlosser, Naturheilkundiger, Heilpraktiker und Aktivist für die Dreigliederung des sozialen Organismus, hat einen detaillierten Bericht von der Grundsteinlegung des ersten Goetheanum am Abend des 20. September 1913 überliefert.[54]

Max Benzinger

Darin schildert er, dass der Tag und die Stunde der Grundsteinlegung zunächst geheim gehalten wurde. Endlich gab Rudolf Steiner kurz nach 18 Uhr bekannt, dass die Feier um 19 Uhr beginnen sollte. Durch Telefonketten und Mund-zu-Mund-Nachrichten kamen doch etwa siebzig Mitglieder aus allernächster Nähe zusammen. Die Beschränkung war zum Wohle des Geschehens, «denn so konnte die Handlung ohne Neugierige vor sich gehen und nicht gestört werden». Es war ungewöhnlich dunkel, über der Baugrube war ein großes Zelttuch gespannt, das ein wenig Schutz vor den heftigen Regengüssen bot. Daneben war ein Holzstoß aufgeschichtet, der zu Beginn der Feier entzündet wurde, um den Platz ein wenig zu erleuchten.

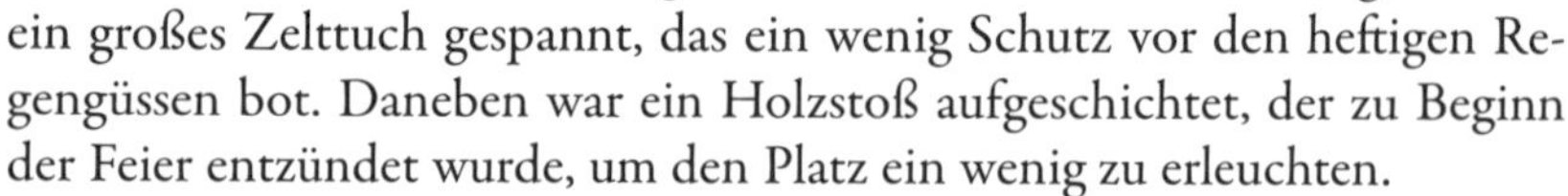

Für die Anfertigung des Grundsteines hatte Benzinger von Steiner genaue Angaben erhalten: «... er soll aus zwei Dodekaedern bestehen, und zwar der größere 63 cm im Umfang, der kleinere 54 cm, und aus Kupfer

Grundstein, Foto von Max Benzinger

soll er geschaffen werden.» Dazu brachte Rudolf Steiner «zwei Pyrite, einen großen, Länge 30 mm, Höhe 20 mm, und einen kleinen, Länge 25 mm, Höhe 15 mm und sagte mir, ich solle diese beiden Pyrite so ins Innere des Grundsteins befestigen, dass der kleine Pyrit im großen Dodekaeder und der große Pyrit im kleinen Dodekaeder in der Mitte schwebe. Nun ja, das war auch solch eine Aufgabe, die sich erst nach längerem Nachdenken lösen ließ».

Wegen des Verschließens der Kapsel wandte sich Benzinger wiederum an Steiner. «‹Ja, ich bekomme keinen Schweißapparat, um diese Kapsel hart zu löten, und was soll ich da machen?› Er sagte: ‹Ja, warum kann man es nicht anders machen?› Ich sagte: ‹Ja, man kann ihn nicht mit Zinn löten.› Er sagte: ‹Ja, warum haben Sie da ein Bedenken?› Ich sagte: ‹Ja, wenn ein Gegenstand mit Zinn gelötet in den Boden kommt, dann wird das Zinn nach Jahren weich, und es käme dann Feuchtigkeit in den Grundstein hinein.› Dr. Steiner besann sich kurz, dann sagte er: ‹Nun, wie lange glauben Sie, dass das Zinn braucht, um weich zu werden?› Ich sagte: ‹So 80 bis 100 Jahre.› Dann kam ein Lächeln in seine Züge und er sagte: ‹Ja, in 80 bis 100 Jahren sieht es hier oben ganz anders aus.› Ich empfand etwas von der Größe dieses Ausspruches, und dadurch vergaß ich ganz, auf das Wie noch zu fragen.»

Nachdem das Problem des Schwebens der beiden Pyrite gelöst war, wurden sie je in der Mitte der Dodekaeder befestigt.

Auf das Pergament der Grundsteinurkunde wurde der größere Dodekaeder gegen Norden und der kleinere nach Süden gezeichnet.

Beim Versenken in die betonierte Grube wurde der Stein so gelegt, dass der große Teil nach Osten zu liegen kam und der kleine Teil nach Westen, also dem Kuppelbau entgegengesetzt.

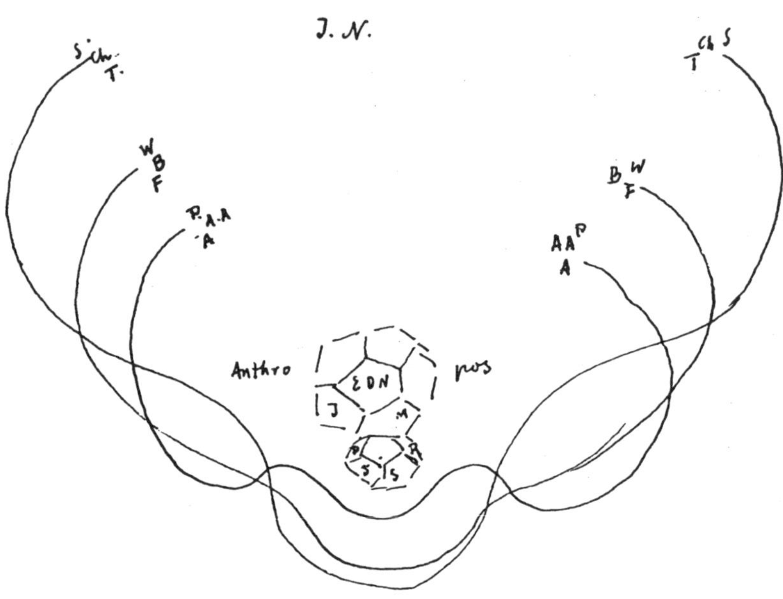

Als Eckstein unseres im Geist sich suchenden Willens, im der Weltenseele sich fühlenden Seins, im Welten-Ich sich ahnenden Menschen senken wir in der verdichteten

Elemente Reich

Dies Sinnbild der Kraft, nach der wir strebend uns bemühen durch

3 5 7 12

Gelegt ~~den 20 Ten des Monates September im 1913 Jahre n. Chr. G. d. i. 1880ten Jahre n. d. M. v. G. da ☿ in der Waage als Abendstern stand.~~ vom Johannesbau-Verein für die Anthroposophische Arbeit am 20. I. Tage des Septembermonats 1880 n. d. M. v. G. d. i. 1913 n. Chr. Geb, da ☿ als Abendstern in der Waage stand.

Im Namen

Seraphim Seraphim
Cherubim Cherubim
Throne Throne

Weisheiten Weisheiten
Beweger Beweger
Former Former

Persönlichkeiten Persönlichkeiten
Archangeloi Archangeloi
Angeloi Angeloi

Anthropos

Ex Deo Nascimur
In --- Morimur
Per Spiritum Sanctum Reviviscimus

Als Eckstein
unseres im Geist sich suchenden Willens,
in der Weltenseele sich fühlenden Seins,
im Welten-Ich sich ahnenden Menschen
senken wir in der verdichteten
Elemente Reich
Dich Sinnbild der Kraft, nach der wir strebend
uns bemühen durch
3 5 7 12

Gelegt vom Johannesbau-Verein für die anthroposophische Arbeit am 20ten Tage des Septembermonats 1880 nach dem Mysterium von Golgatha, das ist 1913 nach Christi Geburt, da Merkurius als Abendstern in der Waage stand.

Am Grundstein folgte eine halbstündige Ansprache. Als Max Benzinger aufsah, war da «der schönste und klarste Sternenhimmel, die Sterne schienen so, als ob sie viel näher wären. Venus, Jupiter standen ganz nahe beisammen im Südwesten und funkelten mit herab, sodass es eine der schönsten Sternennächte war, die ich nur einmal noch erlebte, und zwar am Neujahrstage 1922/23 morgens, als der Bau abgebrannt war. Dann warf man die Grube ganz zu mit Erde und man deckte vorerst mit einem Holzdeckel ab, und es ging aus der Vertiefung wieder nach oben. Das Feuer brannte noch fest und so auch die Pechfackeln».

Dann sprach Rudolf Steiner noch einmal. Er wies auf die vier Elementarrichtungen der Himmelsrose und die geistige Evolutionsströmung der Menschheit. Das Versenken des Grundsteines sei verbunden mit einem Anverloben an den Impuls der Zeitenwende, zu den großen Zielen des menschlichen Wirkens auf der Erde. «Versuchen wir, meine lieben Schwestern und Brüder, uns zurückzuversetzen in jene göttlichen Zeiten der Erde, von denen noch ein letztes Sehnen, eine letzte Erinnerung uns aufgeht, wenn wir etwa im alten Griechenlande mit den letzten Tönen der Mysterienweisheit – und zugleich mit den ersten philosophischen Tönen – den großen Plato künden hören von den ewigen Ideen und der ewigen Hyle der Welt.»

Nach den luziferischen und ahrimanischen Einflüssen der Erdenevolution fühlten die Seelen im Osten, Norden, Westen und Süden heute «ein unbestimmtes, unzulängliches Sehnen und Hoffen auf den Geist». Am Endpunkt des Strebens nach Persönlichkeit erschien im Osten das Weltenwort:

«Im Urbeginne war das Wort,
Und das Wort war bei Gott,
Und ein Gott war das Wort.»

«Vom Osten kam es herüber – das Licht und das Wort der Verkündigung. Vom Osten aus ist es hingezogen nach dem Westen, vierfach verkündet in den vier Evangelien, abwartend, dass vom Westen her kommen wird der Spiegel, der Erkenntnis hinzufügen wird dem, was noch Verkündigung ist im vierfach ausgesprochenen Weltenwort.»

Als «Vaterunser» wurde die Botschaft dem Mikrokosmos verkündet vom Osten nach Westen. Von dort solle jetzt das makrokosmische Gegenbild des mikrokosmischen Gebetes als ein fünftes Evangelium entgegenklingen:

«AUM, Amen!
Es walten die Übel,
Zeugen sich lösender Ichheit,
Von andern erschuldete Selbstheitschuld,
Erlebet im täglichen Brote,

In dem nicht waltet der Himmel Wille,
Da der Mensch sich schied von Eurem Reich
Und vergaß Euren Namen,
Ihr Väter in den Himmeln.»[56]

Die Grundsteinlegung der Weihnachtstagung 1923

In der Wochenschrift *Das Goetheanum* wurde angekündigt: «Am Dienstag, 25. Dez., soll in der Grundsteinlegung durch Dr. Rudolf Steiner die Internationale Anthroposophische Gesellschaft ihre Weihe erhalten.»[57]

Am 24. Dezember wurde für den nächsten Tag die Grundsteinlegung der Anthroposophischen Gesellschaft und daran anschließend die Gründungsversammlung der Anthroposophischen Gesellschaft angekündigt.

Um 10 Uhr des Weihnachtsmorgens begrüßte Rudolf Steiner die Anwesenden mit den Worten:

«Meine lieben Freunde!

Als erste Worte klinge heute durch unseren Saal die Zusammenfassung desjenigen, was als wichtigstes Ergebnis der letzten Jahre vor Ihren Seelen stehen kann.

Es wird nachher einiges über diese zunächst zusammenfassenden Worte zu sagen sein. Zuerst aber mögen unsere Ohren von diesen Worten berührt werden, um in unserem Sinn zu erneuern aus den Zeichen der Gegenwart heraus das alte Mysterienwort: ‹Erkenne dich selbst.›»

Anschließend sprach Rudolf Steiner den Grundsteinspruch einschließlich des Hinweises auf die Hierarchien, der für die später im *Nachrichtenblatt* veröffentlichte Fassung zu einer allgemeinen Charakterisierung abgewandelt wurde.

«Menschenseele!
Du lebest in den Gliedern,
Die dich durch die Raumeswelt
Im Geistesmeereswesen tragen:
Übe Geist-Erinnern
In Seelentiefen,
Wo in waltendem
Weltenschöpfer-Sein
Das eigne Ich

Im Gottes-Ich
Erweset;
Und du wirst wahrhaft leben
Im Menschen-Welten-Wesen.

Denn es waltet der Vater-Geist der Höhen
In den Weltentiefen Sein-erzeugend.
Seraphim, Cherubim, Throne,
Lasset aus den Höhen erklingen,
Was in den Tiefen das Echo findet
Und was im Echo der Tiefen
Das Geheimnis der Höhen
Wiederklingen lässt;
Das spricht:
Ex Deo nascimur.
Das hören die Elementengeister
Im Osten, im Westen, im Norden, im Süden;
Menschen mögen es hören.

Menschenseele!
Du lebest in dem Herzens-Lungen-Schlage,
Der dich durch den Zeitenrhythmus
Ins eigne Seelenwesensfühlen leitet:
Übe Geist-Besinnen
Im Seelengleichgewichte,
Wo die wogenden
Welten-Werde-Taten
Das eigne Ich
Dem Welten-Ich
Vereinen;
Und du wirst wahrhaft fühlen
Im Menschen-Seelen-Wirken.

Denn es waltet der Christus-Wille im Umkreis
In den Weltenrhythmen Seelen-begnadend.
Durch die Geister Kyriotetes, Dynamis, Exusiai,
Lasset, ihr Geister, vom Osten befeuern,
Was durch den Westen sich gestaltet,
Und das Feuer des Ostens,
Das aus dem Westen seine Gestaltung empfängt,

Es spricht:
In Christo morimur.
Das hören die Elementengeister
Im Osten, Westen, Norden, Süden;
Menschen mögen es hören.

Menschenseele!
Du lebest im ruhenden Haupte,
Das dir aus Ewigkeitsgründen
Die Weltgedanken erschließet:
Übe Geist-Erschauen
In Gedanken-Ruhe,
Wo die ew'gen Götterziele
Welten-Wesens-Licht
Dem eignen Ich
Zu freiem Wollen
Schenken;
Und du wirst wahrhaft denken
In Menschen-Geistes-Gründen.

Denn es walten des Geistes Weltgedanken
Im Weltenwesen Licht-erflehend.
Archai, Archangeloi, Angeloi,
Lasset aus den Tiefen erbitten,
Was in den Höhen erhöret wird,
Und wenn recht verstanden wird,
Wie es von Archai, Archangeloi, Angeloi ertönt,
Wenn aus den Tiefen erbeten wird,
Was in den Höhen erhöret werden kann,
Dann spricht es durch die Welt:
Per spiritum sanctum reviviscimus.
Das hören die Elementargeister
Im Osten, Westen, Norden, Süden;
Menschen mögen es hören.»[58]

In den drei Sprüchen ist paradigmatisch zusammengefasst – so kommentierte Rudolf Steiner –, was während der die Welt durchwogenden Kriegsstürme aus den Welten des Geistes geholt werden konnte.

Die Dreigliederung des Menschen nach Geist, Seele und Leib belebt in erneuerter Form das «Erkenne dich selbst» des alten Griechentums. Mittels der Durchlebung des Herzens mit Anthroposophia lernt der Mensch fühlend und wollend Erkennen.

Im Stoffwechsel-Gliedmaßen-System stellt er sich, von den Weltengeistern belebt, durch seine Glieder in die Raumesweiten hinein und findet im aktiv tätigen Erfassen der Welt das Wesen der allwaltenden Menschen- und Weltenliebe, die ein Glied im Gesamtweltenwesen ist.

Im Geheimnis von Lunge und Herz, den in Puls- und Blutrhythmus hereinschlagenden Weltenrhythmen offenbart sich ihm die waltende Weltenliebe und im auf den Schultern ruhenden Hauptessystem können sich dem Menschen die waltenden Weltgedanken in seiner eigenen Wesenheit offenbaren.

Werden diese drei Kräfte, die Kräfte der Höhen, des Umkreises und der Tiefen, in einer gestaltenden Substanz vereinigt: Dann kann im Seelen-Erfassen dem Welten-Dodekaeder das Menschen-Dodekaeder gegenübergestellt werden. Aus den drei Kräften: aus dem Geist der Höhe, aus der Christus-Kraft des Umkreises, aus der Vater-Wirksamkeit, der schöpferischen Vatertätigkeit, die aus den Tiefen strömt, wird in den Seelen der dodekaedrische Grundstein geformt und in den Boden unserer Seelen gesenkt. Dort ruht er als starkes Zeichen in den kräftigen Gründen unseres Seelenseins, damit wir in der Zukunft des Wirkens der Anthroposophischen Gesellschaft auf diesem festen Grundstein stehen können.

«Wir pflanzen es ein, meine lieben Freunde, in einem Augenblicke, da das wirklich die Welt verstehende Menschen-Erinnern zurückblickt zu jenem Punkte der Menschheitsentwickelung in der Zeiten-Wende, wo aus der Finsternis der Nacht und aus der Finsternis des moralischen Menschheitsempfindens, einschlagend wie das Himmelslicht, geboren worden ist das zum Christus gewordene Gotteswesen, das in die Menschheit eingezogene Geisteswesen. [...] Und so sei denn unser Herzensfühlen zurückgewendet zur Urweihenacht im alten Palästina.

In der Zeiten-Wende
Trat das Welten-Geistes-Licht
In den irdischen Wesensstrom;
Nacht-Dunkel
Hatte ausgewaltet;
Taghelles Licht
Erstrahlte in Menschenseelen;
Licht,
Das erwärmet

Die armen Hirtenherzen;
Licht,
Das erleuchtet
Die weisen Königshäupter.

Göttliches Licht,
Christus-Sonne,
Erwärme
Unsere Herzen;
Erleuchte
Unsere Häupter;
Dass gut werde,
Was wir aus Herzen
Gründen,
Was wir aus Häuptern
Zielvoll führen wollen.»

Der Grundstein fasst zusammen das «Erkenne dich selbst nach Geist, Seele und Leib». «Es sei hingestellt so, wie es wirkt im Kosmos, damit auf unseren Stein, den wir in den Boden unserer Herzen nunmehr versenkt haben, von überall her ins Menschenwesen und Menschenleben und Menschenwirken hereinspreche dasjenige, was die Welt dem Menschenwesen und Menschenleben und Menschenwirken zu sagen hat.

Und höret es, meine lieben Freunde, also ertönen in Euren eignen Herzen! Dann werdet Ihr hier gründen eine wahre Vereinigung von Menschen für Anthroposophia, und werdet den Geist, der da waltet im leuchtenden Gedankenlichte um den dodekaedrischen Liebesstein, hinaustragen in die Welt, da, wo er leuchten und wärmen soll für den Fortschritt der Menschenseelen, für den Fortschritt der Welt.»[59]

Die ideell-geistige Grundsteinlegung

So wie bei der Grundsteinlegung des Dornacher Baues 1913 der Grundstein als ein in Kupfer gearbeiteter Doppel-Dodekaeder in die Erde versenkt wurde, so wurde bei der «ideell-geistigen Grundsteinlegung» zur Neubegründung der Anthroposophischen Gesellschaft Weihnachten 1923

Innenraum des Malscher Modellbaus nach vollendeter Ausgestaltung

der Grundstein in Spruchform in «die Herzen und Seelen der in der Gesellschaft vereinigten Persönlichkeiten» versenkt. Er war ebenfalls als ein Doppel-Gebilde gestaltet. Im Vortrag vom 25. Dezember spricht Rudolf Steiner von dem «Menschen-Dodekaeder» und dem «Welten-Dodekaeder».

Dieser Gestaltung entsprechend wurden bei der feierlichen Grundsteinlegung der Allgemeinen Anthroposophischen Gesellschaft am 25. Dezember 1923 die einzelnen Sprüche von Rudolf Steiner gesprochen:

Zuerst die drei Anrufungen der Menschenseele als Ausdruck des Menschen-Dodekaeders; anschließend als «das Ganze zusammenfassend» der Spruch, der erinnert an die Ur-Weihenacht, in der durch das Hereintreten des Christus-Lichtes in den irdischen Wesensstrom die Zeitenwende bewirkt wurde; darauf folgend wurde der dreifache Menschen-Dodekaeder-Spruch wiederholt und verbunden mit dem dreifachen Spruch des Welten-Dodekaeders, in dem die Kräfte der Höhen, des Umkreises, der Tiefen angesprochen werden.

In den folgenden Tagen wurden Teile der Sprüche in verschiedener

Der Säulensaal in der Landhausstraße

Weise gesprochen und erläutert. Erst in dem Abschlussvortrag am Abend des 1. Januar 1924 sprach Rudolf Steiner den Grundsteinspruch in seiner Gänze und in der Reihenfolge, wie er dann bald darauf im *Nachrichtenblatt* abgedruckt wurde.

Die vorliegende Wiedergabe des am 25. Dezember gesprochenen Textes folgt den von Rudolf Steiner nummerierten Notizblättern, die er damals verwendete.

Die zweite im *Nachrichtenblatt* vom 13. Januar 1924 veröffentlichte Fassung entstand nach Mitteilung Marie Steiners aus der Notwendigkeit, die Wirkung des Spruches abzuschwächen, «denn es gebe bei solchen kultisch geformten esoterischen Sprüchen ein Gesetz, wonach die Kraft, die hinausgesandt wird, mit derselben Stärke wiederum zurückschlage, sodass man bedenken müsse, ob man dies werde aushalten können».[60]

Die drei Grundsteine von 1909, 1911 und 1923 unterscheiden sich hinsichtlich ihres Umfangs und ihrer Körperlichkeit, nicht aber der geistigen Richtung. Was in Malsch und der Landhausstraße einen deutlichen Bezug zu handelnden Personen und Örtlichkeiten hat, weitet sich in Dornach 1913 und 1923 zu einer menschheitlichen Perspektive. 1923 wird die unendliche Weite des Umkreises mit einer intimen Beziehung zu jedem individuellen Menschen verwoben.

Bei den beiden Stuttgarter Grundsteinlegungen ist eine ähnliche Entwicklung zu beobachten, wobei das Geschehen von 1956 deutlich erkennbar den Impuls der Weihnachtstagung aufnimmt.

Die Grundsteinlegung der Landhausstraße 70 wurde am 3. Januar 1911 an einem sehr kalten Tag vollzogen. Es sind nur spärliche Fragmente von ihr erhalten.

Im Protokoll des «Bauvereins des Verbandes Stuttgarter Zweige» heißt es: «Heute fand die Grundsteinlegung zu unserem eigenen Hause statt. Herr Dr. Steiner hielt eine längere Ansprache an die im Vortragssaal des Bürgermuseums Versammelten, darauf wurde die für die Grundsteinlegung bestimmte Urkunde vorgelesen und von Architekt Schmid, ferner von Heim, Arenson, Unger, Völker, Kieser, del Monte, Molt, Schrack, Benkendörfer, von Sivers und Dr. Steiner unterzeichnet. Sodann begaben sich Dr. Steiner, Fräulein von Sivers mit Herrn Heim, Schmid, und den Vorständen der drei Stuttgarter Zweige sowie den Vorstandsmitgliedern des Bauvereins und Herrn Stockmeyer jr. als Gast nach dem Neubau, wo von Herrn Dr. Steiner die Grundsteinlegung vorgenommen wurde.»[61]

Aus der «längeren Ansprache» ist die folgende Passage erhalten, die von dem aufkeimenden anthroposophischen Bauimpuls kündet:

«Wir sollten uns klar darüber sein: Solange wir gezwungen sind, in solchen Sälen zusammenzukommen, deren Formen einer untergehenden Kultur angehören, muss unsere Arbeit mehr oder weniger doch das Schicksal dessen treffen, was dem Untergange geweiht ist. Die spirituelle Strömung wird erst die neue Kultur, die sie zu bringen berufen ist, heraufführen können, wenn es ihr vergönnt sein wird, zu wirken bis hinein in das rein physische Gestalten, selbst der Mauern, die uns umgeben. Und anders wird spirituelles Leben wirken, wenn es hinausfließt aus Räumen, deren Maße Geisteswissenschaft bestimmt, deren Formen aus Geisteswissenschaft erwachsen. Und Sie können überzeugt sein, Geisteswissenschaft würde im Sande verlaufen, wenn sie nicht die Herzen solcher Menschen fände, die bereit sind zu den Opfern, die ein Bau, wie der in München beabsichtigte, fordert.»[62]

Ein Satz aus der Einweihungsrede am 15. Oktober bezeichnet den besonderen Aspekt des Bauimpulses in Stuttgart unmittelbar: «Wir haben dem Geiste, dem wir dienen, einen Tempel gebaut.»[63]

Die Bedeutung dieser Worte erhellt sich aus der Tatsache, dass in der Landhausstraße der einzige anthroposophische Bau entstand, in dem für die erkenntniskultischen Handlungen der Esoterischen Schule ein eigens für seine Zwecke eingerichteter Raum geschaffen wurde. Er griff prägende Gestaltungsmerkmale des Malscher Versuchsbaues auf und fand in E. A. Karl Stockmeyer einen eigens berufenen Baumeister.

Eine Zeitzeugin des Baugeschehens in der Landhausstraße war Wally Allmendinger. Zur Einweihung des neuen Hauses schickte sie einen Gruß. Sie hatte 1906 im Hause Stockmeyer in Malsch die Anthroposophie kennengelernt und dort am 5. April 1909 an der Grundsteinlegung des Modellbaues durch Rudolf Steiner teilgenommen. Bei dieser Gelegenheit war sie dem Ehepaar Molt begegnet, und Emil Molt holte sie noch im selben Jahr als Fabrikpflegerin in die Waldorf-Astoria-Zigarettenfabrik nach Stuttgart. Als das Haus in der Landhausstraße gebaut worden war, wurde sie gebeten, die zwei Stübchen im oberen Stock zu beziehen und für Rudolf Steiner zu sorgen, wenn er in Stuttgart war und im Haus wohnte. Sie nähte die Vorhänge für alle Räume, besorgte das Verwaltungsmäßige, schmückte die Räume bei Veranstaltungen und kannte alle Mitglieder. Das währte von 1911 bis 1935. Bei der Beschlagnahme hatte sie alles mit der Gestapo abzuwickeln. In den Verbotsjahren und bei den Bombenangriffen hatte sie einen Granitwürfel, der vor dem Ersten Weltkrieg bei den kultischen Handlungen im Säulenraum verwendet worden war, bewahren können. Nachdem sie ihre Enttäuschung über das Neubauvorhaben überwunden hatte und den Bau des Rudolf Steiner-Hauses bejahen konnte, schenkte sie diesen Granitwürfel. Er wurde in den Grundstein eingeschlossen. Wally Allmendinger ist 1958, zwei Jahre nach der Einweihung des Rudolf Steiner-Hauses, im Alter von vierundachtzig Jahren gestorben.[64]

Feier zur Grundsteinlegung 1956

Der erste Teil der Grundsteinlegung verlief im bis zur Galerie hin über und über mit Freunden gefüllten Festsaal der Waldorfschule.

Vom Hintergrund der geöffneten Bühne leuchtete in ungewohnter Größe das Zentralmotiv der kleinen Kuppel des ersten Goetheanum, der Christus, als göttlicher Schutzgeist und Repräsentant der Menschheit, hindurchschreitend zwischen den Verführermächten des Oben und Unten.

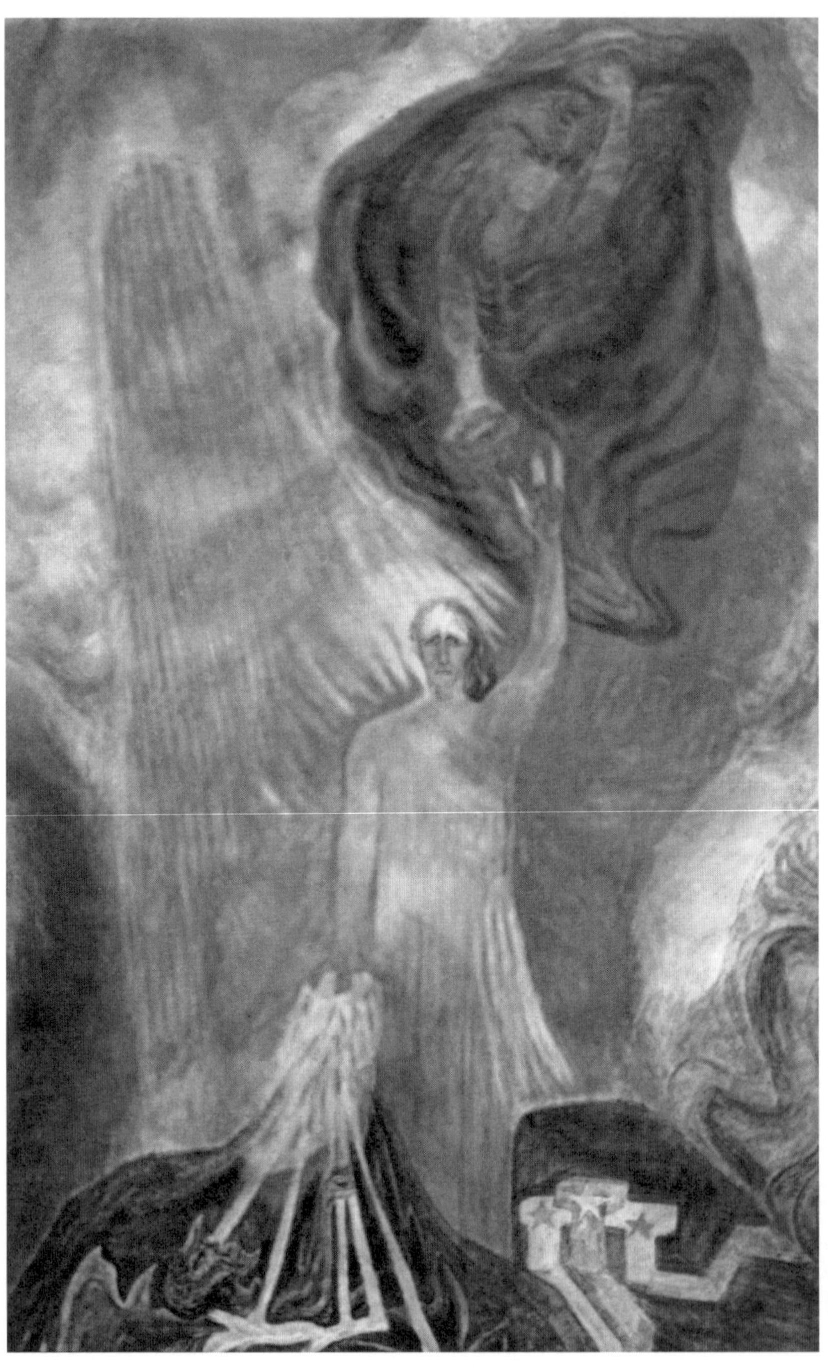

Das Zentralmotiv der kleinen Kuppel des ersten Goetheanum

Das Bild war von drei Lehrern verschiedener Schulen auf Anregung von Julius Hebing während eines pädagogischen Malkurses gemalt worden.

Emil Kühn wies eingangs darauf hin, dass die Entwicklung des Baugestaltens immer weitergehe, jetzt aber der Grundstein in die Erde gelegt werden dürfe. Man habe dafür einen recht schlechten Baugrund vorgefunden, weil fast alles Aufschüttungsgelände sei, und beim Graben an der Stelle, wo der Grundstein versenkt werden sollte, sei man auf die einzige Stelle gekommen, wo die Grundmauern auf den gewachsenen Boden aufgesetzt werden konnten.

Mit dem Hinweis auf tragfähigen Boden leitete die Lesung der Johanni-Imagination zum kosmisch-geistigen Grund hin, aus dem die Anthroposophie schöpft.

Fritz Götte knüpfte an die Generalversammlung des Johannes-Bauvereins 1911 an, in der vom Bauen als einem Gestaltwerden des eigentlichen Menschenwesens gesprochen worden war. Durch alle Kulturepochen hindurch gelte der Satz «Der Tempel, das ist der Mensch; der Mensch, der in seiner Seele den Geist empfängt.» In der Johanni-Uriel-Imagination könne sich der Mensch zwischen den Höhen der Johannizeit, der Sohnes-Mitte, zwischen dem Geistvater und der Stoffmutter in den Tiefen erfassen. Dieses Menschenbild der Imagination solle sich mit der Grundsteinlegung verbinden. Darauf wurden die Worte der Uriel-Imagination dem Grundstein zugefügt.

Der zweite Akt der Grundsteinlegung vollzog sich unter der Leitung von Erwin Schühle. Die Grundsteinurkunde wurde in Vertretung aller Anwesenden und mit der anthroposophischen Arbeit Verbundenen von einigen Freunden unterzeichnet und drei Impulse genannt, die mit dem Grundstein verbunden würden: die Sternenkonstellation des Augenblickes, der Grundsteinspruch der Landhausstraße und der Grundsteinspruch der Allgemeinen Anthroposophischen Gesellschaft aus der Weihnachtstagung von 1923.

Anschließend wurde der verstorbenen Freunde gedacht und stellvertretend der Name von Erich Schwebsch genannt. Danach ertönte durch einen Sprechchor der Prolog des Johannes-Evangeliums.

«Im Urbeginne war das Wort
Und das Wort war bei Gott,
Und ein Gott war das Wort.
Dieses war im Urbeginne bei Gott.
Dort war es, wo alles entstanden ist,
Und nichts ist entstanden

Außer durch das Wort.
Im Worte war das Leben,
Und das Leben war
Das Licht der Menschen.»

Nun verlas Emil Kühn die auf Pergament geschriebene Urkunde:

«Diesen Grundstein legen wir für das
Haus der anthroposophischen Arbeit in Stuttgart
in der Johannizeit
des Jahres 1956 nach Christi Geburt,
des Jahres 1923 nach dem Mysterium von Golgatha,
am Sonntag, den 1. Juli, 18 Uhr 30,
da Saturn im Skorpion steht.

Wir legen diesen Stein im Geiste des Spruches

Wer eintritt, bringe Liebe diesem Heim.
Wer drinnen weilt, suche Erkenntnis an diesem Ort.
Wer austritt, nehme Frieden mit aus diesem Haus.»

Er fuhr fort: «Zuerst geben wir einen Würfel aus Granit hinein; dieser Stein stammt aus der Landhausstraße 70, aus dem Raum unter dem Saal, in dem Rudolf Steiner die esoterischen Stunden gegeben hat, und den eines unserer alten Mitglieder seitdem treulich aufbewahrte. Sodann legen wir herein ein Pentagon-Dodekaeder aus Pyrit, das sehr wohl ausgebildet ist, bei dem man die fünf Ecken der Flächen deutlich sieht. Es besteht aus zwei Kristallen, einem größeren, mit dem ein kleinerer verwachsen ist; in dieser Form möchte er an das alte Goetheanum erinnern. Weiter legen wir hinein ein Stück der Substanz des Schwertes Michaels, Meteoreisen. Oben darüber kommt die Urkunde, die ich eben verlesen habe, eingewickelt in schützendes Ölpapier.»

Nachdem die Verlötung des kupfernen Pentagon-Dodekaeders beendet war, sprach der Sprechchor das Mantram:

«Die Sonne schaue
Um mitternächtige Stunde
Mit Steinen baue
Im leblosen Grunde.

Emil Kühn mit dem Grundstein

So finde im Niedergang
Und in des Todes Nacht
Der Schöpfung neuen Anfang,
Des Morgens junge Macht.

Die Höhen lass offenbaren
Der Götter ewiges Wort,
Die Tiefen sollen bewahren
Den friedensvollen Hort.

Im Dunkel lebend
Erschaffe eine Sonne.
Im Stoffe webend
Erkenne Geistes Wonne.»

Im Anschluss trug Emil Kühn den Grundstein durch das Hauptportal der Waldorfschule hinaus zur Baugrube am «Weg zur Uhlandshöhe», an dem sich einmal der Haupteingang zum neuen Haus erheben wird. Dort wurde er behutsam in die vorbereitete Grube gesetzt, über die zum anthroposophischen Arbeiten und Feiern immer wieder hinweggeschritten wird. Die drei Architekten griffen nacheinander zur Kelle und verschlossen die Grube.

Die Architekten

Franz Geraths bekräftigte das Geschehen mit den Worten: «Unser Bau wird es erst, wenn heute diesem Grundstein unsere sorgenden, liebenden Gedanken mitgegeben werden, wenn die Seelensubstanz mitgegeben wird dem, was heute substanziell als Grundstein hingegeben worden ist.» Herbert Hahn erklärte: Der Geistessame der pädagogischen Bewegung «hätte nicht aufgehen können, wenn nicht durch anthroposophische Arbeit, und gerade durch anthroposophische Arbeit in Stuttgart, dafür das Feld bereitet worden wäre».

Dazu nannte er die Namen von Marie Steiner, Carl Unger, Adolf Arenson, Toni Völker, José del Monte, Eugen Benkendörfer, Berta und Emil Molt, welche den Weg zu bereiten halfen.

Emil Bock überbrachte die Grüße der Christengemeinschaft und Tochterbewegungen und stellte in Aussicht: «Wir dürfen uns freuen auf alles, was wir in diesem Hause erleben werden. Wir werden in ihm zweifellos Stunden gemeinsamer Begeisterung erleben und unsere Fackel immer wieder neu an dem entzünden können, was die Offenbarung unseres Zeitalters ist, an den michaelischen Perspektiven, die uns Rudolf Steiner aufgeschlossen hat. Wir werden auf Höhepunkte unseres Lebens getragen werden. Und viele junge Menschen werden, wenn es auf das Jahrhundertende zugeht, gerade an dieser Stelle wichtige Entscheidungen für ihr Leben fassen.»

Daraufhin fuhr er fort: «Wird es uns gelingen, das Haus, das hier entsteht, zu einer strahlenden Sonne für die ganze Umgebung zu machen? Die alte Esoterik brachte das Prinzip des Fortschreitens durch Graduierungen, durch die man von einem Grad zum andern aufstieg, zum Aus-

Zweighaus, Haupteingang; der Ort des Grundsteins unter dem mittleren Ausschnitt des Eingangsportals

druck. In unserem Kreise findet das Prinzip des Fortschreitens nur Raum hinter dem geschlossenen Vorhang des schweigenden Herzens. Der Takt des Schweigens umgibt das, was in unseren Seelen an inneren Fortschritten errungen wird. Aber können wir einen heiligeren Wunsch haben als den, dass infolge der Fortschritte, die jeder Einzelne von uns erzielt hat, weil er längere oder kürzere Zeit die Anthroposophie in seine Seele aufgenommen hat; die Menschheit etwas davon möchte bemerken können, wie in unseren Herzen die Welt vorwärtsgeht?

Die Fortschritte, die wir erstreben, können ja nicht nur in den Leistungen an und für sich liegen, die Einzelne von uns in die Welt stellen; sie können nicht in den Vorträgen liegen, die gehalten werden, auch nicht in den Kunstwerken, die die Künstler schaffen, auch nicht in einem Bau, den die Architekten errichten. Die Fortschritte liegen auf einem stilleren Felde. Eigentlich können die Fortschritte, die wir dadurch machen, dass wir anthroposophisch arbeiten, nur darin liegen, dass wir immer mehr Mensch werden. Auch die Leistungen der Vortragenden, derer, die Kinder erziehen, Kranke heilen oder eine künstlerische Tätigkeit ausüben, sind nur so viel wert, als sie von Fortschritten des inneren Mensch-Werdens begleitet werden. In der alten Esoterik war der Grundschritt, der bei den Beförderungen von einem Grad zum andern Grad gemacht wurde, der, dass zu dem Symbol des Winkels das des Zirkels hinzutrat. Der Winkel hat noch das Eckige, der Zirkel umschreibt den Kreis und alles, was eckig ist. Der Kreis umfasst die Ecken, die Unausgeglichenheiten des Lebens. Und ich meine: Wir haben uns mindestens dies an innerer Fortschrittlichkeit und an echten Fortschritten abzufordern, dass in unserem Kreise der Schritt vom Winkel zum Zirkel, von allem Winkelmäßigen zur frei zusammenklingenden Gemeinsamkeit zur Tatsache wird. In Stuttgart ist das ja wohl erreicht, dass auf die anthroposophische Arbeit mit Hochschätzung hingeschaut wird, und dass man auch bemerkt, dass die Anthroposophen eine andere Art von Menschen sind; aber es gibt doch auch hier noch viele, die leider nicht ganz mit Unrecht sagen, die Anthroposophie wäre schon recht, wenn nur die Anthroposophen nicht wären. Das muss von diesem Hause ausgehen, dass nicht nur diejenigen Menschen, die aktiv auftreten, sondern auch die, die empfangen, für die Welt ein Beweis für die Anthroposophie selber sind. … Diejenigen großen Gedanken müssten gefunden und gedacht werden, die geeignet sind, Brücken zu bauen. In Selbstlosigkeit sollte das geschehen, nicht in Rechthaberei, sodass der Beweis des Geistes und der Kraft durch den Menschen wirkt. Seien wir deshalb in diesem Augenblick eingedenk, dass das Wort ‹Anthroposophie› das Wort ‹Anthropos›, der ‹Mensch›, in sich schließt. Möge also von diesem Punkte hier eine solche Menschlichkeit ausstrahlen, dass der ganze Umkreis darin einen Beweis für die Richtigkeit der Anthroposophie sehen kann.»

Zum Abschluss der Feier sprach Jürgen von Grone aus dem Stuttgarter Initiativkreis:

«Wir werden jetzt die Feier der Grundsteinlegung des ‹Hauses der anthroposophischen Arbeit› abschließen. Wir haben unsere Blicke gewendet in die Menschheitsvergangenheit, wir haben unsere Blicke schauen lassen in die Gegenwart in dieser Versammlung, die uns in dieser Stunde um die Baugrube vereinigt. Wir haben auch in den Ansprachen, die wir soeben gehört haben, hoffnungsvolle, mutvolle Blicke in die Zukunft tun dürfen. Und wenn wir das alles zusammenfassen wollen, dürfen wir wohl auch in diesem Augenblick ins Bewusstsein rufen die Stunde, in der Rudolf Steiner die Allgemeine Anthroposophische Gesellschaft in den Herzen der Mitglieder begründet hat. Diese Begründung, verehrte Freunde, blieb ja nicht und sollte nicht stehen bleiben bei dem Kreis der Menschen, die damals in Dornach um Rudolf Steiner waren, auch nicht bei dem Kreis der Menschen, die jetzt nach 33 Jahren sich Anthroposophen nennen möchten. Diese Weihnachtstagung ist hingerichtet durch die Gesellschaft hindurch auf die Fortbildung menschheitlicher Impulse, menschlicher Impulse, wie wir es soeben gehört haben. Da hat vor 33 Jahren durch den Mund Rudolf Steiners der hohe Zeitengeist die weisenden, mahnenden Worte an die Menschenseelen gerichtet. Dreifach hat er sie angesprochen:

Übe Geist-Erinnern
Übe Geist-Besinnen
Übe Geist-Erschauen.

Und in der Mitte der Grundsteinlegung, die durch Rudolf Steiner am ersten Weihnachtstage 1923 vollzogen wurde, stand ein Gedenken an die Ur-Weihenacht und damit an das Mittelpunktsgeschehen der Menschheitsentwicklung. In diesem Akt hat Rudolf Steiner darauf hingewiesen, dass im Sich-Annähern diesem Tiefengeschehen in der Menschheits- und Erdenentwicklung die Kraft erwachsen würde, die dazu beitragen könne, dass der geistige Grundstein, der damals in die Herzen der Freunde gelegt wurde, aus den Tiefen der Menschenseele erglänzt.

Und so wollen wir zum Abschluss dieser Feierstunde uns ins Bewusstsein rufen, in unsere Seelen hineinnehmen das ‹Gedenken an diese Ur-Weihenacht als das tragende Geistesgeschehen des einzelnen Menschen, der Menschheit und der Erdenentwicklung›.»

Zum Abschluss sprach Jürgen von Grone den Spruch «In der Zeiten Wende».[65]

III. Nach dem Krieg

Am 20. September 1924 hielt Rudolf Steiner für die Priester der Christengemeinschaft einen Vortrag über die Einheit von Sternenwelt und Erdenwelt, das siebenköpfige und das zweihörnige Tier in der Apokalypse sowie über die Natur der Kometen in Bezug auf die Apokalypse des Johannes.

Darin sagte er: «Ehe denn der ätherische Christus von den Menschen in der richtigen Weise erfasst werden kann, muss die Menschheit erst fertig werden mit der Begegnung des Tieres, das 1933 aufsteigt. – Das ist apokalyptisch gesprochen. Da verbindet sich die geistige Betrachtung mit der Naturbetrachtung. [...] So haben Sie Naturereignisse, die eigentlich Geist-Ereignisse sind, und Geist-Ereignisse, die die Gewalt haben, Naturereignisse zu sein. Und nur, wenn Sie so die Welt durchschauen, dass alle Naturereignisse Geist-Ereignisse werden und dass alle Geist-Ereignisse die Intensität von Naturereignissen haben, dann werden Sie zu einer wirklichen Einsicht in die Weltgestaltung kommen. Dann wird sich Ihnen Moralisches und Natürliches in einer Evolution zusammenfügen und die Geneigtheit entstehen, Erkenntnisse aufzunehmen als Inhalt des religiösen Lebens. Dann braucht man nicht mehr zur Ausflucht zu greifen, dass Erkenntnis nicht der Inhalt des religiösen Lebens sein dürfe, sondern bloß der Glaube.»[66]

Nach der «Machtergreifung» von 1933 wurde den Zuhörern die Bedeutung dieses Hinweises klar. Im Februar 1924 war es Emil Bock gewesen, der von Rudolf Steiner die Zusage zu einem Theologenkurs über die Apokalypse erhalten hatte. Für einen der damals Anwesenden wurde die Erinnerung an die Darstellung zu einem zukunftsweisenden Auftrag. Auch hatte er am 15. Februar an der ersten Klassenstunde teilgenommen, mit der die Freie Hochschule für Geisteswissenschaft ihre Arbeit aufnahm.

Es war ein Schicksalsaugenblick von größter Tragweite für den Fortgang der Anthroposophischen Gesellschaft wie auch für Emil Bock persönlich.

Eberhard Kurras, der mit ihm gemeinsam diesen Augenblick erlebte, berichtete darüber:

Emil Bock 1949

«Als wir nach dieser Stunde den Schreinerei-Saal verlassen hatten und mit anderen langsam den Vorraum durchschritten, kam unerwartet Rudolf Steiner von der Seite her, ging an den anderen vorüber, geraden Weges auf uns zu, gab Emil Bock und mir die Hand und schaute uns an, ohne ein Wort dazu zu sagen.»[67] Emil Bock hat später manchmal angedeutet, dass dies einer der wesentlichsten Momente seines Lebens gewesen sei, und dass er dabei die Empfindung gehabt habe, als hätte Rudolf Steiner sagen wollen: Bei all dem, was nun das weitere Schicksal dieses Menschenkreises und der neuen Esoterik werden würde, dürfe er, müsse er aktiv dabei sein.

Jetzt gehörte er nach dem Kriegsende zu den Unterzeichnern eines Rundschreibens vom 24. August 1945 an die tätig werden wollenden Freunde in Württemberg und den weiteren Umkreis. Darin hieß es:

«Während zehn schicksalsschwerer Jahre, auf deren geistige Bedeutung uns Rudolf Steiner so eindringlich hingewiesen hat, mussten wir schweigen und die tragende Kraft der gemeinsamen Arbeit entbehren. Dadurch fehlte tragischerweise im kulturellen Leben Mitteleuropas der Einschlag an spiritueller Erkenntnis und Kraft, der von unserer gemeinsamen Wirksamkeit hätte ausgehen können. Jetzt scheint sich uns der Weg zueinander und zur Welt zu öffnen. Lauter und drängender als je ist auf dem schwergeprüften Boden Mitteleuropas der Ruf nach Anthroposophie und ihren Lebensfrüchten zu vernehmen. Besonders der Jugend, der das größte Unrecht geschehen ist, sind wir es schuldig, dass wir ihr helfen, ihren Weg zu finden. Aus den Möglichkeiten und Aufgaben des Augenblicks erwächst uns eine wahrhaft menschheitliche Verantwortung.

Der Kreis der unterzeichnenden anthroposophischen Freunde hat es sich zur Aufgabe gemacht, die Neubegründung der Anthroposophischen Gesellschaft in Deutschland vorzubereiten.

Nach den Schicksalsprüfungen der letzten Jahre glauben wir an die Möglichkeit, die Probleme und Fehler, die unter uns in der Vergangenheit zu so schmerzlichen Trennungen geführt haben, im Zusammenarbeiten zu klären und auszugleichen und ihre Folgen zu überwinden, sodass eine künftige Anthroposophische Gesellschaft in Deutschland alle hier lebenden Anthroposophen umfassen kann.

Unser Kreis hofft, indem er die allseitige Zusammenarbeit pflegt und anregt, ein Sammel- und Kristallisationspunkt aller unter den Mitgliedern vorhandenen Aktivitäten und des anthroposophischen Lebens überhaupt zu werden, zunächst für Stuttgart und seine nähere und weitere Umgebung. Er wird es als eine seiner Hauptaufgaben betrachten, sich um die baldmögliche Wiederherstellung der Verbindung mit dem Vorstand der Allgemeinen Anthroposophischen Gesellschaft am Goetheanum zu bemühen.»

Unterzeichnet war das Schreiben von Lic. Emil Bock, Dr. Walter Bopp, Dr. Erich Gabert, Fritz Götte, Dr. Gisbert Husemann, Gottfried Husemann, Dr. Friedrich Kempter, Else Klink, Dr. Dietrich Koebel, Dr. Bruno Krüger, Dr. Emil Kühn, Helmuth Lauer, Emil Leinhas, Wilhelm Pelikan, Sophie Porzelt, Dr. Eberhard Schickler, Dr. Oskar Schmiedel, Dr. Erich Schwebsch, E. A. K. Stockmeyer.

Dieser Mitarbeiterkreis beauftragte aus seiner Mitte ein Dreierkollegium, das die Vertretung nach außen übernehmen sollte: Emil Bock, Emil Kühn und Emil Leinhas.

Der erste Mitarbeiterkreis

Emil Bock wurde am 19. Mai 1895 in Wuppertal-Barmen geboren und starb am 6. Dezember 1959 in Stuttgart. Er war im Jahr 1922 Mitbegründer der Christengemeinschaft und von Anfang an in deren Leitung.

Er war der zweite Sohn des Packers Emil Bock und seiner Frau Anna und wuchs in äußerst bescheidenen Lebensverhältnissen auf.

Der Vater schickte ihn, obwohl selbst kein Kirchgänger, in die Sonntagsschule. 1914 kam er in Bonn in den Theologischen Studentenverein, obwohl er nicht Theologie wie die anderen, sondern Germanistik und neuere Sprachen studierte, um einmal Lehrer zu werden.

1914 wurde er in Flandern schwer verwundet. Er setzte das Studium in Berlin fort, nahm zunehmend an theologischen Vorlesungen teil und hörte 1916 die Antrittspredigt Friedrich Rittelmeyers in der Neuen Kirche.

Er lernte Rittelmeyer persönlich kennen und besuchte 1917 öffentliche Vorträge von Rudolf Steiner. Im November 1918 wechselte er in die Theologische Fakultät, im März 1920 absolvierte er das Erste und im August 1921 das Zweite Theologische Examen, nachdem er kurz vorher mit einer Arbeit über Schleiermacher zum Lizentiaten der Theologie (Lic. theol.) promoviert hatte.

Bock hörte von dem Theologenkurs Rudolf Steiners im Juni 1921 in Stuttgart, nahm daran teil und übernahm für die Vorbereitung der nachfolgenden Kurse zentrale Aufgaben. Im Herbst 1922 heiratete er und siedelte nach Stuttgart über.

Emil Bock

Am 23. März 1938 starb Friedrich Rittelmeyer und Emil Bock trat als sein Nachfolger das Amt des Erzoberlenkers der Christengemeinschaft an, als die Christengemeinschaft bereits durch die Machthaber des «Dritten Reiches» bedroht war. Am 9. Juni 1941 wurden an vielen Orten gleichzeitig die Bibliotheken der Pfarrer beschlagnahmt und viele von ihnen inhaftiert. Bock wurde bis zum 5. Februar 1942 im KZ Welzheim festgehalten, die Christengemeinschaft verboten.

Danach trat Bock eine Halbtagsstelle in der Firma Bosch an, die ihm Zeit für kulturgeschichtliche Arbeiten ließ und Gelegenheit, um die Verbindung zu den Kollegen und zu den tragenden Mitgliedern der verschiedenen Gemeinden lebendig zu halten und vorbereitet zu sein, wenn ein Neubeginn der Arbeit möglich sein würde.

Im Sommer 1945 wurde Emil Bock sogleich aktiv bei den Vorbereitungen zum Wiederaufbau der seit 1935 in Deutschland verbotenen Anthroposophischen Gesellschaft. Er hielt Vorträge und Kurse für die jungen Menschen in der «Anthroposophischen Jugendarbeit», ab 1946 für die Mitglieder der Anthroposophischen Gesellschaft und wirkte für einen regen Kontakt zwischen den für die Anthroposophische Gesellschaft verantwortlich Tätigen nicht nur in Deutschland, sondern auch in England, Holland und Dornach. Dem sollten auch die von ihm gegründeten *Mitteilungen aus der Anthroposophischen Arbeit in Deutschland* dienen.

Als 1949 die Anthroposophische Gesellschaft in Deutschland konstituiert wurde, gehörte er keinem dieser Gremien an. Vielmehr beteiligte er sich an der Gestaltung der anthroposophischen Arbeit in Stuttgart. Daraus entstand das Buch *Rudolf Steiner. Studien zu seinem Lebensgang und Lebenswerk.*

Walter Bopp wurde am 7. Januar 1900 in Karlsruhe geboren und starb am 1. März 1969 in Stuttgart.

Als Siebzehnjähriger begegnete er in einem Freundeskreis der Anthroposophie. Im Anschluss an sein Abitur unternahm er eine Studienreise nach München und meldete sich bei Gräfin Pauline Kalckreuth, um von

Walter Bopp

ihr in die Anthroposophische Gesellschaft aufgenommen zu werden.

1918 hörte er in der Landhausstraße einen Vortrag Rudolf Steiners. Nach dem Vortrag wird der scheu im Hintergrund Verweilende von Rudolf Steiner bemerkt und persönlich begrüßt.

Er machte zunächst ein zahnärztliches, dann ein medizinisches Studium und promovierte mit einer Arbeit über Goethes Morphologie. Nach einer langen und gründlichen Berufsausbildung wurde er Facharzt für Innere Medizin in freier Praxis, zunächst in Baden-Baden.

Von dieser Zeit an nahm er immer stärker am Leben der Anthroposophischen Gesellschaft teil. Allwöchentlich besuchte er Dornach, wo er dem ärztlich-pharmazeutischen Arbeitskreis der Weleda angehörte. Als Vortragender arbeitete er in Zweigen und auf Tagungen mit. Großes Interesse entwickelte er für die soziale Dreigliederung, die er praktisch zu durchdringen versuchte. Das verband ihn mit Roman Boos, mit dem er eine lang dauernde Freundschaft pflegte.

Seit 1928 war er mit einer Gruppe größtenteils Schweizer Ärzten verbunden, 1935 trat er mit Richard Schubert, Friedrich Husemann und Hans Werner Zbinden in der Nachfolge Ita Wegmans in die kollegiale Leitung der Medizinischen Sektion ein. In Marie Steiners Sektion hielt er Vorträge über geisteswissenschaftliche Menschenkunde.

1937 übernahm er in Stuttgart die Leitung der Privatklinik am Sonnenberg. Eine Zeit lang war er zugleich Oberarzt im Katharinenhospital. Während der Kriegsjahre betreute er die Polizei-Krankenanstalt in Stuttgart und arbeitete am Neurologischen Lazarett in Stuttgart-Plieningen mit.

In den ersten Nachkriegsjahren nahm er einen Lehrauftrag für Geschichte und Gesundheitslehre an der Landwirtschaftlichen Hochschule in Stuttgart-Hohenheim an. Bald darauf begann auch seine durch zwei Jahrzehnte ausgeübte Tätigkeit als Betriebsarzt der Siemens-Niederlassung.

Mit der Carl Unger-Klinik, die er 1946 in Stuttgart begründete, baute er sein eigentliches Lebenswerk auf. Er leitete sie bis 1965 und machte sie zu einem kleinen Zentrum des medizinischen und gesellschaftlichen Lebens. Die in der Dillmannstraße gelegene Klinik verfügte über Laboratorium, Elektrokardiografie, Endoskopie und internistische Untersuchungsmöglichkeiten.

Zwischen 1949 und 1950 gehörte er dem engeren Beratungskreis des

Arbeitskollegiums der Anthroposophischen Gesellschaft in Deutschland an. Seinen Stuttgarter Arbeitskreis leitete er durch 23 Jahre. Im «Verein zur Förderung der Rudolf Steiner Gesamtausgabe» war er Mitglied. Carl Unger war ihm väterlicher Freund und Mentor im Streben nach einer strengen Methodik in Forschung und Lehre. In seinen geisteswissenschaftlichen Darstellungen brachte er nie anderes als individuell Erarbeitetes vor.

Erich Gabert

Auf künstlerischem Gebiet lag ihm vor allem die Sprachgestaltung und die dramatische Kunst am Herzen. Zwanzig Jahre lang führte er die Weihnachtspiele in seiner Klinik auf und spielte selbst darin mit.

Walter Bopp starb am 1. März 1969 nach einem kurzen dramatischen Krankheitsverlauf in Stuttgart.

Erich Gabert wurde am 28. März 1890 in Dargun/Mecklenburg geboren und starb am 28. Oktober 1968 in Stuttgart.

Als jüngstes Kind wuchs Erich Gabert zusammen mit drei Brüdern und drei Schwestern in Dargun auf, wo sein Vater evangelischer Pastor war. Der Vater verstarb, als Erich drei Jahre alt war, und so musste die Mutter mit ihrer kargen Rente die Kinder allein durchbringen. Es war ihr Wunsch, dass die Söhne Theologie studieren sollten. So besuchte Erich Gabert das humanistische Gymnasium in Schwerin. Er lernte insbesondere die griechische Sprache lieben.

Wann immer er konnte, flüchtete er in die Natur und las in seinem vielgeliebten *Homer*.

Nach Beendigung der Schulzeit studierte Erich Gabert in Rostock Deutsch, Geschichte, Englisch und schloss 1914 mit der Prüfung für das Höhere Lehramt ab.

Mit den Grundfragen der Geschichte beschäftigte er sich lebenslang. Seine diesbezüglichen Studien fanden ihren Abschluss in dem Buch *Die Weltgeschichte und das Menschen-Ich. Eine Einführung in die Geschichtsauffassung Rudolf Steiners*, das im Jahr vor seinem Tode erschien.

Als Kriegsfreiwilliger rückte er im August 1914 ein, wurde 1916 verwundet und aus dem Wehrdienst entlassen. Schon 1916 unterrichtete er am Realgymnasium im oldenburgischen Rüstringen bei Wilhelmshaven. Im selben Jahr heiratete er Dorothea Czapski und es wurden zwei Söhne geboren, von denen einer im Zweiten Weltkrieg fiel.

An der Schule in Rüstringen begegnete Erich Gabert dem Mathematiker

Ernst Bindel, der damals schon mit der Anthroposophie Rudolf Steiners vertraut war.

Das Buch *Wie erlangt man Erkenntnisse der höheren Welten?* von Rudolf Steiner begeisterte ihn und wurde zum Fundament seines Lebens. Wer später als Student am Seminar für Waldorfpädagogik Erich Gabert begegnete, konnte die tiefe Prägung durch den lebenslangen Umgang mit den Übungen des Buches erleben. Ernst und Strenge gegen sich selbst sowie in den Anforderungen, die er an seine Studenten stellte, aber auch Güte und liebevolles Interesse beeindruckten zutiefst. Er hat eine ganze Generation von werdenden Waldorflehrern für ihre Aufgabe begeistert.

Im April 1924 besuchte Erich Gabert mit Ernst Bindel die pädagogische Tagung in Stuttgart. An den Abenden nahm er an Karma-Vorträgen teil, die Rudolf Steiner im Stuttgarter Zweig der Anthroposophischen Gesellschaft hielt. Er wurde ihm persönlich vorgestellt. Noch im April veranlasste Steiner, dass Gabert herbeitelegrafiert wurde, um die neu einzurichtende Klasse 5c zu übernehmen, was notwendig wurde, da die beiden bestehenden fünften Klassen überfüllt waren.

Erich Gabert war der letzte noch von Rudolf Steiner an die Waldorfschule berufene Lehrer. Als er die Berufung an die Stuttgarter Schule erhielt, stand er im fünfunddreißigsten Lebensjahr. Bis zur Schließung der Stuttgarter Schule durch die Nationalsozialisten im Jahre 1938 arbeitete er dort, zunächst als Klassenlehrer, dann als Fachlehrer für Deutsch und Geschichte in der Oberstufe.

Während der Verbotszeit wirkte Erich Gabert in Amerika und England für die Waldorfpädagogik. Dann mit Beginn des Krieges als Privatlehrer in Deutschland. Noch kurz vor dem Zusammenbruch der nationalsozialistischen Herrschaft wurde er einberufen, geriet in Gefangenschaft und kehrte im Sommer desselben Jahres erschöpft durch die Hungermonate nach Stuttgart zurück, wo er sich sogleich dem Wiederaufbau der Mutterschule zur Verfügung stellte.

Es begann eine unermüdliche Tätigkeit. Neben dem Unterricht in der Oberstufe widmete er sich dem Aufbau des Lehrerseminars, unterrichtete dort vor allem anthroposophische Grundlagen und Methodik des Geschichtsunterrichts, übernahm die Aufnahmesprechstunde der Schule und erlebte dabei das Leid der Eltern, die wegen des übergroßen Andrangs zurückgewiesen werden mussten. Das bewegte ihn dazu, sich der Gründung einer zweiten Schule im Stuttgarter Raum zu widmen. Auf sein Betreiben und unter seiner Führung entstand nach dem Zweiten Weltkrieg die zweite Stuttgarter Waldorfschule am Kräherwald.

Wichtige Anstöße für den Sprach- und Geschichtsunterricht sowie für die Lehrerbildung gingen von ihm aus. Er erkannte die Notwendigkeit einer verstärkten Willensbildung als Gegenpol zu den immer größeren Anforderungen im intellektuellen Bereich und wirkte auf eine Erweiterung des praktischen Unterrichts hin.

Erich Gabert gewann die Herzen seiner Kollegen und der jungen nachwachsenden Lehrerschaft durch seine unbestechliche Treue zum Geist der Waldorfschule und, bei aller Strenge, durch die warme Menschlichkeit und Güte, mit der er den Menschen begegnete. In ihm konnte in den Jahren nach dem Zweiten Weltkrieg etwas wie das spirituelle Gewissen der Waldorfschulgemeinschaft erlebt werden.

Fritz Götte

Fritz Götte wurde am 31. August 1901 in Jena geboren und starb am 28. April 1989 in Au bei Freiburg i. Br.

Fritz Götte war der älteste Sohn Johann Göttes, der, wie auch der Großvater, Feinmechaniker bei der Firma Carl Zeiss war. Die Mutter, Wilhelmine Götte, geb. Endler, war Hausfrau, eine Schwester, Elisabeth, wurde 1902 geboren.

Die Schulzeit brachte er zuerst in der privaten höheren Lehranstalt Pfeiffer zu, dann in einer Jenaer Oberrealschule. Einschneidend war der Kriegsbeginn im August 1914: Viele der älteren Schulkameraden zogen – freiwillig – in den Krieg. Schon bald häuften sich die Todesnachrichten von jugendlichen Freiwilligen, die er kannte.

Als Sechzehnjähriger verlässt er im Frühjahr 1917 auf eigenen Wunsch die Schule mit dem Willen, dem «Nur-Lernen» und «Nicht-handeln-Können» den Rücken zu kehren und etwas Praktisches zu lernen und zu leisten. Ein Wesenszug, der sein Leben bestimmte – das nur Theoretische war ihm zuwider.

Der Eintritt in eine Banklehre in Jena, die Fortsetzung der Ausbildung in Lübeck und schließlich eine kurze Zeit als Devisenhändler in Stuttgart waren nicht das, was er suchte. Er fand Anschluss an die Wandervogel-Bewegung, erlebte dort Eugen Diederichs und Wilhelm Flitner und lernte seine erste Frau, Johanna Harnisch, kennen, die er 1923 heiratete.

Ende 1923 besuchte er die Stuttgarter Waldorfschule. Dort beeindruckten ihn besonders die Hochschulkurse, Eugen Kolisko, Hermann Beckh und die Weihnachtsspiele der «Urlehrer».

Im März 1925 schloss er sich der von Gottfried Haaß-Berkow geleiteten Schauspieltruppe als Theatergeschäftsführer und Organisator an. Der Sitz des Unternehmens war Gelsenkirchen. Dort wurde er Anthroposoph. Die Arbeit bei Haaß-Berkow endete mit der Auflösung des Unternehmens schon im August 1926. Fritz Götte wurde nach Steiners Tod Mitglied der Freien Anthroposophischen Gesellschaft. Rudolf Steiner ist er persönlich nie begegnet.

1926 vermittelte Emil Leinhas ihm eine Stelle bei den Internationalen Laboratorien, der späteren Weleda AG, in der Poststelle. Bald war er für die Werbung zuständig. Fritz Götte entwickelte hierfür neue Ideen, insbesondere ging es um engere Beziehungen zur Ärzteschaft.

Es begann seine 25-jährige «Weleda-Zeit», die er im Rückblick als zentrale Aufgabe seines Lebens bezeichnete: 1932/33 erhielt er Prokura, 1938 wurde er stellvertretender Direktor, 1941 Direktor. Von Oktober 1949 bis Juni 1951 war er alleiniger Direktor der deutschen Niederlassung der Weleda AG. Er setzte sich besonders für die Kontakte zu den Ärzten und der Öffentlichkeit ein. Er wollte eine Volksbewegung für diese Heilmittel ins Leben rufen.

Eine besondere Herausforderung war die Auseinandersetzung mit den nationalsozialistischen Behörden im Kampf um die Existenz der Weleda. Im Juni 1941 wurde eine Stilllegungsverfügung mit Frist von zehn Tagen erlassen. Die Verhandlungen in Berlin dauerten fast ein Jahr – doch sie waren von Erfolg gekrönt, ohne dass Kompromisse mit dem Regime gemacht wurden.

Fritz Götte knüpfte während der «Weleda-Zeit» eine Fülle von Kontakten und Freundschaften. Die intensive Zusammenarbeit mit der Ärzteschaft trug dazu bei, dass allmählich eine anthroposophische Ärztebewegung entstand.

Die äußeren Aktivitäten waren getragen von einem tief gehenden geistigen Fundament. Für Fritz Götte verband sich die intensive Beschäftigung mit den Substanzen, mit den Produktionsverfahren und mit sozialen Prozessen zu dem Motiv des «Kultus von unten» (Rudolf Steiner). Er sah die Arbeit als Keim zu einem neuen, spirituellen Verhältnis zur Erde. Es ging ihm um die Sakramentalisierung des alltäglichen Lebens oder, mit einem von ihm immer wieder hervorgehobenen Motiv gesagt: um die eine der drei Ehrfurchten, die in ihm «verwurzelte Neigung zu dem, was unter uns ist» (Goethe, *Wilhelm Meister*).

Das Jahr 1951 brachte in der Biografie Fritz Göttes einen tiefen Einschnitt, ja Bruch. Auf den Tod krank, ereilte ihn im Dezember 1952 die Kündigung durch die Arlesheimer Leitung der Weleda.

Nach der langsamen Genesung begann ein zweites Leben, das sich allerdings schon vorbereitet hatte. 1947 hatte er mit Hanns Voith den «Heidenheimer Arbeitskreis» gegründet.

An der Aufbauarbeit in der wiederentstehenden Anthroposophischen Gesellschaft nach dem Kriegsende war Fritz Götte aktiv beteiligt. Der Schwerpunkt seiner Tätigkeit lag in Stuttgart, wo er mit anderen den Verlag Freies Geistesleben begründete und in den Verlagsgremien mitarbeitete.

1948 wurde er von Emil Bock gebeten, die Schriftleitung der *Mitteilungen aus der Anthroposophischen Arbeit in Deutschland* in Koredaktion mit Jürgen von Grone zu übernehmen. Diese Aufgabe erfüllte er 24 Jahre lang.

1953 kam mit der Bitte von Erich Schwebsch, die Redaktion der Zeitschrift *Die Drei* zeitweise zu übernehmen, eine weitere redaktionelle Aufgabe auf ihn zu. Nach Schwebschs baldigem Tod führte er die Zeitschrift weiter. Bald war die Abonnentenzahl von knapp 1 000 verdoppelt. Ende 1969 gab er die Redaktion ab. Fritz Göttes schriftstellerische Arbeit galt vor allem den Themen Grundrechte, Menschenwürde, eine künftige Verfassung für Europa, das Wirken der katholischen Kirche, aktuelle Zeitfragen und das Verhältnis Mitteleuropas zum Osten.

Er engagierte sich bei Versuchen, Konflikte innerhalb der Anthroposophischen Gesellschaft zu überwinden, wirkte maßgeblich bei den «Konstanzer Gesprächen», den Auseinandersetzungen zur «Bücherfrage» und im «Scheveninger Kreis» mit. Besondere Erwähnung verdient sein Einsatz für den Bau des Rudolf Steiner-Hauses in Stuttgart.

Um das siebzigste Lebensjahr schied Fritz Götte aus allen Gremien aus, legte alle «offiziellen» Aufgaben nieder und beendete auch die Arbeit im Heidenheimer Kreis.

Gisbert Husemann wurde am 17. November 1907 in Blasheim bei Herford geboren und starb am 25. November 1997 in Ostfildern.

Er war das jüngste von sechs Kindern einer Pfarrersfamilie aus Blasheim, Kreis Lübbecke in Westfalen. Gisbert Husemann ist Rudolf Steiner nicht mehr begegnet. Aus seiner Ehe mit Maria Raczka gingen sechs Kinder hervor.

Vom 8. bis zum 13. Schuljahr besuchte er das Internat Schulpforta bei Naumburg an der Saale. Der Prüfungskommission hielt er zum Abitur ein kurzes Referat. Das Thema war Goethes Gedicht «Natur und Kunst, sie scheinen sich zu fliehen». Gisbert Husemann empfand diese Verse als Signatur seiner eigentlichen Lebensaufgabe.

Der dreiundzwanzigjährige Student erlitt als Folge eines Motorradun-

Gisbert Husemann

falls einen komplizierten Oberarmbruch, der ihm jahrzehntelange Schmerzen brachte. Zudem wäre der Patient an dem überdosierten Narkosemittel einer erfolglosen Operation fast gestorben. «Nach Entfernung des Gipses war ich ein anderer Mensch – außen und auch innen.» (Husemann 1997)

Als Nachfolger von Eugen Kolisko war er von 1935 bis 1938 und von 1945 bis 1949 Schularzt und Lehrer an der Freien Waldorfschule in Stuttgart. Sein Forschersinn und seine Lehrbefähigung fanden hier ideale Bedingungen. Die Schüler liebten ihn und für die Lehrer hielt er richtunggebende Vorträge über Wachstum und Erziehung, über die Akzeleration und das Bewegungsproblem. Leider fand diese Tätigkeit, die Gisbert Husemann für sich selbst als eine sein ganzes Leben erfüllende Aufgabe empfunden hatte, ein jähes Ende dadurch, dass ihm 1949 von den Lehrern gekündigt wurde. Seiner Schulterverletzung war es zu verdanken, dass er nicht eingezogen wurde, stattdessen war er während des Kriegs als Luftschutzarzt in Stuttgart tätig. Absichtlich ließ er sich nicht befördern und blieb dadurch sechs Jahre lang Unteroffizier. Er wollte nicht nach oben, in die Nähe der Nazis kommen. Schon als Schüler hatte er den Nationalsozialismus durchschaut und abgelehnt. In den letzten Tagen des Zusammenbruches rettete er das Stuttgarter Wasserwerk, das im Rahmen des Nero-Befehls hätte gesprengt werden sollen. Die Amerikaner hatten seine entsprechenden Telefongespräche abgehört und boten ihm dann später an, dass er Oberbürgermeister von Stuttgart werden sollte, was Gisbert Husemann aber ablehnte.

Von 1937 bis 1977 war er als niedergelassener Arzt in Stuttgart tätig. Seine innerlich und äußerlich aufrechte Haltung wirkte auf seine Patienten erleichternd, auftriebgebend und durch seinen bereitwillig gespendeten Humor erheiternd. Seine Behandlungen waren oft sehr individuell erfunden und zielsicher wirksam. Neben der Praxis wirkte er tatkräftig beim Aufbau der anthroposophischen Ärztearbeit mit und war Mitgründer der Gesellschaft Anthroposophischer Ärzte in Deutschland. Als Redakteur der *Beiträge zu einer Erweiterung der Heilkunst* (jetzt *Der Merkurstab*) betreute er 38 Jahrgänge. Wenn man ihm persönlich zu Hause begegnete, so war er eigentlich immer mit einer Forschungsfrage beschäftigt, über die er am liebsten sogleich ein Gespräch anfing.

Ein besonderes Verhältnis hatte er zur Geologie. In Stuttgart und Umgebung führte er jahrelang geologische Exkursionen durch, die bei den Teilnehmern tiefe Eindrücke hinterließen.

Als Studenten bei Ita Wegman plastizierten er und seine Studienfreunde die Kapitelle und Sockelmotive des ersten Goetheanum, und sein Freund Edmund Pracht machte dazu Intervallstudien auf der Leier. 1950 gab er zusammen mit Edmund Pracht einen ersten plastisch-musikalischen Kurs in Stuttgart. Später wurde dieselbe Methode in Kursen für Heileurythmistinnen zusammen mit der Musikerin Maria Schüppel fortgeführt. 1973 fand ein plastisch-musikalisch-sprachlicher Kurs in Stuttgart statt, mit Anatomie und Plastik durch Gisbert Husemann, Musik mit Maria Schüppel, Sprache von Wilfried Hammacher und Eurythmie durch Else Klink. Damit war erstmals der Studiengang wenigstens andeutungsweise erlebbar, den Rudolf Steiner als «Reform des Medizinstudiums» inauguriert hatte. Es folgten über dreizehn Jahre lang jeden Herbst solche Kurse, die Kunst und Wissenschaft verbanden.

Gisbert Husemann war ein Wanderer, der sich in der Natur schauend und sinnend bewegte, ein Forscher, Schriftsteller und Goetheanist. Am meisten kennzeichnete ihn aber seine Rednergabe. Es gab Momente von Einsicht, Andacht und Vertiefung in seinen Vorträgen, die so nirgends zu erleben waren. Hatte er doch schon in der strengen Schulpforta den Weg ins Leben durch eine geistesgegenwärtige Rede bewältigt.

Gottfried Husemann wurde am 18. April 1900 in der Nähe von Herford als erster Sohn in der zweiten Ehe seines Vaters geboren. Er starb am 19. Mai 1972 in Arlesheim.

Der Vater war evangelischer Pfarrer, seine Mutter stammte von spanischen Hugenotten ab. In großer Geschwisterschar – der verwitwete Vater hatte sechs Kinder in die Ehe mitgebracht, wuchs der Knabe heran. Bis zum Abitur 1918 besuchte er das Internat der Fürstenschule Schulpforta bei Naumburg.

Er begann ein Theologiestudium in Halle, setzte es in Tübingen fort, wollte es aber abbrechen. Er erlebte mit Erschütterung, dass die Universität nach dem Krieg einfach so weiterlief, als sei nichts geschehen.

Aufgrund von Erlebnissen beim ersten anthroposophischen Hochschulkurs von 1920 kündigte er in Tübingen einen öffentlichen Vortrag mit dem Thema «Die Schuld der deutschen Universitäten am Untergang des Abendlandes» an. Der Saal war übervoll, auch ein großer Teil der Professoren erschien; die Zeitung berichtete von einer «recht stürmischen Versammlung». Die Folge: Er musste Tübingen verlassen und studierte, von Eugen Kolisko begeistert, in Stuttgart Chemie.

Im Mai 1921 formulierte er die entscheidende schriftliche Eingabe an

Gottfried Husemann

Rudolf Steiner, die drei Wochen später zum ersten Theologenkurs führte. Vom ersten Augenblick an war er initiativ an allen Schritten zur Gründung der Christengemeinschaft beteiligt. Noch studierte er Chemie – jetzt wieder in Tübingen –, aber bereits ab Mai 1922 versuchte er in Köln eine Gemeinde zu sammeln. Am 17. September 1922 wurde er zum Priester geweiht. Schon 1920 war er neunzehnjährig in Stuttgart Mitglied der Anthroposophischen Gesellschaft geworden.

Im Herbst 1924 wurde er Mitglied der Freien Hochschule für Geisteswissenschaft und erlebte deren Klassenstunden.

Von 1922 bis 1931 bemühte er sich um eine Gemeindegründung in Köln. Auch wirkte er dort in der Waldorfschule der «Neuwachtschule» mit, die allerdings bald wieder schließen musste. Ständig litt er unter körperlichen Schwächen, die sein Wirken behinderten. Schließlich musste er für Monate pausieren. 1929 wurde er zum Lenker im westdeutschen Gebiet berufen, 1931 nach Stuttgart zur Leitung des Priesterseminars. Im selben Jahr heiratete er Luba Möhle, die später auch Priesterin wurde.

Als 1933 der Bau des Seminars eingeweiht werden konnte, gab es gleichzeitig schwierige Auseinandersetzungen im Priesterkreis. Gertrud Spörri musste ausgeschlossen werden. Es begann eine Zeit der Krisen. 1933 war Husemann zum stellvertretenden Oberlenker berufen worden; 1936 wurde er voll bestätigt und nahm neben Friedrich Rittelmeyer und Emil Bock eine maßgebliche Stellung in der Leitung der Christengemeinschaft ein.

Das Verbot der Christengemeinschaft wurde am 9. Juni 1941 wirksam. Fünf Wochen war Husemann im Gefängnis. Dann konnte er ein Medizinstudium beginnen und bis zum Physikum bringen. Bis zum Kriegsende half er in der Chirurgie eines Krankenhauses in Stuttgart.

Anschließend begann die wohl aktivste Zeit in seinem Wirken. Die große Stuttgarter Gemeinde wurde neu versammelt, der Studiengang des Priesterseminars wieder aufgenommen und neu gestaltet, Synoden und Tagungen veranstaltet – in allem wirkte er trotz aller Gegensätzlichkeit zusammen mit Emil Bock wie auch in den Aktivitäten zur Neugestaltung der anthroposophischen Arbeit, besonders ihrer Jugendarbeit nach dem Zweiten Weltkrieg. 1953 wurde das neue Seminarhaus der Christengemeinschaft eingeweiht.

Er war unablässig tätig, aber auch immer wieder geschwächt und kränklich, unzufrieden mit dem, was er selbst zu leisten vermochte, unzufrieden mit seinen Pfarrerkollegen und seinen anthroposophischen Freunden. Als Emil Bock 1959 starb, steigerten sich die Schwierigkeiten. Eine Südamerikareise brachte nicht genügend Abstand. Zwei Operationen halfen, eine tödliche Krise abzuwenden. Noch zehn weitere Jahre musste der «Feuermensch» mit der «intuitiven Beurteilungsgabe» und einer «beherrschenden Anspruchsnatur» – wie der jüngere Bruder es formulierte – die komplexen äußeren und inneren Verhältnisse ertragen, bis er am 19. Mai 1972 starb.

Friedrich Kempter

War er nach außen hin in erster Linie weder ein Vortragender noch ein Schreibender, so ist seine überragende Begeisterung, für das Priestertum zu wirken, unvergessen. In ihm lebte der entschiedene Wille, aus der geistigen Welt zu wirken. Dieser esoterische Impuls ging, merklich für jeden, der ihm näherkam, von ihm aus und konnte durch ihn weitergegeben werden. Oft genug erschien er als Garant eines wesentlichen Teils des spirituellen Auftrags der Christengemeinschaft.

Friedrich Kempter wurde am 13. August 1899 in Stuttgart als das älteste von vier Kindern des technischen Direktors einer Stuttgarter Maschinenfabrik geboren. Er starb am 4. März 1968 in Engelberg bei Schorndorf.

Er besuchte das Gymnasium und erwarb 1918 die Hochschulreife. Er gehörte dem Wandervogel an, sammelte Erfahrungen im Laienschauspiel und begegnete Gottfried Haaß-Berkow. 1919 begann er zunächst in Tübingen Jura und Volkswirtschaft zu studieren; nach einem halben Jahr wechselte er zur Kunstgeschichte.

1920 engagierte er sich leitend im «Freideutschen Kreis» der Universität, einem nonkonformistischen, der Jugendbewegung verpflichteten Zusammenschluss ehemaliger Wandervögel. In diese Zeit fällt seine Begegnung mit der Anthroposophie. Er leitete im Winter 1920 eine Einstudierung der Oberuferer Weihnachtsspiele an der Universität. Otto Senn, ebenfalls ein Freideutscher, hatte ihn um die Spielleitung gebeten und machte ihn auf Albert Steffen aufmerksam, mit dem Kempters weiterer Lebensweg eng verknüpft war. 1921 wurde er Mitglied der Anthroposophischen Gesellschaft. 1922 wechselte er nach Frankfurt, in München wurde er 1924 promoviert. Noch als Student hatte er in Dornach an einem der ersten Sprachgestaltungskurse teilgenommen.

Nach dem Studium machte er auf Wunsch des Vaters eine kaufmännische Ausbildung und arbeitete eine Zeit lang als Vertreter. Auf seine Initiative entstand 1928 in Zusammenarbeit mit Charlotte und Johanna Mellinger, Andreas von Grunelius und anderen die Firma «Waldorf-Spielzeug und Verlag AG». In demselben Jahr hatte Kempter zur Herausgabe von Steffens Werk den «Verlag für Schöne Wissenschaften» gegründet, den er bis zu seinem Tod leitete. 1934 heiratete Kempter Margarethe Behr, die er bereits seit seiner Jugend kannte. Sie hatten zwei Söhne. 1934 erschien sein kunstgeschichtliches Hauptwerk *Akanthus*.

1936 zog Kempter aus der Schweiz mit der Familie auf das Schlossgut Engelberg bei Schorndorf, das seine Mutter 1932 erworben hatte. Das Gut, auf dem 1945 durch seine Initiative die erste neu gegründete Waldorfschule Deutschlands entstand, wurde nun biologisch-dynamisch bewirtschaftet; während des Krieges führte er den Betrieb selbst als Bauer und Gärtner. Grund und Gebäude übertrug er 1961 dem Schulverein.

Nach dem Krieg gehörte Kempter zu den aktivsten Mitarbeitern am Wiederaufbau der Anthroposophischen Gesellschaft in Deutschland, deren Sekretariat er zunächst zusammen mit seinem Schwager Emil Kühn in Stuttgart leitete – von 1965 bis 1968 war er einer der Generalsekretäre. Die Differenzen im Vorstand am Goetheanum zwischen Marie Steiner und Albert Steffen und die daraus entstandenen Parteiungen in der Mitgliedschaft erschwerten die Arbeit. Obwohl er – anders als die meisten führenden Anthroposophen in Deutschland – eng mit Steffen verbunden war, erkannten viele seinen vornehmen Arbeits- und Führungsstil an. Zu seinen vielfältigen Aktivitäten und Initiativen dieser bewegten Zeit gehören u. a. die Gründung und Leitung des Proseminars der Stuttgarter Waldorfschule (später «Freies Studienjahr»), wo er mit jungen Menschen Rudolf Steiners Grundwerke durcharbeitete, die Unterrichtstätigkeit (Griechisch und Religion) am Engelberg, die Mitarbeit als Dozent an Else Klinks «Eurythmischem Konservatorium Köngen» sowie die Leitung des Zweiges am Engelberg. Am Goetheanum hielt er wiederholt Kurse über Rudolf Steiners Planetensiegel und die ihnen innewohnende Metamorphose. Er war im Verwaltungsrat der Möbelfabrik Behr in Wendlingen. Nach Steffens Tod 1963 wurde er bis 1967 Präsident der «Albert Steffen Stiftung für therapeutische Dichtung», die den Nachlass des Dichters betreut. Am Ende seines Lebens förderte er die Krankenhaus-Initiative des Vereins zur Entwicklung von Gemeinschaftskrankenhäusern, die auch von Hermann Mahle unterstützt wurde.

Else Klink wurde am 23. Oktober 1907 in Kabakada/Neuguinea geboren und starb am 18. Oktober 1994 in Köngen.

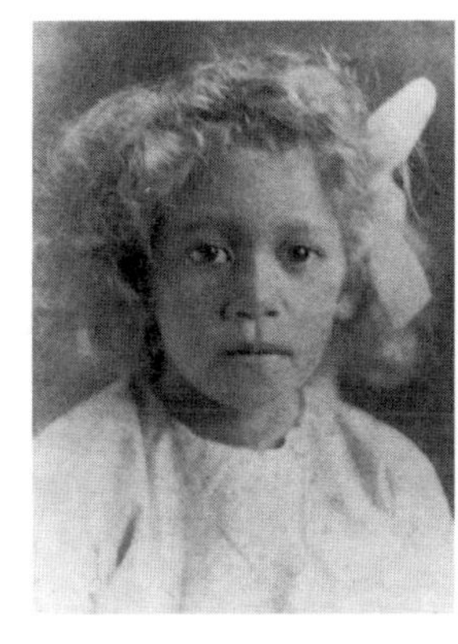
Else Klink

Ihr Leben war vollständig der Eurythmie gewidmet. Else Klink war unermüdlich tätig, die neue Bewegungskunst zu pflegen, sie vielseitig auszugestalten und sie den Menschen nahezubringen. Sie wollte ihr einen würdigen Platz im kulturellen Leben erobern, und ihr fünfundvierzig Jahre währender Einsatz durch Aufführungen an öffentlichen Theaterhäusern im In- und Ausland ist einzigartig. Von 1935 bis 1991 war sie Leiterin des Eurythmeums Stuttgart, der ersten von Marie Steiner 1922 mit Alice Fels außerhalb von Dornach begründeten Ausbildungsstätte für Eurythmie. 1945 war sie Begründerin und bis 1991 Leiterin des Eurythmeum-Bühnenensembles.

Else Klink war die älteste Tochter des norddeutschen, pflichtbewussten und weltoffenen Kolonial-Dienststellenleiters in Morobe (Deutsch-Neuguinea), Hans August Lorenz Klink, und der sehr jungen, anmutigen, tanzfreudigen Polynesierin Nawiamba Ambo. Ihre frühe Kindheit erlebte sie im Kolonialhaus am Ufer des Stillen Ozeans in tropischer Natur. Damit Else Klink die deutsche höhere Töchterschule besuche, brachte sie der Vater im Juni 1913 zu der befreundeten Familie Danneil nach Freiburg im Breisgau. 1917 starben jedoch die Pflegeeltern. Anna Wolffhügel nahm das Kind spontan zu ihren drei jüngeren Kindern auf. Max Wolffhügel kehrte 1918 aus dem Krieg heim, wurde Zweigleiter und lud Steiner mit Marie Steiner zu einem Vortrag am 19. August 1919 nach Freiburg in sein Haus ein: Eine fröhliche erste Begegnung Klinks mit Steiner geschah bei einer Kissenschlacht im Kinderzimmer. Er empfahl für die Kinder Eurythmie-Unterricht bei Alice Fels, die in Freiburg Kurse gab.

1920 folgte die Berufung Max Wolffhügels an die Freie Waldorfschule Stuttgart; 1921 kam Else Klink in die 6. Klasse zu Hermann von Baravalle, einmal unterrichtete Steiner selbst den pythagoreischen Lehrsatz. Else Klinks Eurythmie fiel auf. 1924 regte Steiner für die kunstbegabte Oberstufenschülerin an: täglich acht bis zehn Uhr Schule, ab zehn Uhr Eurythmieausbildung bei Alice Fels im neuen Eurythmeum nebenan. Klink wollte aber «in die Welt hinaus». Da riss ihre Achillessehne beim Weitsprung. Während des langen Stillliegen-Müssens reifte ihr eigener Entschluss, die Schule zu verlassen und das volle Eurythmiestudium zu beginnen (1926). Ihre Begabung war evident: mittelgroße, ebenmäßige, feingliedrige Gestalt; vielseitigste Ausdrucksmöglichkeiten in Haltung, Schritt, Gebärde; künstlerisches Formgefühl; Freude am ausdauernden Üben. So darf sie schon 1928 ihr Können an der Goetheanum-Bühne in Dornach erweitern.

Marie Steiners Gesamtleitung (Dramen, Sprechchor, Eurythmie) beeindruckte sie tief, der unerbittliche Ernst und die Willenskraft, mit bedingungsloser Hingabe dem neuen, von Steiner eröffneten Kunstimpuls zu dienen, wurde ihr immer Vorbild.

1935 entsandte Marie Steiner Klink nach Stuttgart, damit sie die seit 1930 ruhende Ausbildung am Eurythmeum neu beginne. Dort war das Vorhaben umstritten: Wird es politische Gegner provozieren oder die anthroposophische Arbeit stärken? Klink sollte selbst entscheiden. Sie wollte die ihr übertragene Aufgabe erfüllen – mehr als fünfzig Jahre lang führte sie Eurythmie-Studierende durch die drei-, später vierjährige Grundausbildung. Doch bis 1945 stand Klink unter dauernder latenter, mehrmals akuter Bedrohung. Am 6. Mai 1936 erfolgte ein Verbot der Eurythmie. Am 30. Juni 1936 kam eine sehr eingeschränkte Wiedererlaubnis, aber nicht für Aufführungen. Das Eurythmeum musste in die Reichstheaterkammer «Fachschaft Tanz» eintreten. Mit Zivilcourage verlangte Else Klink unnachgiebig ein autonomes Fach «Eurythmie», erreichte, dass Name, Methode und Lehrplan des Eurythmeums blieben, bis zur Überprüfung durch die Kammer. Martha Morell, Leiterin der Eurythmieschule Berlin, war die wache, Kompromisse ablehnende Mitkämpferin.

Am 8. Juli 1941 prüft ein Beamter der Theaterkammer die Ausbildung, ist hochzufrieden, sendet bestätigte Diplome und für Klink die Urkunde als «Leiterin einer Ausbildungsstätte für tänzerische Körperbildung – Methode Eurythmie». Als diese am 2. August 1941 per Post ankamen, waren sie wertlos. Am 29. Juli 1941 hatte die Geheime Staatspolizei jegliche eurythmische Betätigung verboten. Klink musste drei Jahre zwangsweisen «Kriegseinsatz der Frauen» in einer Fallschirmfabrik leisten. Am 12. September 1944 zerstörte ein Fliegergroßangriff Stuttgart und auch das Eurythmeum-Gebäude, wo Else Klink wohnte.

Am 8. Mai 1945 endete der Krieg. Emil und Martha Kühn boten ihr drei kürzlich erworbene Baracken als Säle. Klink ergriff die Möglichkeit, Kühn gründete 1948 den «Verein zur Förderung der Eurythmie e. V.».

Marie Steiner erteilte ihr uneingeschränkte Vollmacht für alle zukünftigen eurythmischen Aktivitäten: «Sie haben plein pouvoir!» Es begann eine national wie international beispiellose Reise für die Eurythmie um die Welt.

1964 kehrte das Eurythmeum aus Köngen in ein neues Gebäude mit Bühne nach Stuttgart zurück und belebt die anthroposophische Arbeit durch unzählige Kurse, Demonstrationen und Aufführungen.

1986 erhielt Else Klink das Verdienstkreuz der BRD.

Dietrich Koebel

Über Dietrich Koebel ist wenig bekannt. Er wurde 1902 geboren und starb 1976. Seine Eltern erwarben ein Haus im Kanonenweg 80, heute Haußmannstraße 80, in dem er mit zwei Brüdern aufwuchs. Er war Jurist und wurde 1952 Geschäftsführer und Vorstandsmitglied der Schuhfabrik Salamander-AG in Kornwestheim. Außerdem hatte er einen Sitz im Aufsichtsrat der Textilfabrik Kolb & Schüle in Kirchheim.

Bruno Krüger

Bruno Krüger wurde am 10. Juli 1887 in Berlin geboren und starb am 28. September 1979 in Stuttgart.

Er wuchs als einziges Kind in einer wohlhabenden Familie auf. Die Eltern waren außerordentlich streng, und er fühlte sich zu Hause wie auch in der Schule als Fremdling. Einzig die von der Mutter vorgelesenen Märchen und die Orgelmusik im sonntäglichen Gottesdienst vermittelten ihm Inseln der Seelenwärme.

Mit sechzehn Jahren hörte er Richard Wagners *Lohengrin*, woraus die lebenslange Beschäftigung mit Wagners Musikdramen erwuchs. Der Wunsch, Dirigent zu werden, wurde vom Vater jedoch strikt abgelehnt.

So studierte er in Berlin Jura, beschäftigte sich mit schwerwiegenden Lebensfragen, fand aber keine Antworten. Von der Absicht, seine Prüfungsarbeit über das Thema «Gründe für die Abschaffung der Todesstrafe» zu schreiben, wurde ihm abgeraten. Stattdessen promovierte er 1914 in Erlangen mit einer Arbeit über «Die religiösen kirchlichen Gemeinden im Vergleich zu den politischen Gemeinden». Nach einem Jahr Anwaltstätigkeit und dem großen Staatsexamen folgte eine kurze Militärzeit, bis er 1916 in das Wirtschaftsdezernat der Staatsanwaltschaft in Berlin berufen wurde. Während dieser Zeit hielt ihn die Musik und die Lektüre der deutschen Klassik «am Lebensfaden».

Durch seine spätere Frau, Tilly Anton, wurde Krüger auf die Anthroposophie aufmerksam und durch Vermittlung von Eliza von Moltke konnte er am 6. August 1918 an einem Mitgliedervortrag Rudolf Steiners teilnehmen. Er war tief beeindruckt, entschloss sich sogleich zur Mitgliedschaft in der Anthroposophischen Gesellschaft und bot in einem Gespräch mit Rudolf Steiner seine Mitarbeit an.

Im folgenden Jahr erschien Rudolf Steiners «Aufruf an das deutsche

Volk und die Kulturwelt» und bald darauf das Buch *Die Kernpunkte der sozialen Frage*. Als Rudolf Steiner Krüger vorschlug, die Dreigliederungsarbeit in Berlin und Preußen zu übernehmen, begann eine Zeit intensiver Tätigkeit. Diese Arbeit wurde von einem Freundeskreis getragen, der fast täglich zu Veranstaltungen in allen Stadtteilen unterwegs war. Die lebhaften Diskussionen dauerten oft bis tief in die Nacht, die Arbeiter nannten sie scherzhaft «die Heiligen Drei Könige». Steiner kam bei seinen Besuchen in Berlin mit ihnen zusammen, um zu raten und zu ermutigen. Auch fuhr Krüger regelmäßig nach Hamburg, wo er vor zumeist über 1000 Zuhörern über die Idee der sozialen Dreigliederung vortrug. Das Echo war außerordentlich stark, bis die äußeren Widerstände überhandnahmen.

Anfang 1920 wurde Krüger im Auftrag Rudolf Steiners aufgefordert, in Stuttgart die Leitung des Bundes für soziale Dreigliederung und das Amt des Syndikus für die Betriebe der «Kommenden Tag AG» zu übernehmen. Sein Gesuch um Entlassung aus dem Staatsdienst wurde jedoch anderthalb Jahre lang in den Behörden verschleppt. Als die Bewilligung endlich eintraf, war die für ihn vorgesehene Stelle in Stuttgart besetzt und er nahm ein eigenes Tätigkeitsfeld als Vortragsredner und Vertreter des anthroposophischen Schrifttums in Angriff. Die Inflation brachte ihm größte äußere Schwierigkeiten.

Rudolf Steiner schätzte Krügers juristischen Rat, den er auch in Bezug auf die Liquidation der «Kommenden Tag AG» suchte. Krügers Frage nach einem rechtswissenschaftlichen Kurs lehnte Steiner aus sachlichen Gründen ab.

Krüger hatte von Rudolf Steiner die ausdrückliche Zusage erhalten, sich jederzeit um Rat an ihn wenden zu können. So konnte er mehrfach Gespräche über seine anthroposophischen Studien mit ihm führen. Im Herbst 1924 sollte er nach Dornach kommen, wo er die Weihnachtstagung 1923 miterlebt hatte und wo Steiner eine neue Möglichkeit der Mitarbeit für ihn suchen wollte. Durch Rudolf Steiners Erkrankung zerschlug sich diese Hoffnung.

Diese wiederholten Enttäuschungen und tragischen Schwierigkeiten nötigten ihn, sich eine bürgerliche Existenz aufzubauen: 1933 erhielt er die Zulassung als Rechtsanwalt in Württemberg und nach dem Zweiten Weltkrieg wurde er in Stuttgart als Mitglied des Entnazifizierungskomitees für Juristen bei der wirtschaftlichen Reorganisation der Zentralbank und bei den amerikanischen Gerichten und Verwaltungsbehörden eingesetzt. Eine feste Position lehnte er allerdings ab und blieb freier Rechtsanwalt.

Er setzte die anthroposophische Arbeit in – auch in den Kriegs- und

Verbotsjahren nicht unterbrochen – kleinen Kreisen bis in die letzte Lebenszeit fort. Bevorzugte Themen waren das deutsche Geistesleben der Goethe-Zeit, die Musik Richard Wagners und Anton Bruckners, die allgemeinen anthroposophischen Inhalte, vor allem aber die Dreigliederung des sozialen Organismus als Grundprinzip einer christlichen Sozialordnung.

Beim Neubeginn der anthroposophischen Arbeit 1946 in Stuttgart nahm Krüger aktiven Anteil an den Versammlungen und Beratungen. Als Vortragsredner vermittelte er ungezählten Menschen den Zugang zur Anthroposophie, einem offiziellen Verantwortungsgremium der Anthroposophischen Gesellschaft gehörte er aber nie an. Krüger befolgte konsequent den Rat Rudolf Steiners: «Gehen Sie Ihren Weg doch ganz allein!»

Emil Kühn

Emil Kühn wurde am 6. Februar 1886 in Schwäbisch Gmünd geboren und starb am 9. November 1968 in Köngen/Neckar.

Der Großvater Emil Kühns war als Goldschmied auf der Wanderschaft nach Schwäbisch Gmünd gekommen, der Vater hatte eine Silberwarenfabrik. Er starb, als Emil neun Jahre alt war. Die Familie zog nach Stuttgart.

Hans war sein jüngerer Bruder, Emil Leinhas sein Vetter. Emil besuchte das Gymnasium und später die Realschule in Stuttgart. Er studierte Geologie und Mineralogie in Freiberg/Sachsen und schrieb seine Abschlussarbeit über Edelmetallverhüttung. Während kurzer Zeit war er in einer Blei-Silber-Mine tätig.

Ab 1912 war er Teilhaber in der Wendlinger Behr-Möbelfabrikation, 1919 lernte er die Anthroposophie gemeinsam mit seiner späteren Frau Martha Kühn kennen. Er hörte Vorträge Rudolf Steiners und fand den Zugang über die Dreigliederung. 1920 wurde er Mitglied der Anthroposophischen Gesellschaft.

Mit der Stuttgarter Waldorfschule war er seit ihren Anfängen verbunden. Nach dem Tod von Emil Molt übernahm er den Vorsitz des Waldorfschulvereins. Als solcher erlebte er die Schülersperre 1935, das Verbot Ostern 1938, die Auflösung der Schule und schließlich, nach langem Harren, 1945 den Wiederbeginn.

Über viele Jahre war er Vorsitzender des «Bauvereins Stuttgarter Anthroposophen» und Verwalter des «Baugroschens».

1945 half er in Köngen entscheidend bei der Neubegründung des

Eurythmeums, das bis Pfingsten 1964 seinen Sitz in Köngen hatte. Der spätere Neubau in Stuttgart verdankte seine Entstehung wiederum weitgehend ihm. Er war erster Vorsitzender des «Vereins zur Förderung der Eurythmie».

Nach 1945 war er als Schatzmeister Vorstandsmitglied des Arbeitszentrums Stuttgart. In den Fünfzigerjahren wirkte er in dessen Initiativkreis und half entscheidend bei den Wiedergutmachungsverhandlungen für Alice Fels, der ehemaligen Leiterin des Eurythmeum von 1922.

Ab 1945 war er im vorbereitenden Gremium zur Neugründung der Anthroposophischen Gesellschaft in Deutschland, dessen Geschäftsführer er von 1949 bis 1965 war. Er betreute mit Friedrich Kempter zusammen viele Jahre das Sekretariat und war auch Vorstandsmitglied. Im November 1950 wurde er in den Beraterkreis des Arbeitskollegiums gebeten und 1952 als Vertreter von Stuttgart Mitglied im Vertreterkreis.

In seiner Firma richtete Emil Kühn eine Lehrlingsausbildung im Sinne der Pädagogik Rudolf Steiners ein, die sich seither ausbreitete und die stärkste Ausgestaltung in der Hiberniaschule in Wanne-Eickel gefunden hat. Emil Kühn war Mitbegründer des Heidenheimer Arbeitskreises und spielte beim Wiederaufbau des Verlages Freies Geistesleben eine tragende Rolle im Verlagsrat.

Im Bund der deutschen Waldorfschulen wirkte er als erster Vorsitzender und half der Waldorfschule am Kräherwald bei der Suche ihres Grundstücks. Für die Errichtung des Rudolf Steiner-Hauses in Stuttgart setzte er sich unermüdlich ein. Sein achtzigster Geburtstag wurde durch das Arbeitszentrum Stuttgart mit einer Eurythmie-Aufführung in diesem Haus geehrt.

Helmuth Lauer wurde am 14. Februar 1901 in Mühlheim an der Donau geboren und starb am 28. September 1979 in Stuttgart.

Sein Vater war protestantischer Uhrenfabrikant, die Mutter katholisch aufgewachsen. Er war der jüngste von drei Brüdern, der mittlere war Hans Erhard Lauer.

1909 zog die Familie nach Angenstein bei Aesch in der Schweiz. Die Bahnfahrt führte täglich über Dornach nach Basel zum Gymnasium. Durch einen in Dornach wohnenden Klassenkameraden kam er oft dorthin und erlebte die Entstehung des ersten Goetheanum. 1917 durfte er – als noch die inneren Gerüste standen – den Bau betreten. Er konnte bis hinauf zu den Kuppelmalereien steigen und auch die Schnitzarbeiten aus der Nähe betrachten – für ihn ein überwältigender Eindruck. Im selben Jahr hörte er den Vortrag Rudolf Steiners, in welchem dieser den Namen «Goetheanum» für den Bau bekannt gab. Für seine am Krieg teilnehmenden Brüder schrieb er Bücher Rudolf Steiners ab und schickte sie ihnen.

Nach dem Abitur zog die Familie nach Stuttgart und er begann dort sein Architekturstudium. 1920 nahm er an der Eröffnung des Goetheanum teil und hörte die drei Vorträge, die mit dem Appell Rudolf Steiners an die anwesende Hochschuljugend schlossen: «Tragen Sie den Baugedanken des Goetheanum hinaus in die Welt ...». Dieser Aufruf verstärkte in ihm den Wunsch, in Dornach zu arbeiten.

Als Einundzwanzigjähriger war er in der «Bauhütte» von Paul Bay tätig und beteiligte sich an der Ausarbeitung von Rudolf Steiners Entwürfen für das Haus de Jaager sowie die drei Eurythmiehäuser. In dieser Zeit begegnete er Rudolf Steiner persönlich, insbesondere anlässlich der Planung des Transformatoren-Hauses. Paul Bay zeigte Steiner einmal die von Helmuth Lauer modifizierten Pläne; Lauer meinte, in Steiners Entwürfen sei «zu wenig Elektrizität enthalten». Steiner lächelte, machte eine drehende Handbewegung (für den Drehstrom) und erwiderte: «Elektrizität ist etwas ganz Einfaches. Machen Sie es trotzdem so, wie ich es geplant habe. Das sind Jungmännerideen.»

Helmuth Lauer studierte teilweise an der E.T.H. in Zürich und absolvierte Praktika als Schreiner, Maurer, Zimmermann sowie in Planungsbüros. Vorher durchlief er unter Marie Steiners Leitung eine Eurythmie-Ausbildung, die er mit der Bühnenreife abschloss.

Den Brand des ersten Goetheanum in der Silvesternacht 1922/23 «erlitt» er selbst mit – wie er es formulierte.

Ende 1923 nahm er an der Weihnachtstagung teil, während der Rudolf Steiner die ersten Angaben über den neuen Bau machte.

Nachdem 1925 unerwartet sein Vater gestorben war, diplomierte er 1926 an der T.H. Stuttgart und arbeitete bis 1929 in den Büros von Adolf Abel, der nach dem Zweiten Weltkrieg mit Rolf Gutbrod die neue Liederhalle in Stuttgart baute, und Gerhard Graubner.

1929/30 machte er sich mit seinem ersten Bauauftrag selbstständig. Dann folgten das Seminar der Christengemeinschaft (1932/33) sowie einige Häuser am Bodensee.

Bald nach Beginn des Dritten Reiches wurden Helmuth Lauers Bauten als «Entartete Kunst» gebrandmarkt und er erhielt Berufsverbot. Von 1933 bis 1939 durfte er nur «schlicht-deutsche» Wohnhäuser bauen, bis 1948 Luftschutzbauten.

1937 heiratete er die Bibliothekarin Margarete Voges, 1938 und 1942 kamen die Töchter Irene und Fides zur Welt.

Erst Ende 1948 konnte Lauer mit dem Wiederaufbau des zerstörten Priesterseminars und des Kirchenbaus der Christengemeinschaft in der Werfmershalde seine baukünstlerische Tätigkeit wieder aufnehmen. Nach und nach entstanden ca. 25 Kirchen, Kapellen und Kulträume für die Bewegung für religiöse Erneuerung, deren Vertrauen er vor allem durch seine soziale Einstellung während vieler Jahrzehnte genoss. In Göppingen zog er erstmalig Arne Klingborg für die Ausmalung hinzu.

Auch für die Waldorfschulen und die Heilpädagogik hat er zahlreiche charakteristische Schul-, Seminar-, Heim- und Saalbauten errichtet. Als Beispiele seien erwähnt das 1957 mit Felix Kayser und Rex Raab gebaute Rudolf Steiner-Haus in Stuttgart, der «Lauer-Bau» von 1959 in der Freien Waldorfschule am Kräherwald, die 1961 entstandene «Neue Kirche» der Christengemeinschaft in Berlin (mit Rex Raab) sowie das 1962 verwirklichte Eurythmeum in Stuttgart.

Eine fruchtbare Tätigkeit hatte sich für Helmuth Lauer bereits in Schweden (in Järna) und Norwegen (in Vidaråsen und auf Nøtterøy bei Tønsberg) ergeben. Dadurch erschloss er den skandinavischen Raum für die goetheanistische Architektur.

Emil Leinhas wurde als ältestes Kind von acht Geschwistern am 4. März 1878 in Mannheim geboren. Er starb in der Morgenfrühe des 20. Januar 1967 in Ascona.

Leinhas' Vater hatte ein Import-Export-Unternehmen. Er erblindete in den Jahren des Heranwachsens von Emil. Die klaglose Geduld, mit der er sein Schicksal ertrug, war auch dem Sohn eigen. Als ältester Sohn musste Emil Leinhas schon früh im Import-Export-Unternehmen des Vaters mitarbeiten. Hier, und anschließend in einer Kolonialwarenhandlung, absolvierte er seine kaufmännische Ausbildung.

Unmittelbar nach der Jahrhundertwende wurde Leinhas in Hamburg als Kaufmann tätig. Bald darauf lernte er Louis Werbeck kennen, mit dem Leinhas bis zu Werbecks Tod im Jahr 1928 in enger Freundschaft verbunden war. Werbecks feuriges Temperament, der Schwung, mit dem er alles anpackte, seine Beredsamkeit und originellen Einfälle entzündeten in anderen Menschen leicht Begeisterung. Aus dem Mund Werbecks hörte Leinhas zum ersten Mal den Namen Rudolf Steiner.

Daraufhin beschaffte er sich die *Philosophie der Freiheit* und die *Theosophie* und abonnierte die Zeitschrift *Lucifer-Gnosis*. 1905 fand er darin den Aufsatz über «Theosophie und soziale Frage». Er hatte den Eindruck einer ungewöhnlichen Tiefe, die er von anderen Schriften aus religiösen, politischen oder nationalökonomischen Quellen nicht kannte.

1908 hörte er Rudolf Steiner in einem Mitgliedervortrag über das Johannes-Evangelium. Noch vierzig Jahre später beschrieb er dessen Wirkung so: «Als ich nach dem Vortrag in die Winternacht hinaustrat, kam mir die Welt einigermaßen verwandelt vor. Ich stand unter dem Eindruck eines gewaltigen und für mein Leben schicksalhaft entscheidenden Ereignisses. Zugleich fühlte ich so etwas wie tiefe Geborgenheit, innere Ruhe und neue Lebenszuversicht.»

Emil Leinhas

1909 wurde Emil Leinhas Mitglied der Theosophischen Gesellschaft. An Pfingsten 1910 nahm er an dem Zyklus «Die Offenbarungen des Karma» teil. Im selben Jahr heiratete er Olga Svärdström.

1912 wurde er in die Esoterische Schule aufgenommen. Während des Krieges war Leinhas im Kriegsernährungsamt tätig, was ihm Gelegenheit gab, in Berlin zahlreiche Vorträge Rudolf Steiners zu hören.

Auch nutzte Leinhas seine amtlichen Verbindungen, um das fehlende Papier für den Druck des Buches *Von Seelenrätseln* zu beschaffen.

1919 trat Leinhas durch Vermittlung Rudolf Steiners als Direktor in die Waldorf-Astoria-Zigarettenfabrik ein. Er konnte aufgrund seiner Kompetenz in der wirtschaftlich zunehmend schwierigen Zeit für Molt eine Entlastung für die Betriebsleitung der Waldorf-Astoria und eine qualifizierte Unterstützung für die Bewegung zur sozialen Dreigliederung sein. Dies zu sehen und anzunehmen, fiel Emil Molt jedoch nicht leicht. Für ihn kam «alles» darauf an, ob Leinhas ihn «als Ersten» anerkennen würde.

Zeitgenossen beschrieben Leinhas als eine «hohe Gestalt, die bis zum Lebensende ungebeugt» blieb, und als «nüchternen, aber dennoch von innerem Feuer beseelten Geist», der nichts von seiner Wachheit einbüßte.

Er wurde Mitglied im siebenköpfigen Arbeitsausschuss des Bundes für soziale Dreigliederung. Im März 1920 war er Mitbegründer des Aufsichtsrats und im September 1921 Generaldirektor der aus der Dreigliederungsarbeit hervorgegangenen AG «Der Kommende Tag».

Zusammen mit Carl Unger und Ernst Uehli gehörte er 1921 bis 1923 dem Zentralvorstand der Anthroposophischen Gesellschaft an und ab Februar 1923 dem Vorstand der Anthroposophischen Gesellschaft in Deutschland.

In der Schweiz wendete Emil Leinhas gemeinsam mit Ita Wegman und dem Verwaltungsrats-Delegierten Edgar Dürler den Zusammenbruch der «Futurum AG» ab.

Den Brand des ersten Goetheanum erlebte Leinhas mit. In diesem Jahrsiebt wurde er wie kaum ein anderer zu einem vertrauten Mitarbeiter Steiners, der an Leinhas insbesondere die sachliche Kompetenz und hohe Verlässlichkeit schätzte. Nach einem letzten Gespräch mit ihm im Januar 1925 war es Leinhas, der Marie Steiner am Todestag Rudolf Steiners auf der Fahrt von Stuttgart nach Dornach begleitete.

Emil Leinhas fiel auch die Liquidation der AG «Der Kommende Tag» zu. Dabei gelang es ihm, entscheidende Werte zu retten und der neu gegründeten Waldorfschule das Überleben zu sichern.

Im Oktober 1924 realisierte er zusammen mit Emanuel Joseph van Leer die Übernahme der Laboratorien in Stuttgart und Schwäbisch Gmünd in die ILAG, aus der die Weleda AG hervorging. Von 1926 bis 1935 sorgte Leinhas als Direktor für den Aufbau der deutschen Weleda.

Die 1935 in der Abberufung von Vorständen und im Ausschluss von Mitgliedern gipfelnden Schwierigkeiten in der Allgemeinen Anthroposophischen Gesellschaft belasteten ihn sehr. Er setzte ein Zeichen und schied im gleichen Jahr aus seiner Direktorentätigkeit aus.

Nach 1935 handelte er mit Lederwaren und trug die wirtschaftliche Verwaltung der Stuttgarter Waldorfschule mit.

Auch nach 1945 blieben der Ausgleich und die Vermittlung zwischen kontroversen Positionen sein Bestreben: Er gehörte dem ersten großen Arbeitskollegium der sich neu bildenden Anthroposophischen Gesellschaft in Deutschland an und 1947 dem geschäftsführenden Ausschuss des Stuttgarter Mitarbeiterkreises. Sein Bemühen, eine Anerkennung der Marie Steiner testamentarisch übertragenen Autorenrechte für das Werk Rudolf Steiners innerhalb der Gesellschaft zu erwirken, blieb erfolglos. Seit 1949 arbeitete er unter anderem als Herausgeber und Rechnungsrevisor in der Rudolf Steiner-Nachlassverwaltung.

Bis zu seinem Tod nahm Emil Leinhas aktiv am Heidenheimer Arbeitskreis teil.

Ihm gelang die seltene Verbindung von nüchternem wirtschaftlich-praktischem Denken und begeisterter Ideenorientierung. Konzentrierte Sorgfalt und Zuverlässigkeit, aber auch eine aus seelischem Gleichgewicht gestützte Bescheidenheit charakterisierten ihn, dessen Leben mit der Entwicklung der Anthroposophischen Gesellschaft entscheidend verbunden war.

Wilhelm Johannes Pelikan stammte aus einer Wiener Offiziersfamilie und wurde als Ältester von fünf Geschwistern am 3. Dezember 1893 in Pola/Istrien geboren. Er starb am 17. November 1981 in Arlesheim.

Wilhelm Johannes Pelikan

Sein Vater war dort zeitweilig als Vermessungsoffizier tätig. Die Mutter war Italienerin von der dalmatinischen Adriaküste. Nach Zwischenstationen kehrte die Familie nach Wien zurück, wo Wilhelm nach einem Studienaufenthalt in Graz an der Technischen Hochschule Wien mit dem Diplom als Chemiker abschloss. Während einer Anstellung in einer Gold- und Silberscheideanstalt in Wien zog er sich eine Quecksilbervergiftung zu, die seine Gesundheit lebenslang beeinträchtigte.

Seine Begegnung mit Rudolf Steiner während der Vorträge in Wien 1918 löste eine Begeisterung aus, die ihn sein ganzes Leben lang befeuerte. Er wurde bald einer seiner persönlichen Schüler. Als er durch Vermittlung Rudolf Steiners nach Stuttgart ans Forschungsinstitut des Kommenden Tages berufen wurde, brach er die Beziehung zu seiner Familie, die seinen geistigen Weg ablehnte, vollständig ab. Seine Frau – Hildegard Wehle, Lehrerstochter aus Jägerndorf/Sudetenland – folgte ihm und nahm in Stuttgart ein Biologiestudium auf. Sie lebten in äußerst bescheidenen materiellen Verhältnissen.

1924 übernahm Wilhelm Pelikan die Heilmittelproduktion der im Entstehen begriffenen Weleda, 1935 erhielt er die Prokura. Ein engagierter Kollegenkreis, von dem stellvertretend Oskar Schmiedel, Walther Cloos und Wilhelm Spieß genannt werden können, schuf nach provisorischen Anfängen die erfolgreiche und für die Anthroposophie signifikante Firma von heute. Pelikan war die «Seele» des Betriebes. Er konnte autoritär auftreten, war aber wegen seiner wienerisch-verbindlichen Art bei den meist schwäbischen Mitarbeitern sehr beliebt. Er verwirklichte viele Anregungen Rudolf Steiners, ließ durch Franz Lippert einen eigenen Heilpflanzengarten anlegen und führte die Werkeurythmie und allgemeinbildenden Werkstunden für Mitarbeiter ein. Er sorgte für die alljährliche Aufführung der Oberuferer Weihnachtsspiele durch die Mitarbeiter und spielte oft selbst begeistert mit. Dass die deutsche Weleda während der Nazi-Zeit nicht geschlossen wurde, geht wesentlich auf den Einsatz und das Geschick von Fritz Götte zurück. Es ist aber auch dem Umstand zu verdanken, dass die Mitarbeiter voll hinter ihrer Firma standen. Für dieses positive Betriebsklima war Wilhelm Pelikan wesentlich verantwortlich. Darüber hinaus war er ein beliebter Mitbürger in Schwäbisch Gmünd.

In seinem Labor wurden die Methoden und Geräte zur Erforschung der anthroposophischen Heilmittel weiterentwickelt. Insbesondere beschäftigten ihn die speziellen Untersuchungsmethoden zur Erkenntnis der Wechselwirkung zwischen Mineral- und Pflanzenreich sowie die kosmische Einwirkung auf die Substanzen. Er führte eine ausgedehnte Vortrags- und Seminartätigkeit und publizierte aus seinem Fachgebiet und über allgemein anthroposophische Themen. Einige Aufsätze wurden später in dem Buch *Wesen und Wirkstoff* zusammengefasst. Nach seiner Studie über die *Sieben Metalle* (1952) erschien im Verlauf von zwanzig Jahren sein Hauptwerk, die dreibändige *Heilpflanzenkunde* (1958/1962/1978), zu dem seine Frau als Biologin wesentlich beitrug. In mehrere Sprachen übersetzt, wurde es für viele Pharmazeuten zu einem unentbehrlichen Leitfaden und erlebte einige Auflagen. 1985 erschien sein Buch *Der Halley'sche Komet.*

Im Alter von über siebzig Jahren folgte er einem Ruf der Naturwissenschaftlichen Sektion am Goetheanum, siedelte nach Arlesheim über und arbeitete noch siebzehn Jahre lang in den Räumen der Arlesheimer Weleda an der Potenzforschung.

Sophie Porzelt, geboren am 5. Februar 1897 in Hof/Saale und gestorben am 12. Dezember 1975 in Murrhardt, gehörte zu den prägenden Waldorflehrerinnen der Stuttgarter Schule.

Sie verlebte bis zu ihrem vierzehnten Lebensjahr eine glückliche Kindheit im Kreise der Familie. Ihr Vater war höherer Beamter bei der Reichsbahn. Zu den Spielgefährtinnen gehörte Martha Haebler, die spätere Kollegin, durch die sie auch der Anthroposophie begegnete, als die beiden sich während des Studiums wiedertrafen.

Nach der Volksschule, dem Lyceum in Hof und dem Realgymnasium in Nürnberg mit Abitur 1915 studierte sie Anglistik und Germanistik in Erlangen und München.

Ihre erste Stelle war am Realgymnasium in Nürnberg, es folgten eine Hauslehrertätigkeit in der Nähe der Sonnenmysterienstätte der Externsteine und die Mitarbeit in der Redaktion der englischen Zeitschrift *Export and Import Review* in Berlin. 1924 ging sie wieder in den Schuldienst zurück und wurde bald Studienassessorin in Augsburg. Sie lernte dort die Christengemeinschaft kennen. Zweimal nahm sie an der Ostertagung der Waldorfschule in Stuttgart teil, wo sie noch Rudolf Steiner begegnete.

Nach dem Verbot der Schule ging sie einige Monate nach Vanceboro/ME (USA). «Ihre Schilderung der Urmacht nördlich-amerikanischen Winters, des Weges durch den tiefen Schnee, den sie sich von ihrer Holzhütte zum großen Haus zu bahnen hatte, des gestirnten Himmels im großen Schweigen der Winternacht – das alles konnte wie ein Gegenstück zu den Jugenderlebnissen um die Externsteine erscheinen.» (M. Maier) Der Kriegsausbruch machte eine weitere Auslandstätigkeit unmöglich. Sie kehrte nach Deutschland zurück und unterrichtete 1940 bis 1945 am Landerziehungsheim Schloss Spetzgart bei Überlingen.

Sophie Porzelt

Die Jahre nach der Schließung der Waldorfschule waren Jahre der Verinnerlichung. Abgeschnitten von dem, was sie als ihren Lebensauftrag empfand, reifte in ihr die geistige Kraft, die ihr aus dem inneren Leben mit der Anthroposophie erwuchs.

Im Sommer 1945 kehrte Sophie Porzelt nach Stuttgart zurück und wurde zusammen mit Erich Gabert und Erich Schwebsch in den Verwaltungsrat berufen, der die Wiedereröffnung der Schule vorzubereiten hatte. An der Wiederbelebung der anthroposophischen Arbeit in Stuttgart war sie aktiv beteiligt.

Als Erich Gabert sich dem Aufbau der Schule am Stuttgarter Kräherwald widmete, übernahm sie die Leitung des Lehrerseminars. 1948 bis 1952 war sie Mitherausgeberin der Zeitschrift *Erziehungskunst* und Mitglied im Vorstand des Bundes der Waldorfschulen.

Sophie Porzelt war gegen sich selbst streng und lebte ganz der Sache hingegeben, war aber gütig gegenüber anderen. Zuhören-Können war ihre große Stärke. Auf ihren Reisen zu den Schulen der im Aufbau begriffenen Waldorfschulbewegung in Deutschland half sie durch ihren Rat. Sie war, wie Ernst Weißert in seinem Nachruf feststellte, das gute Gewissen der Waldorfschulbewegung geworden. Ihre starken moralischen Kräfte waren für jeden, der ihr begegnen durfte, unmittelbar zu erleben.

Eberhard Schickler wurde am 26. September 1895 in Stuttgart als Sohn eines Hausarztes alten Stils geboren.

Eberhard besuchte das Realgymnasium. Durch die Mutter lernte er die Anthroposophie kennen. 1922 begegnete er zum ersten Mal Rudolf Steiner, als er sich als Leibwache für dessen öffentliche Vorträge gemeldet hatte.

Sein medizinisches Studium schloss er mit einer Doktorarbeit zu dem

Eberhard Schickler

Thema: *Über den Blutkreislauf im Kapillarsystem* (1922) ab. 1923 wurde er Assistenzarzt bei Ita Wegman im Klinisch-Therapeutischen Institut in Arlesheim. Er gab Unterricht im Schwesternkurs und plastizierte u. a. mit den Schwestern die Organe. In dieser Zeit war er Teilnehmer an den Kursen, die Rudolf Steiner jungen Ärzten und Medizinstudenten gab. Auch am *Pastoralmedizinischen Kurs* nahm er teil. 1924 berief Rudolf Steiner ihn mit sechs anderen, den inneren Kern der Medizinischen Sektion zu bilden.

Am 29. März 1925 wurde er von Ludwig Noll, der zusammen mit Ita Wegman Rudolf Steiner auf dem Krankenbett betreute, beauftragt, Marie Steiner nach Stuttgart zu berichten, es bestehe kein Grund zur ernsten Sorge über den Krankheitszustand ihres Mannes. Marie Steiner kam dadurch erst nach Dornach zurück, als Rudolf Steiner bereits gestorben war. Dieses Geschehen wirkte in Schicklers Leben stark weiter. Das Leben mit dem Bewusstsein von Karma und die Bemühung, Karma zu ordnen, wurden seine wichtigsten Lebensanliegen.

Nach Stuttgart zurückgekehrt, richtete er im Hause seiner Eltern eine eigene Praxis ein. Er wurde Vertreter der Medizinischen Sektion in Deutschland für die Aufsichtsstelle der Heilmittelbereitung. In seiner Praxis gab er Laienkurse über den menschlichen Körper, über Natursubstanzen und das Verhältnis zwischen beiden.

Von 1933 bis 1935, während der Schwierigkeiten in der Anthroposophischen Gesellschaft und dem beginnenden Nationalsozialismus, verließen viele von Schicklers Freunden Deutschland. Er selbst setzte in dieser dunklen Zeit im Stillen die anthroposophische Arbeit fort.

Nach dem Zweiten Weltkrieg war Schickler gerade fünfzig Jahre alt geworden. Drei große Aufgaben standen vor ihm: der Wiederaufbau der Anthroposophischen Medizin, das Zusammenbringen der Anthroposophischen Ärzte in einer Arbeitsgemeinschaft und die Heilung der zersplitterten Anthroposophischen Gesellschaft.

Schickler wollte nicht allein aus der physischen Ebene, sondern aus höheren Ebenen auf den physischen Leib wirken: aus der Sphäre des Bewusstseins – was Rudolf Steiner hygienischen Okkultismus nannte – und mittels heilender Substanzen, die Kräfte der höheren Wesensglieder aufrufen.

Für die Zusammenarbeit in der medizinischen Bewegung veranstaltete er regelmäßig zu Pfingsten Zusammenkünfte für die in Heilberufen Tätigen (Krankenschwestern, Masseure, Kunsttherapeuten usw.) und organisierte in verschiedenen Städten Einführungskurse und Wochenendkonferenzen.

Im Bemühen um eine Gemeinschaftsbildung der Ärzte wurden die jährlichen Zusammenkünfte auf Schloss Comburg eingerichtet. Immer lud er dazu Kollegen aus den «Nachbarländern» ein. Der Umkreis reichte bis nach Schottland. Mit strenger Hand leitete er die Versammlungen und gestaltete ihren Verlauf. Er sprach weniger selbst als andere dazu aufzufordern, zu verbinden und zu verknüpfen. Jüngere Teilnehmer wurden freundlich eingeführt und während der Tagung begleitet. Viele fühlten sich durch ihn ermutigt, beizutragen. Er strebte nach einer Alchemie zwischen Menschen. Dabei lebte die Blickrichtung von Karma und Reinkarnation immer in Schicklers Bewusstsein. Bezeichnend war das Thema seines letzten Vortrages auf der Comburg: «Der Merkurimpuls in der anthroposophischen Medizin: die Erkenntnis von Karma und Reinkarnation». Die anthroposophische Heilkunst war für ihn ohne eine vertiefende allgemeine Anthroposophie nicht denkbar.

Die Weihnachtstagung von 1923 erlebte er als Aufruf zu einer neuen Menschengemeinschaft, die sich nicht von der Welt abschirmt, sondern Raum schafft für individuelle Entwicklung und Menschenverständnis. Mit dieser Auffassung leistete er einen wirksamen Beitrag zur Heilung der Gesellschaftskonflikte.

Eine tiefe Freundschaft verband Eberhard Schickler mit Karl König. Er würdigte die Initiativen von König, schätzte seine große Begabung und bat ihn um Mitarbeit in der Ärztegemeinschaft. König wiederum erkannte Schicklers besondere Aufgabe: Er nannte ihn «den großen Repräsentanten des hygienischen Okkultismus». Seine sporadischen Beiträge in den *Mitteilungen aus der Anthroposophischen Arbeit in Deutschland* handelten von durch Anthroposophie erweckten Seeleneigenschaften: Mutkräften, Auferstehungskräften, Gewissenskräften. Immer suchte Schickler nach dem, was aus dem Bewusstsein heraus heilend wirken kann.

Am 15. September 1963 starb Eberhard Schickler in Stuttgart, seinem Geburtsort, wo er als Hausarzt praktizierte und von wo aus er seine Reisen in die weite Welt unternahm, um international für die Anthroposophie und den daraus hervorgehenden medizinischen Impuls zu wirken.

Schickler gehörte zu der Generation der Pioniere der Anthroposophie. Seine große Fähigkeit lag in der Entwicklung neuer sozialer Kräfte, für die er nach dem Zweiten Weltkrieg prägend in der Anthroposophischen Ärzteschaft wirkte.

Oskar Schmiedel

Oskar Schmiedel wurde am 30. Oktober 1887 in Wien geboren und starb am 27. Dezember 1959 in Schwäbisch Gmünd.

Er wuchs in Wien auf. Sein Vater war aus dem sächsischen Erzgebirge dorthin gekommen und betrieb eine Papierfabrik; seine Mutter war Wienerin. Er schloss seine Schulbildung an der Oberrealschule 1906 mit der Matura ab und absolvierte danach den einjährigen Militärdienst. Der junge Oskar beschäftigte sich schon früh eigenständig und einsam mit esoterischen Fragen und wurde im Oktober 1907 Mitglied der Theosophischen Gesellschaft in Wien. Dort erlebte er Anfang November 1907 zum ersten Mal Rudolf Steiner in Vorträgen.[68] Wenige Tage zuvor, an seinem zwanzigsten Geburtstag, hatte er beschlossen, auf die angestrebte Offiziers-Laufbahn zu verzichten und Chemie an der Technischen Hochschule in München zu studieren. Dort schloss er sich der theosophischen Loge II der Baronin von Gumppenberg an und begegnete Thekla Michels, seiner späteren Frau. In den ersten Dezembertagen 1907 nahm er an Vorträgen Rudolf Steiners in Nürnberg teil.[69] Dort kam es zu ersten persönlichen Begegnungen und Unterredungen im Haus Michael Bauers, und wenig später erhielt Oskar erste Übungen und Meditationshinweise von Rudolf Steiner. Schon 1908 wurde der Einundzwanzigjährige in die Esoterische Schule, 1909 auch in die M. E. aufgenommen. Mit ihren Inhalten lebte er bis zu seinem Tod.

In München beteiligte sich Schmiedel aktiv an der Entwicklung und ersten Aufführung der Mysteriendramen Rudolf Steiners: Er war Kulissenbauer und Bühnenhelfer, fertigte nach den Weisungen Rudolf Steiners das Modell des Strader-Apparates für die Bühne an und wirkte als Darsteller verschiedener kleiner Rollen mit.

Im Juli 1912 gründete er – noch als Student – mit der Malerin Imme von Eckhardtstein das «Chemisch-theosophische Laboratorium», wo er für deren Bedarf neue pflanzliche Farbstoffe nach Hinweisen Rudolf Steiners entwickelte und herstellte. Als speziellen Malgrund dafür erfand er flüssig aufzutragendes Papier, das in Aquarelltechnik bemalt werden konnte. Nach der Promotion eröffnete er im Mai 1913 ein neues «Chemisches Laboratorium Dr. Oskar Schmiedel», wo das im Juni getraute junge Ehepaar hygienisch-kosmetische Produkte herstellte und Analysen für Ärzte durchführte.

Anfang des Jahres 1914 folgte das Ehepaar Schmiedel dem Ruf Steiners nach Dornach zur Mitarbeit am Aufbau des ersten Goetheanum. Als Angestellte des Johannes-Bauvereins richteten sie im März eine primitive Baracke als chemisches Labor ein, wo sie nun alle Pflanzenfarben und den Malgrund für die Ausmalung der Kuppeln sowie den Schutzlack für das Holz des neuen Baus entwickelten, erprobten und herstellten. Auch die Farben für Felix Peipers' Farbkammer-Therapie und Medikamente nach Angaben Steiners für verschiedene Ärzte wurden hier entwickelt und hergestellt; ebenso das Modellierwachs für Rudolf Steiners plastische Entwürfe, wovon über zwei Tonnen angefertigt wurden.

Infolge der Umbenennung des Johannesbaus in «Goetheanum», erhielt Schmiedels «Chemisches Laboratorium» im November 1918 den Namen «Laboratorium am Goetheanum». Als ein Jahr später die Ausmalung der beiden Kuppeln des Goetheanum-Baus vollendet war, wurde die Farbenproduktion weitgehend eingestellt.

Oskar Schmiedel widmete sich nun vor allem der Entwicklung und Herstellung von Heilmitteln, die einzelne Ärzte aufgrund von Hinweisen Rudolf Steiners benötigten. So stellte er für Ita Wegman, der er im Dezember 1918 das erste Mal begegnete, Mistelpräparate und ein durch Verdampfen und Spiegelbildung von Eisen gewonnenes Heilmittel her; auch für Ludwig Noll fertigte er Präparate an.

Schmiedel nahm am zweiten Ärztekurs teil und entwickelte – teilweise gemeinsam mit Ludwig Noll – eine Fülle von Heilmitteln und Präparaten.

In den Krisenjahren um die «Futurum AG» und «Kommender Tag AG» wurde der siebenunddreißigjährige Schmiedel auf Verlangen Rudolf Steiners als Direktor des gesamten Komplexes von «Internationale Laboratorien und Klinisch-Therapeutisches Institut Arlesheim AG» sowie der «Chemische Werke Gmünd» eingesetzt. Schmiedel ließ dafür den Namen «Weleda» registrieren und leitete von Arlesheim aus ab August 1924 das Gesamtunternehmen unter dem Namen «Internationale Laboratorien Weleda AG».

In den Zerwürfnissen des Dornacher Vorstandes nach Steiners Tod führte er die Weleda durch die Krisen der Anthroposophischen Gesellschaft.

Als sich 1935 Emil Leinhas aus der Betriebsleitung zurückzog, übernahm er, unterstützt von Fritz Götte und Arthur von Zabern, auch dessen Aufgaben.

1951 kehrte Schmiedel, nun ohne Familie – seine beiden Töchter studierten in Deutschland Medizin, seine Frau blieb in Goetheanumnähe –, nach Schwäbisch Gmünd zurück. Hier leitete er die Weleda gemeinsam mit Wilhelm Pelikan, Arthur von Zabern und Wilhelm Spieß unter maßgeblicher Mitarbeit von Hans Krüger, Walther Cloos, Mechthild Werner,

Theodor Schwenk, Heribert Kaufmann u. a. bis zu seinem Tode im dreiundsiebzigsten Lebensjahr.

Oskar Schmiedel gehörte zu den Initiatoren der anthroposophisch-medizinischen Bewegung, war Begründer und prägende Persönlichkeit der anthroposophischen Pflanzenfarbstoff- und Heilmittel-Entwicklung sowie ihrer Produktion. Zu seinen Leistungen gehörte der Aufbau eines anthroposophischen Industriewerks (Weleda) mit einer menschengemäßen betrieblichen Sozialgestaltung.

Erich Schwebsch

Erich Schwebsch wurde am 9. Juli 1889 in Frankfurt/Oder als Sohn eines Gymnasiallehrers geboren und starb am 24. Mai 1953 in Freiburg/Breisgau.

Der Vater war ein wohlwollender, etwas pedantischer Mann, die Mutter lebte ganz im häuslichen Schattendasein. Ein fünf Jahre älterer Bruder, hauptsächlich naturwissenschaftlich begabt und interessiert, ging auf das humanistische Gymnasium, der jüngere Erich, allseitig begabt, auf das Realgymnasium.

Er war ohne viel Anstrengung immer der «Primus» und fiel durch seine künstlerische Begabung auf: ein guter Zeichner und Maler, musikalisch auf dem Klavier fast ein Autodidakt, der sich durch einen ausgezeichneten theoretischen Unterricht die Praxis sozusagen «von selbst» erwarb. Der Bruder spielte Geige, und beide begeisterten sich am Werk Richard Wagners unter großem Bedenken des ebenfalls musikalischen Vaters.

Nach dem Abitur im Herbst 1908 begann Erich Schwebsch das Studium der neueren Sprachen und Germanistik an der Universität Berlin. Dort trat er sofort dem akademischen Richard-Wagner-Verein bei, der jeden Donnerstag einen Studienabend unter der Leitung eines sachkundigen Geschichtsprofessors veranstaltete. Bald wurde er der aktivste und einfallsreichste Mitarbeiter. In diesem Kreis lernte er 1909 seine spätere Frau Felicia Sentenis kennen. Sie schlossen aufgrund gleicher Bildungsinteressen bald eine feste Freundschaft. Später sagte er rückblickend: «Unsere eigentliche Bildung haben wir uns doch hauptsächlich neben der Universität erworben.»

Die Fülle des musikalischen Erlebens weckte in Erich Schwebsch den Drang, Dirigent zu werden. Eines Tages besuchte der Vater mit seinem Sohn den hochverehrten Professor Sternfeld, um von ihm die Berufsaussichten eines Dirigenten zu erfahren. Sternfeld konnte die vorauszusehenden Schwierigkeiten einer solchen «brotlosen Kunst» nicht verschweigen, worauf der Vater seine Einwilligung verweigerte. Er schloss dem Sohn sogar in den Sommerferien daheim das Klavier zu – freilich erfolglos, denn nebenan wohnte eine befreundete Bankiersfamilie, die zwei Flügel hatte. Jahrzehnte später sagte Erich lächelnd: «Als Student wollte ich einmal Dirigent werden – jetzt bin ich einer geworden, wenn auch anders!» Dem Kreis seiner Mitarbeiter an der Waldorfschule erschien er als eine Art Dirigent.

Mit seiner Verlobten entschloss sich Erich Schwebsch, das Studium fortzusetzen. Im Frühjahr 1914 gaben sie ihre Doktorarbeiten ab. Sie bestand das Rigorosum 14 Tage vor Kriegsbeginn, er drei Monate später während seiner militärischen Ausbildung als Kriegsfreiwilliger. Kurz darauf kam er nach Frankreich und blieb drei Jahre vor Verdun.

Im August 1917 heirateten sie und wurden von Friedrich Rittelmeyer getraut. Von der ins Feld verlangten Lektüre schickte er die *Philosophie der Freiheit* mit der Bemerkung zurück: «Damit kann ich gar nichts anfangen.» «Goethe als Vater einer neuen Ästhetik» schlug jedoch sofort ein.

Nach vier Kriegsjahren musste das Staatsexamen nachgeholt werden. Im September hörte Schwebsch zum ersten Mal einen Vortrag von Rudolf Steiner. Im wöchentlichen Arbeitskreis Rittelmeyers begegnete er Otto Rennefeld, Emil Bock, Hermann Beckh und vielen anderen. Auf Anregung von Rittelmeyer schrieb er einen Aufsatz über «Rudolf Steiner und Goethe» für die Festschrift zu Steiners 60. Geburtstag. Dieser Aufsatz führte zum ersten Gespräch mit Rudolf Steiner und zu dessen Aufforderung, an der Waldorfschule mitzuarbeiten.

Ein Jahr später übernahm Schwebsch den Kunstunterricht in der Oberstufe. Steiner war nur unter der Bedingung bereit, den Unterricht einzuführen, dass Schwebsch ihn übernähme. «Der Künstler ist der wahre Mensch», war der pädagogisch wirksame Kern des Kunstunterrichts von Erich Schwebsch.

Schwebsch bewältigte dank seiner Selbstdisziplin eine gewaltige Arbeitsfülle. Er sprach 1922 am Wiener «West-Ost Kongress», nahm am «Dramatischen Kurs» (GA 282) teil, war mit Kurt Piper Redakteur der Zeitschrift *Die Drei* und gestaltete als Teilnehmer im Siebener-, dann im Dreißigerkreis die Geschicke der Anthroposophischen Gesellschaft in Deutschland mit, redigierte über viele Jahre die *Erziehungskunst* und reiste als Vortragsredner bis in die USA, wo er 1939 auf einer Tournee siebzig Vorträge hielt.

Ernst Bindel schilderte drei Stationen der Stuttgarter Waldorfschule: Gründung, Schließung und Wiedereröffnung. Für jede Stufe bezeichnete er eine markante Gestalt. Für die Gründung Emil Molt, für die Schließung Fritz Graf von Bothmer und für die Wiedereröffnung 1945 Erich Schwebsch.

Mit Emil Leinhas erwirkte er bei der Besatzungsmacht die Wiedergenehmigung der Schule im September 1945. Er rief die Freunde zusammen und bereitete den Wiederbeginn der Schule vor. Einen Monat später begann der Unterricht in den von Schülern, Eltern und Lehrern notdürftig hergerichteten Ruinen.

Aber auch die Anthroposophische Gesellschaft in Deutschland musste neu aufgebaut werden. Im Mai 1949 wurden Paula Dieterich, Friedrich Husemann und Erich Schwebsch gebeten, den Kern einer Gesellschaftsleitung zu bilden. Anfang 1950 übernahm er das Sekretariat der Gesellschaft in Deutschland.

Er starb 1953, am Pfingstsonntag, während in Stuttgart eine öffentliche Tagung der Anthroposophischen Gesellschaft stattfand, die er noch mit vorbereitet hatte.

E. A. Karl Stockmeyer wurde am 7. Juni 1886 in Karlsruhe geboren und starb am 6. Januar 1963 in Malsch.

E. A. K. Stockmeyer besuchte das Zinzendorf-Gymnasium in Königsfeld (Schwarzwald). Anschließend studierte er in Heidelberg und München Mathematik, Naturwissenschaften, Philosophie und Architektur. Früh galt sein Interesse der Erkenntnistheorie, 1907 wurde er Mitglied der Theosophischen Gesellschaft und der Esoterischen Schule.

Die damalige theosophische Gesellschaft erlebte Karl Stockmeyer so:

- «Viel Enthusiasmus, viel Indisches. Große Familie.
- Nur Erkenntnisbedürfnisse, keine sozialen Pläne, kaum soziale Probleme.
- Die Anhänger nehmen das Faktische mit dem Gedächtnis auf.
- Carl Unger subtile Gedankenkunst.
- Er selbst suchte die Geisteswissenschaft in den Geistesraum der *Philosophie der Freiheit* hineinzustellen.»

1905 hatte Stockmeyer in Heidelberg ein Studium der Mathematik, Physik, Chemie, Geologie, Botanik und Philosophie, später noch der Astronomie, vergleichenden Anatomie und Architektur begonnen.

1909 richtete er das Studium auf das Lehramt aus und legte 1911 das Examen ab.

E. A. Karl Stockmeyer

Anschließend unterrichtete er für kurze Zeit an einer Privatschule in Magdeburg. Dem folgte eine Lehramtstätigkeit für Mathematik und Naturwissenschaft im badischen Schuldienst in Karlsruhe und bald darauf eine Berufung ans Lehrerseminar.

Bei Kriegsausbruch wurde er nach Pforzheim versetzt. Er widmete sich dem Studium Hegels und veröffentlichte philosophische Aufsätze.

Mit seinem Vater arbeitete er an dem «Malscher Modellbau», einem Vorläufer des ersten Goetheanum, und blieb den architektonisch-baukünstlerischen Bestrebungen der anthroposophischen Bewegung immer eng verbunden. Seit 1911 unterrichtete er an verschiedenen Schulen Mathematik und Naturwissenschaften. Er gab «Weltanschauungsunterricht» am Froebel-Seminar und lehrte am Lehrerseminar in Karlsruhe. 1918/19 mündeten seine Kenntnisse und Erfahrungen in Publikationen zur Erneuerung des deutschen Schulwesens.

Von Rudolf Steiner und Emil Molt wurde er im Frühjahr 1919 nach Stuttgart berufen, um mit ihnen und Herbert Hahn aktiv die Gründung der ersten Waldorfschule vorzubereiten.

Bereits im April legte er ein Konzept mit zentralen Grundsätzen der künftigen Schulgestalt vor:

- Einheitsschule
- Finanzierung durch Stiftungen
- Selbstbesteuerung der Elterngemeinschaft statt Schulgelder
- Schule als Korporation der Lehrer von geistiger Arbeit inkl. Verwaltung und Finanzverwaltung
- Elternbeirat als Vertretung der Eltern mit Einblick In Schulbetrieb und Verwaltung
- Schulordnung, Lehrplan und innerer Betrieb sollen bis hin zur Didaktik von Gesichtspunkten der Geisteswissenschaft aus bestimmt werden
- Alles Sektenmäßige ist zu vermeiden.

Bis zur politisch bedingten Schließung der Schule 1938 wirkte er als Lehrer sowie als Verwaltungsratsmitglied und -vorsitzender. 1940 bis 1946 unterrichtete er an einem Gymnasium. Ab 1945 widmete er sich dem Neuaufbau von Waldorfschulen, zunächst in Heidelberg und nach dem Scheitern der Unternehmung mit Erfolg in Freiburg. Mitte der Fünfzigerjahre gab er für die Pädagogische Forschungsstelle beim Bund der Freien Waldorfschulen *Rudolf Steiners Lehrplan für die Waldorfschulen* heraus. Seine letzten Lebensjahre verbrachte er in Malsch und arbeitete mit Albert von Baravalle an der Ausgestaltung des Malscher Modellbaus.

Bemerkenswert an Stockmeyer erscheint die Selbstständigkeit im Urteilen und seine Unabhängigkeit im sozialen Zusammenhang. Ein «starkes In-sich-selbst-Ruhen» (Hahn in: Husemann/Tautz (Hrsg.), *Der Lehrerkreis um Rudolf Steiner*) befähigte ihn zu entscheidenden Fragestellungen und Anregungen in den Aufbaujahren der Stuttgarter Schule unter der Leitung Steiners.

Stockmeyer verstand die Waldorfpädagogik nicht als Experimentalschule mit neuen methodisch-didaktischen Techniken. Er sah in der aus der Anthroposophie hervorgehenden Pädagogik eine Antwort auf die umfassende geistig-soziale Krise des beginnenden 20. Jahrhunderts. In diesem Sinne trat er besonders in den Zwanzigerjahren für eine freie, selbstverwaltete Waldorfschule mit Modellcharakter ein. Er wandte sich im Gegensatz zu Curt Englert oder den späteren Bemühungen um Friedrich Eymann entschieden gegen die Integration der Waldorfpädagogik in staatliche Schulen. Der Mathematik- und Physik- sowie der Technologie- und Feldmessunterricht der Oberstufe wurden maßgeblich durch Stockmeyer geprägt. Nachhaltige Wirkung in der Praxis erzielte sein Lehrplan, der die Angaben von Caroline von Heydebrand vervollständigte und differenzierte. Zwei divergente Gefahren sah er darin, die Grundsätze der Waldorfschulpädagogik zu dogmatisieren oder zu trivialisieren.

Ernst August Karl Stockmeyer wahrte stets einen souveränen Standpunkt. Bis zu seinem Lebensende versuchte er in allen konkreten Zusammenhängen, in denen er wirkte, eine soziale Baukunst zu realisieren.

Das waren die neunzehn Unterzeichner des Aufrufs zur Neubegründung der Anthroposophischen Gesellschaft in Deutschland. Der Kreis zeichnete sich durch erwiesene Tatkraft, bewährte Fähigkeiten und große Verschiedenheit nach Herkunft und Tätigkeitsfeld aus.

Altersmäßig lagen sie zum Zeitpunkt des Aufrufs in einer Spanne von siebenundsechzig (Emil Leinhas) bis achtunddreißig Jahren (Gisbert Husemann, Else Klink). Der Altersdurchschnitt betrug fünfzig Jahre. Sie stammten aus verschiedenen Regionen Deutschlands und der Welt. Der Norden, Westen, Osten und Süden waren recht gleichmäßig vertreten. Beruflich und von der Ausbildung her waren sie als Lehrer, Ärzte, Priester, Künstler, Architekten, Naturwissenschaftler, Juristen oder Unternehmer tätig. Elf von ihnen waren graduierte Akademiker.

Herta Blume schrieb später über das Wirken dieses Kreises: «Ein vergleichsweise kleines Häuflein von Menschen bewirkte in noch nicht einem Menschenalter die Schaffung von Wirkensstätten auf vielen Lebensgebieten in einem Ausmaß, das rückblickend nur staunend angeschaut werden kann und fast wie ein Wunder wirkt – und das alles aus dem absoluten Nichts heraus –, allein getragen von Enthusiasmus und Dankbarkeit und von dem Gefühl der unabdingbaren Verpflichtung gegenüber der uns in unserem Erdenraum gestellten Geist-Aufgabe!»[70]

Die neunzehn genannten Menschen von Neubegründern waren allerdings durch schwere Schicksalsprüfungen gegangen, die Wandlungen bewirkten.

Emil Bock gelangte zu der entscheidenden Erkenntnis. «Es ist die michaelische Schicksalsabsicht unverkennbar: Alles soll *ganz neu* aus den Anfängen heraus entwickelt werden.»[71]

Diese Erkenntnis hatte für ihn die in seinen Taten sichtbar werdenden Konsequenzen: Es bedurfte nicht bloß einer Reorganisation der Christengemeinschaft. Für eine tragfähige Grundlage aller Bemühungen musste die Anthroposophische Gesellschaft in Deutschland neu aufgebaut werden. Denn bereits in seinen Thesen zum Erwerb des Grades eines Lizentiaten der Theologie am 2. August 1921 hatte er als erste formuliert:

«Die wichtigste Aufgabe der systematischen Theologie ist es, zur Erarbeitung einer grundlegend neuen Weltanschauung beizutragen. Sie muss das tun durch eine solche Lösung des Problems von Glauben und Wissen, die nicht durch Hinweis auf Erkenntnisgrenzen dem Glauben sein eigenes Gebiet sichern will, sondern auf fortschreitende Aufhebung der Erkenntnisgrenzen zielt.»[72]

Ein Symbol des Versäumten

Geradezu zu einem Symbol des Versäumten aber war in Stuttgart das ehemalige Zweighaus in der Landhausstraße geworden.

Bei der Einweihung hatte Rudolf Steiner die Zusammenarbeit der verschiedenen Gesellschaftsströmungen beschworen und Stuttgart einen Brennpunkt geistigen Strebens als Ort sowohl «mystisch-innerlichen wie theosophisch-intellektuellen Strebens» genannt, an dem sich «seit Jahren Menschen verschiedensten Temperaments, verschiedenster Arbeitsweise»

Das Haus Landhausstraße 70 (links vor 1935, rechts 2022)

zusammenfinden, «die alle aber in gleicher Art ihre Arbeitsweise, ihre Temperamente und Charaktere harmonisieren konnten, weil doch als der tiefste Impuls in ihnen lebte, was wir ausdrücken können als theosophische Liebe, als theosophisches Friedensgefühl und Friedensstreben».[73]

Im kleinen Stuttgarter Umkreis wie auch im Zusammenhang der Weltgesellschaft fand der beschriebene Friedensimpuls keine dauerhafte Bestätigung. Bereits kurze Zeit nach der Einweihung des Zweighauses trennten sich die Stuttgarter Zweige, und auch die erkenntniskultische Arbeit kam zum Erliegen. In der Gesamtgesellschaft spaltete sich mit der «Freien Anthroposophischen Gesellschaft» eine jüngere Mitgliedschaft ab, nach Rudolf Steiners Tod brach der Gründungsvorstand auseinander und 1935 kam es mit Ita Wegman und Elisabeth Vreede zu Ausschlüssen von Vorstandsmitgliedern und ganzen Landesgesellschaften aus der Weltgesellschaft. Gleichzeitig wurden mit dem Michael-Zweig unter Leitung von Toni Völker auch in Stuttgart Mitglieder von der Arbeit in der Landhausstraße ausgeschlossen.

Dies geschah im selben Jahr, in dem die Anthroposophische Gesellschaft von den politischen Machthabern verboten, Mitglieder verhaftet und die Bücher Rudolf Steiners verbrannt wurden.

Die Geschichte des Hauses zeichnete diese Entwicklung nach. Nach dem Verbot der Anthroposophischen Gesellschaft wurde das Haus amtlich versiegelt und zwei Jahre lang nicht benutzt.[74] 1937 wurde der von den Nationalsozialisten erzwungene Verkauf im Grundbuch testiert und das

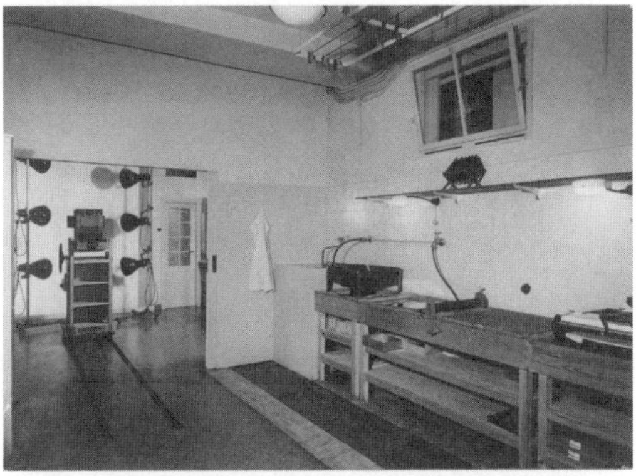

'er intakte Säulensaal, Mitte: nach der Zerstörung, das Fotolabor, unten: der große Saal in intaktem Zustand und nach
'nbau zum Filmvorführraum.

Haus kam in den Besitz der Landesbildstelle Baden-Württemberg, um der nationalsozialistischen Propaganda zu dienen. Der für die erkenntniskultischen Handlungen durch Karl Stockmeyer eingerichtete Säulensaal wurde zerstört und ein Filmentwicklungslabor darin eingerichtet.

Nur die Säulen selbst sind erhalten geblieben. Friedrich Husemann kaufte sie aus dem Abbruch und brachte sie nach Wiesneck. Dort sind sie als Träger einer Pergola angeordnet.

Die äußere Hülle des Hauses blieb weitgehend unzerstört. Der Rückbau wäre aber weder aus finanziellen Gründen noch wegen der eingetretenen Verluste an der baukünstlerischen Substanz – alle Malereien und Gegenstände der Inneneinrichtung waren verloren gegangen – möglich gewesen.

Stattdessen unternahm man den von Emil Bock ausgesprochenen Neuanfang, der an den Ursprungsimpulsen ansetzen und die im sozialen und geistigen Bemühen eingetretenen Wunden heilen wollte. Die Schritte der Vorbereitung des neuen Baus, seine Grundsteinlegung, das Richtfest und die Einweihung legen davon Zeugnis ab.

Die neuen Aufgaben

Das «Schneiderproblem», von dem Rudolf Steiner im Zusammenhang der Gesellschaftsentwicklung 1923 gesprochen hat – das Stuttgarter Gewand erwies sich für das Wachstum der Anthroposophischen Bewegung als zu eng –, betraf auch das Stuttgarter Zweighaus.

Mit der Neugründung der Gesellschaft 1923 in Dornach, der Leitungsübernahme durch Rudolf Steiner und der Einrichtung der Freien Hochschule für Geisteswissenschaft waren bereits vor dem Krieg neue Lebensverhältnisse entstanden, die ihrer weiteren Entfaltung harrten.

Auch das Haus in der Landhausstraße war zu eng geworden. Dieser Umstand war nicht allein an äußeren Merkmalen festzumachen. Ein Neubeginn tat not.

Mit dem Ausgang des Zweiten Weltkrieges erledigten sich bestimmte Probleme bereits äußerlich. Der preußisch-wilhelminische Verwaltungsduktus des 20. Jahrhunderts war erledigt, ein gewisser Zug zentralistischer Attitüde, der sich im anthroposophischen Verwaltungsverständnis Stuttgarts erhalten hatte, obsolet.

Nachkriegsdeutschland war von den Besatzungsmächten in vier Zonen aufgeteilt. In den drei Westzonen konnte die anthroposophische Arbeit alsbald neu aufgebaut werden, in der unter sowjetischer Herrschaft liegenden Ostzone blieb sie verboten.

In der ersten Nummer der *Mitteilungen aus der Anthroposophischen Arbeit in Deutschland* wurde ein Überblick über die aktuellen Aktivitätszentren gegeben:[75]

Britische Zone
Rheinland-Westfalen, Sekretariat Düsseldorf, Cranachstr. 32;
Hamburg, Sekretariat Hamburg 13, Johnsallee 2 (Dr. Paula Dietrich) Hannover (Dr. Manfred von Kries, Stresemannstr. 16);
Wuppertaler Kurse, Wuppertal-Barmen, Bendahlerstr. 100.

Amerikanische Zone
Nordwürttemberg-Nordbaden, Geschäftsstelle Stuttgart-O, Adelheidweg 4;
Großhessen, Wiesbaden, Grillparzerstr. 9 (Dr. Helmut Knauer);
Bayern, München 5, Pestalozzistr. 8 (Jacob Kraft);
Nürnberg, Gervinusstr. 34 (Frau Clara Kreutzer).

Französische Zone
Südbaden, Geschäftsstelle Freiburg i. Br., Mozartstr. 26 (Dr. Friedrich Husemann);
Südwürttemberg, Geschäftsstelle Tübingen, Am Lustnauer Tor 1 (Fritz Schimpf);
Rheinland-Pfalz, Geschäftsstelle Frankeneck ü. Lambrecht/Pfalz (Frau Marcelle Glatz).

Eine neue Form sozial-spiritueller Architektur

Es war wiederum Emil Bock, der in der ersten Nummer der von ihm begründeten *Mitteilungen* grundlegende Merkmale der neuen Arbeitsformen darstellte.[76] Dabei knüpfte er an Wortlaute vom 22. Februar 1923 an, mit denen Rudolf Steiner die Anthroposophische Gesellschaft neu impulsieren wollte. Steiner sagte in einem Rückblick auf ihre Entwicklung: «Wir haben es eben erlebt, dass wir in der Anthroposophischen Gesellschaft die Phase durchgemacht haben, welche das Anthroposophische in einzelne Zweige des Lebens hat ausfließen lassen – in das Pädagogisch-Didaktische, in andere praktische Lebensformen, in das Künstlerische usw. Wir brauchen heute einen Zusammenschluss. Wir haben ausgezeichnete Waldorflehrer, ausgezeichnet Wirkende auf anderen Gebieten. Wir brauchen heute bei allen denen, die auf ihren einzelnen Posten ihr Bestes geben, dass sie nun auch den Weg finden zu diesem Zusammenschluss, damit die Quellen des anthroposophischen Lebens selber neu fließen.»[77]

An diese Darstellung knüpfte Emil Bock an. In ihr sah er den konkreten Ansatzpunkt, um die geforderte Neugestaltung der anthroposophischen Arbeit in Deutschland einzuleiten.

«Hier ist die Aufgabe auf eine klassisch einfache Formel gebracht, vor die wir uns insbesondere hier in Stuttgart gestellt fanden, als sich die Möglichkeit zu einem Wiederaufbau der anthroposophischen Arbeit in Deutschland eröffnete. Bei der Chance des Neuanfangen-Könnens mussten wir gerade hier von vornherein die Fehler zu vermeiden trachten, die zur Zeit des Goetheanumbrandes zu einer so schweren Krisis der Gesellschaft geführt hatten. Indem wir uns von den vielen unermüdlich und immer neu gegebenen Appellen und Richtlinien Dr. Steiners zur Reorganisation der Gesellschaft aus dem Jahr zwischen Goetheanumbrand und Weihnachtstagung leiten ließen, haben wir versucht, den Gesellschaftsaufbau so zu veranlagen, dass er auf einem allseitigen Zusammenarbeiten sowohl aller Spezial-Initiativen als auch aller in der anthroposophischen Bewegung zusammenströmenden Schicksalsgruppen beruht.»

Der Stuttgarter Mitarbeiterkreis bestand inzwischen aus mehr als zwanzig führend tätigen Freunden. Durch die Entwicklung der Anfangsjahre von 1906 bis 1935 hatten die allermeisten Tochterbewegungen in Stuttgart ein Zentrum gebildet. Das forderte zu einer Art Zusammenfassung der unterschiedlichen Kräfte zu einem organischen Ganzen heraus. Der verhältnismäßig große Kreis der Nachkriegsjahre versprach eine Möglichkeit, auftretende Fragen und Anforderungen gemeinsam zu bewältigen. Die Grundlage dafür wurde in einer intensiven geisteswissenschaftlichen Arbeit gelegt. Emil Bock legte dafür unter dem Motto «Vom Hegen und Pflegen der Anthroposophischen Gesellschaft» eine umfangreiche Sammlung einschlägiger Darstellungen Rudolf Steiners an. Zunächst wurde reichlich Zeit und Kraft reserviert, um damit die Voraussetzungen für einen wesentlichen Beitrag zur Gesellschaftsbildung zu leisten. Erst als die Fülle der zu bewältigenden Aufgaben übergroß zu werden drohte und andererseits für jeden Einzelnen die Anforderungen innerhalb seines speziellen Arbeitsgebietes immer stärker anwuchsen, bildete der größere Mitarbeiterkreis aus sich heraus den siebenköpfigen geschäftsführenden Ausschuss, der die häufigen regelmäßigen Arbeitszusammenkünfte fortsetzte, während der größere Kreis sich nur noch alle drei Wochen traf.

Die öffentliche Arbeit wurde lange Zeit bewusst zurückgehalten. Zunächst sollte eine tragfähige Basis sowohl im Mitarbeiterkreis als auch in der gesamten Mitgliedschaft, die in Stuttgart besonders groß war, entstehen. Nach der Verbotszeit war ein immenser Zustrom zu bewältigen. Aus der Initiative junger Menschen ergab sich aber alsbald wenigstens für die Jugend eine ausgedehnte Arbeit nach außen. Es entstanden zwei große Jugendtagungen, von denen die zweite zu Pfingsten 1946 über 1500 Teilnehmer zählte. Außerdem fanden sonnabends regelmäßig öffentliche Vorträge für junge Menschen statt, die, nachdem schon vorher daneben mancherlei Einführungskurse eingerichtet worden waren, zuletzt der gesamten Öffentlichkeit offenstanden. Die Pfingsttagung 1947 war ein erstes Heraustreten der Gesamtarbeit an die Öffentlichkeit in ganz großem Stil.

Dem Impuls des Neuanfangs folgend, war es konsequent, die vor 1935 bestehenden Zweige nicht wieder zu eröffnen. Zu schmerzhaft waren die Erinnerungen an die Konflikte. Vielmehr wollte man ein Forum als die «Anthroposophische Gesellschaft in Stuttgart» bilden, an der sich jedes Mitglied unabhängig von seinen sonstigen Präferenzen beteiligen konnte.

Emil Bock setzte seine Schilderung fort:

«Von einer Wiedereröffnung der vor 1935 bestehenden Zweige ist abgesehen worden. Dafür bildete sich in Anknüpfung an die kleinen Kreise, die auch während der Verbotsjahre gearbeitet haben, eine große Anzahl von kleineren und größeren Arbeitsgruppen. Daneben haben wir an den Mittwochabenden unermüdlich nach Formen gesucht, aus der Gemeinsamkeit heraus einen anthroposophischen Mitgliederabend zu gestalten, an welchem sich die Mitglieder aus allen einzelnen Arbeitskreisen vereinigen. Dafür stand immer nur der jeweils größte Saal der Waldorfschule zur Verfügung, sodass auch heute noch nicht mehr als 400 bis 500 Freunde teilnehmen können.»

Der neue Verantwortungs- und Gestaltungsimpuls wurde unter schwierigen Voraussetzungen bewusst eingerichtet und kultiviert. An die Stelle enger Zentrumsbildung und personeller Zuspitzung sollten Formen föderaler Zusammenarbeit und Gleichberechtigung treten und gepflegt werden.

«Wir haben mit bewusster Absicht Stuttgart als eines der zahlreichen neu entstehenden Zentren anthroposophischen Lebens aufgefasst und mit

Befriedigung beobachtet, wie ganz von selbst auch an den anderen Zentren unter Vermeidung von Vorstandsbildungen Mitarbeiterkreise ähnlich dem Stuttgarter entstanden als Träger der allseitigen Impulse und Verantwortungen. Mit der Zeit kam es dann in Stuttgart zu Konferenzen zwischen den Vertretern der Zentren, die sich in den verschiedenen Zonen gebildet haben.

Die Interzonenkonferenz in der Pfingstwoche hat uns einen entscheidenden Schritt im konkreten Zusammenarbeiten aller deutschen Zentren vorwärtsgebracht. Das Schicksal selbst legt uns ein föderalistisches System nahe. Der freie Zusammenklang der verschiedenen Zentren, die vor allem in der Arbeit nach außen sehr divergierende Arbeitsstile entwickeln, wird besser gewährleistet, wenn von der Einsetzung eines vorstandsartigen Gremiums abgesehen wird, auch wenn man hoffen könnte, dass ein solches Gremium die Gefahren des autoritativen Vorgehens vermeiden würde.

Die von Zeit zu Zeit stattfindenden Rednerkonferenzen, deren letzte auch in der Pfingstwoche in Stuttgart stattfand, werden, wenn ihre Ziele mit der notwendigen Geduld und Energie weiterverfolgt werden, zu einer solchen Zusammenarbeit der Redner führen, die nicht nur eine Gemeinsamkeit, sondern auch eine Verstärkung und Beflügelung des in die Welt hinausgetragenen spirituellen Elementes gewährleistet.

Oft hat uns der vorerst noch zu tragende Mangel an organisatorischen Formen und Einrichtungen mit Sorge erfüllt, aber es darf wohl ausgesprochen werden, dass wir auf allen Stationen unserer Bestrebungen erlebt haben, wie im geistigen Raum die Kräfte in erstaunlichem Maße zur Verfügung stehen, die da von selbst das tragende Gleichgewicht zwischen den einzelnen Zentren, Gruppen und Individualitäten bewirken, gleichviel, ob es sich um räumliche, fachliche oder auch um solche Differenzierungen handelt, die aus den Schwierigkeiten stammen, mit denen die Allgemeine Anthroposophische Gesellschalt in ihrem Gesamtbestande heute zu kämpfen hat. Wir konnten aus den Veranstaltungen und Konferenzen der Pfingstwoche aufs Neue die sichere Zuversicht mitnehmen, dass es uns in Deutschland gelingen wird, den Gesellschaftsaufbau in wirklich umfassender Allseitigkeit weiterzuführen.»[78]

Die ersten Worte, die Emil Bock seiner Sammlung «Hegen und Pflegen der Anthroposophischen Gesellschaft» voranstellte, lauteten:

«Die Chance des Neubeginns, die uns beim Wiederaufbau der Anthroposophischen Gesellschaft in Deutschland zugute kommt, besteht darin, Unterlassungen und Fehler der Vergangenheit, die wir heute erkennen, nicht noch einmal zu begehen. So muss es vor allem unser Bestreben sein, über das Versagen hinsichtlich der eigentlichen Gesellschaftsaufgabe hinauszukommen, auf das Dr. Steiner nach dem Goetheanum-Brande so nachdrücklich hingewiesen hat.»[79]

Was waren die Unterlassungen und Fehler der Vergangenheit? Das Problem aufrichtiger Rückblicke ist das polare Schwanken der Seele zwischen Schön- und Schwarzfärberei. Hagiografische Schwärmerei oder Nestbeschmutzung sind Attribute, die misslungenen Versuchen angeheftet werden.

Den Lehrern der Waldorfschule hatte Rudolf Steiner deutlich gemacht, dass die Fähigkeit zur wahrhaftigen, das heißt unbefangen-kritischen Selbsterkenntnis im Verhältnis von Mensch zu Mensch existenzielle Voraussetzung sein kann.

Beim Aufbau der Oberstufe stellte er eine Bedingung für das Erreichen der Jugend dar. Für die Lehrenden gelte es, eine «zeitgemäße Gewissenserforschung» zu üben. Wer nicht über das Wie, Wann und Wodurch des eigenen Werdens eine bedingungslose Selbsterforschung anzustellen bereit sei, könne nicht hoffen, von den Heranwachsenden ernst genommen zu werden.[80]

Was zeigte sich dem objektiven Blick hinsichtlich der Gesellschaftsgeschichte? Da zeigte sich als ein erstes Problem der unzureichende Kontakt der die Gesellschaft Leitenden zu den Mitgliedern. Die Leitenden wurden als fern, uninteressiert, eingebildet und bevormundend erlebt.

Die Kur dieser Deformationen wurde nach dem Krieg sogleich in der veränderten, hierarchiearmen Zusammenarbeit der Verantwortlichen in der Gesellschaft sichtbar. An die Stelle überholter Rangverhältnisse trat die Steigerung des Aufgabenbewusstseins.

Dies wurde nicht allein in dem Arbeitsbericht vom Frühjahr 1947 sichtbar, sondern im redaktionellen Inhalt des gesamten ersten Heftes der *Mitteilungen*. Da kamen sämtliche Zentren der drei Besatzungszonen zu Wort und auch zahlreiche Arbeitsgebiete, Nachrichten und Hinweise auf geplante Veranstaltungen. Zentrum und Peripherie, Oben und Unten verbanden sich zu einem fruchtbaren Geflecht.

Die aus dieser Zeit vorliegenden Berichte spiegeln das Neue. So wird aus Hamburg berichtet, dass sich viele alte Freunde mittwochs zu einer allgemeinen Arbeit einstellten und beschlossen, «die verschiedenen Zweige ruhen zu lassen und sich als ‹Anthroposophische Gesellschaft in Hamburg› zu betrachten». Infolgedessen veränderten sich auch die Arbeitsformen: «Anstelle des alten Zweigleiterprinzips trat das der Gemeinschaftsarbeit.»

Aus den früheren «Zweigabenden» voneinander abgeschotteter Zweige wurde der «Abend der Gesellschaft».[81]

Das entspricht sehr genau dem Stuttgarter Beispiel. Auch hier verabredeten sich die verschiedenen Kreise zu differenzierten Zusammenkünften. Der Mittwochabend aber wurde als gemeinsamer «Gesellschaftsabend» eingerichtet.

Der gute Wille zur Zusammenarbeit war in reichem Maße vorhanden. So gab es keinen regionalen Ehrgeiz, Verwaltungsbereiche zu usurpieren. Als sich die Gliederung der britischen Besatzungszone, die Düsseldorf zum Verwaltungszentrum gemacht hatte, als unpraktisch für die laufende Arbeit erwies, gab es keinerlei Widerstand gegen ein eigenes Sekretariat für Niedersachsen, Schleswig-Holstein und Hamburg in der Hansestadt.

Überall konnten wirksame Persönlichkeiten wie Paula Dieterich, Ernst Haagemann, Johannes Hemleben oder Hans-Georg Schweppenhäuser sichtbar und in gegenseitiger Anerkennung tätig werden.

Gleichzeitig gewann die künstlerische Arbeit an Umfang und Gewicht und die Pädagogik an Bedeutung. Erich Gabert berichtete davon, dass sich in der Finsternis langer Jahre «eine starke Sehnsucht nach Menschlichkeit entwickelt und ein elementares Suchen nach einer Erziehung, die nicht mehr aus wirtschaftlichen und politischen Zielen bestimmt wurde, sondern die auf Ausbildung des Menschenwesens im Kinde hingewandt sei» entwickelt hatte. «Die Menschen erlebten diese Pädagogik als etwas, was sich im Unglück bewährt hatte und was klar und unbeirrt seinen Weg wieder aufnehmen konnte. Deshalb brachten sie ihr ein so starkes Vertrauen entgegen. Eine äußere Hilfe war, so paradox es scheint, die allgemeine wirtschaftliche Unsicherheit. Geld war zunächst noch vorhanden; man zweifelte aber, ob man es noch lange haben werde, und war bereit, es für einen Zweck der Menschlichkeit und des Wiederaufbaues herzuschenken.»[82]

Hatte es vor dem Krieg Waldorfschulen in Stuttgart, Hamburg, Hannover, Kassel, Berlin, Dresden und Breslau gegeben, so nahm jetzt das Verlangen nach ihrer Pädagogik an Orten zu, von denen man es nicht erwartet hatte.

Die neu gegründeten, noch nicht voll ausgebauten Schulen sind leicht an der Anzahl von bis zu zehn Klassen auszumachen. Gründungen in München, Heidelberg, Ulm und Esslingen standen kurz bevor. Neben den materiellen Voraussetzungen stellte der notwendige Lehrerbedarf enorme Anforderungen.

Die Stuttgarter Schule hatte zu dieser Zeit 24 Klassen mit 1 143 Schülern, sie bot der heimatlosen Anthroposophischen Gesellschaft Unterkunft, leistete Aufbauarbeit für sie und richtete Lehrerbildungskurse ein.

	Klassen	Schüler	Lehrer
Hannover	13	650	23
Hamburg	15	720	25
Tübingen	8	250	12
Marburg	6	200	10
Wuppertal	10	360	15
Heidenheim	5	180	11
Ottersberg	10	360	13
Nürnberg	6	200	10
Freiburg	10	250	17
Kassel	7	180	10
Reutlingen	5	150	7
Krefeld	3	100	3

An vielen Orten zeigte sich die gegenseitige Verstärkung von pädagogischen Initiativen und anthroposophischer Arbeit. Besonders auffällig wurde dies in Marburg, Tübingen, Reutlingen und Freiburg. Diese Entwicklung wurde insbesondere durch den Einsatz von Dr. Friedrich Husemann, Prof. Otto Julius Hartmann, Dr. Helmut Hessenbruch und Dr. Hildegard Gerbert ermöglicht.

Eine besondere Färbung erhält das Gebiet «Rheinland-Westfalen» durch die Zentrumsbildung in Wuppertal. Dort hatte sich mit Max Benirschke (in dessen Arbeitskreisen Joseph Beuys 1948 die Anthroposophie kennenlernte), Carl Brestowsky, Josef Deibele, Dr. Lutz und Dr. Meusers der Kern eines 25-köpfigen Arbeitskollegiums gebildet. Hier wurde 1946 nicht nur die Waldorfschule gegründet, sondern zugleich begannen in einer durch den Industriellen Kurt Herberts zur Verfügung gestellten Arbeitsstätte die «Wuppertaler Kurse», ein äußerst anspruchsvoll gestaltetes Seminarprojekt «für die reifere Jugend», für das Otto Julius Hartmann, Wilhelm Goosses und Helmut Hessenbruch verantwortlich zeichneten.

«Eine gemeinsame innere Haltung gegenüber der wissenschaftlichen und zugleich pädagogischen Arbeit, die es heute aus Anthroposophie heraus zu leisten gilt, ermöglichte die Inaugurierung und erste Durchführung der eigentlichen Lehrtätigkeit an dieser neu begründeten Institution.

Die Arbeitsgruppe ‹Wuppertaler Kurse› setzt sich zur Aufgabe, die verschiedensten Gebiete des Kulturlebens in der durch Anthroposophie vertieften Erkenntnis wissenschaftlich darzustellen und durchzuarbeiten in großen und in kleinen Kursen, öffentlich wie auch in geschlossenen Kreisen. ... Neben den im ersten ‹Semester› behandelten Gebieten (Philosophie und Erkenntnislehre, Menschenkunde, Pädagogik, Biologie, Physik und Literatur) werden voraussichtlich noch Künste und Kunstgeschichte, Musik, Medizin, Sozialwissenschaft und ein besonderes Gebiet als ‹Anthroposophie› erscheinen, in welch Letzterem eine systematische Darstellung des geisteswissenschaftlichen Welt- und Menschenbildes den fortgeschritteneren Hörern dargeboten werden soll.»[83]

Das Projekt wirkt wie eine Vorwegnahme der später in Nordrhein-Westfalen so kraftvoll in Angriff genommenen Hochschulinitiativen.

Seinen allgemeinen Bericht aus Rheinland-Westfalen schließt Hans Lutz aus Troisdorf mit den Worten:

«Wir betrachten es als eine wichtige Aufgabe, uns zu Trägern der nun in den Stuttgarter Zusammenkünften angebahnten Gemeinsamkeit bei allem, was wir im Einzelnen in unserem Gebiet unternehmen, zu machen.»[84]

Eine wesentliche Leistung in dem Wirken aus den Gründungsimpulsen heraus leistete das in Köngen angesiedelte Eurythmeum. Bereits am 24. und 31. März 1946 konnte mit zwei großen Aufführungen die Eröffnung des «Eurythmischen Konservatoriums» gefeiert werden. Der Gesangverein des Dorfes hatte dort seinen Saal mit einer ansehnlichen Bühne und 600 Sitzplätzen zur Verfügung gestellt. Viele Stuttgarter Freunde und Interessenten aus dem Umkreis reisten an. Bei den Schwetzinger Sommerspielen konnte eine aus früheren Schülerinnen entwickelte Aufführungsgruppe die vom Württembergischen Staatstheater aufgeführte Gluck'sche Oper *Orpheus und Eurydike* sowie die bis dahin vom Ballett dargestellten Szenen übernehmen und sich die volle Anerkennung der Öffentlichkeit wie auch der Theaterfachleute erobern. Außerdem fanden Eurythmieaufführungen in Esslingen, Tübingen, Heidenheim, Stuttgart und Ulm statt. Im August 1946 trafen sich schließlich nahezu 100 Eurythmisten und Sprachgestalter aus ganz Deutschland zu einer Arbeitswoche in Köngen. Die Zahl der Schülerinnen war inzwischen auf fünfzig angewachsen. «Mangel an Lehrkräften und Schulräumen sowie die leidige Wohnungsnot setzen dem weiteren großen Andrang vorerst leider eine Grenze.»[85]

Ein bewegender Bericht von Emil Leinhas brachte schließlich Nachrichten von der Entwicklung am Goetheanum. Nach vielen Jahren konnte er sich von Mitte Februar bis Ende Mai zum ersten Mal wieder in Dornach bzw. in der Schweiz aufhalten.

Er schrieb: «Begreiflicherweise werde ich jetzt, nach meiner Rückkehr, von allen Seiten gebeten, über die Situation in Dornach zu berichten. Es wäre schlimm, wenn das anders wäre. Das Goetheanum ist der Mittelpunkt der Allgemeinen Anthroposophischen Gesellschaft. Die in Deutschland nach der Verbotszeit sich neu bildende Anthroposophische Gesellschaft, die einstweilen aus einer Reihe föderativ gegliederter, aber innerlich immer enger zusammenarbeitender Gruppen besteht, fühlt sich durchaus als ein Glied der Allgemeinen Anthroposophischen Gesellschaft. Ihre Vertreter sind sich voll bewusst, dass in Zukunft entweder eine Allgemeine, die Welt umspannende Anthroposophische Gesellschaft sein wird – oder keine. Sie nehmen deshalb an den Vorgängen in Dornach, soweit sie ihnen unter den gegenwärtigen Verhältnissen bekannt werden, den intensivsten Anteil.»

Sein Bericht sprach davon, dass die Lage in Dornach seit längerer Zeit so überaus schwierig und verwickelt sei, dass es ganz unmöglich wäre, im Rahmen der *Mitteilungen* näher darauf einzugehen. Ohne längere persönliche Anwesenheit und ohne Fühlungnahme mit den dort wirkenden Persönlichkeiten sowie ohne gründliche Kenntnis der Geschichte der Gesellschaft, wie sie sich seit dem Tod Rudolf Steiners abgespielt hat, könne man sich kein zutreffendes Bild von der dortigen Lage machen. Über die dortigen Vorgänge und die ihnen zugrunde liegenden tieferen Ursachen könne man sich nur umso schwerer ein wirklich begründetes Urteil bilden. Er könne deshalb nur empfehlen, sich nicht vorschnell im Urteil festzulegen.

Sodann kam er zu einer Einschätzung, welche die Bemühungen um einen Neuanfang in Deutschland in einem tröstlichen Licht erscheinen ließ:

«Einstweilen dürfen wir es als eine Schicksalsgnade betrachten, dass wir in Deutschland in so schöner und freier Weise, innerlich gestärkt und geweitet durch die schweren Erlebnisse der letzten Jahre, ganz unabhängig daran arbeiten dürfen, zunächst für unsere Tätigkeit in Deutschland die Formen zu finden, die den konkreten Verhältnissen und Schicksalen entsprechen und zugleich im Einklang stehen mit den Urgedanken alles anthroposophisch-gesellschaftlichen Lebens.»

Emil Leinhas schloss seinen Bericht mit Gedanken, die sowohl das Geschehene mit liebevollem Verständnis umfassten als auch eine tragfähige Orientierung für die Zukunft gaben: «Wenn man sich bemüht, hindurchzuschauen durch all die Verwicklungen, die in den letzten Jahren die Krise in Dornach hervorgebracht haben, dann kommt man zu der Überzeugung, dass auch diese Krise – wie alle, die seit dem Tod Rudolf Steiners durchzumachen waren – der Ausdruck ist für die eine Tatsache: dass wir in der Anthroposophischen Gesellschaft noch immer nicht verstanden haben, die Formen zu entwickeln, die notwendig sind, um in unserer Zeit, mit den heute lebenden und in die Gesellschaft drängenden Menschen, den sozialen Urimpuls, der allem anthroposophisch-gesellschaftlichen Leben zugrunde liegen muss, zu verwirklichen. Rudolf Steiner hat aus diesem Urimpuls heraus auf der Weihnachtstagung die Formen geschaffen, in denen er mit den damals in der Gesellschaft lebenden Mitgliedern diesen Impuls verwirklichen wollte. Dieser Urimpuls lebt – in einem erhöhten Maß seit der Weihnachtstagung – in unseren Seelen. Er will sich verwirklichen. Dass wir ihn bisher immer noch nicht genügend in unser Bewusstsein gehoben haben, um aus diesem Bewusstsein heraus die heute für uns und unsere Zeit notwendigen Formen des gesellschaftlichen Zusammenlebens zu gestalten – Formen, die wir durch unsere Kräfte täglich mit neuem Leben erfüllen können –, das ergibt den Widerspruch zwischen dem, was als Impuls in unseren Seelen lebt, und dem, was in der Welt der Erscheinungen bereits Gestalt angenommen hat.

Dieser lebendige Widerspruch ist die Ursache der Krisen, unter denen wir alle – besonders aber die Freunde in Dornach – endlos leiden.

Diese Krisen nehmen immer wieder die Form von persönlichen Differenzen an. Das muss man mit Verständnis für karmische Notwendigkeiten und auch für menschliche Schwächen aufnehmen und muss versuchen, durch die eigene Haltung dazu beizutragen, dass diese Begleiterscheinungen das erkenntnismäßige Ringen, das ihnen zugrunde liegt, nicht ganz verdecken und die Gesellschaft dadurch zerstören.»[86]

Ein neues Ostern

Die Tatsache, dass Rudolf Steiner vor seinem Tod keine nach Ämtern und Rangordnung definierte Nachfolgeregelung für die Leitung der Anthroposophischen Gesellschaft verfügt hatte, bedeutete nicht, dass sie führungslos ins Chaos steuern sollte. Der Beleg dafür ist in der Waldorfschule zu finden. Ein neues Leitungsprinzip wurde da in drei Etappen entwickelt. Alle vollzogen sich während des ersten grundlegenden Ausbildungskurses von 1919.

Zunächst wurden die Versöhnung von Idealismus und Realismus, voller persönlicher Einsatz, eine kollegiale republikanische Leitung ohne Direktorat und eine gemeinsame Erkenntnisarbeit an den pädagogischen Grundlagen hervorgehoben.[87]

Sodann wurde auf grundsätzliche Qualifikationen des Lehrers hingewiesen wie: «Der Lehrer sei ein Mensch der Initiative im großen und kleinen Ganzen»[88] und schließlich zusammenfassend von Steiner erklärt:

«Für mich selbst wird diese Waldorfschule ein wahrhaftiges Sorgenkind sein. Und ich werde immer wieder und wieder müssen mit meinen Gedanken sorgend auf diese Waldorfschule zurückkommen. Aber wir können, wenn wir den ganzen Ernst der Lage betrachten, wirklich gut zusammenarbeiten.»[89]

Dies stand in einem bestimmten Zusammenhang:

«Denken Sie aber immer wiederum an das, was zum Verständnis des Menschen, und namentlich des Kindes, jetzt vorgebracht worden ist. Bei allen einzelnen methodischen Fragen wird es Ihnen dienen können.

Sehen Sie, wenn Sie zurückdenken, dann werden sich schon bei den verschiedenen Impulsen dieser vierzehn Tage unsere Gedanken begegnen. Denn ich selbst, das kann ich Ihnen die Versicherung geben, werde zurückdenken! Denn es lastet diese Waldorfschule gar sehr heute wohl auf dem Gemüte derjenigen, die an ihrer Einleitung und Einrichtung beteiligt sind. Diese Waldorfschule muss gelingen! Dass sie gelinge, davon wird viel abhängen! Mit ihrem Gelingen wird für manches in der Geistesentwickelung, das wir vertreten müssen, eine Art Beweis erbracht sein. [...]

Halten wir uns namentlich an den Gedanken, der ja unser Herz, unseren Sinn erfüllt: dass mit der geistigen Bewegung der Gegenwart doch ebenso gut geistige Mächte des Weltenlaufes verbunden sind. Glauben wir an diese guten Mächte, dann werden sie inspirierend in unserem Dasein sein, und wir werden den Unterricht erteilen können.»[90]

Das Versprechen einer Zusammenarbeit über physische Grenzen hinweg bekräftigte Rudolf Steiner in einem Abschiedsbrief vom 15. März 1925:

«Meine lieben Lehrkräfte der freien Waldorfschule!

Es ist mir eine große Entbehrung, so lange nicht unter Euch sein zu können. Und ich muss jetzt wichtige Entscheidungen, an denen ich naturgemäß seit dem Bestehen der Schule teilgenommen habe, in Eure Hand legen. Es ist eine Zeit der Prüfung durch das Schicksal. Ich bin mit meinen Gedanken unter Euch.»[91]

Dem fügte er einen Spruch bei, der ein neues Leitungsprinzip bestätigte:

«Gedankenwirksamkeit eine uns,
Da wir im Raum getrennt sein müssen. –
Was wir schon gemeinsam vollbracht,
Es krafte jetzt durch die Lehrerschaft.
Es ziehe seine Kreise durch Ihren Eigenrat,
Da jener Rat, der so gerne käme,
Die Schwingen frei nicht hat.»

Überall, wo das Wort «Waldorfschule» steht, könnte es durch «Anthroposophische Gesellschaft» ersetzt werden und es wäre das neue Leitungsprinzip beschrieben, das auch für sie gelten kann.

Individualität, Beweglichkeit, Gemeinsamkeit, Freiheit, Geistbewusstsein und Verantwortlichkeit sind die Eigenschaften, die in ein Aufgabenbewusstsein münden, anstatt die alte Ordnung von Rang und Namen zu perpetuieren.

Aufbruchs- und Erlösungsstimmung war nach dem Krieg überall. Da, wo Verbot und Zerstörung am meisten gewütet hatten, drängte sie womöglich am stärksten.

Unter der Last der Unterdrückung, im Dunkel von Not und Verfolgung entwickelten sich Keime, welche das Gestrüpp verholzter Verstrickung zu entwirren halfen. Der Neuanfang machte den Blick auf eine neue Welt frei. Anschaulich kam dies in einem Bericht von Emil Bock über die mit Gottfried Husemann im Juli 1947 unternommene Englandreise zum Ausdruck.

«Hatten wir schon vor der Abfahrt bei der Überwindung der zahlreichen sich in den Weg stellenden Schwierigkeiten ein Gefühl für die Schicksalswichtigkeit gerade dieser Reise gewinnen müssen, so waren alle Eindrücke, die drüben auf uns einstürmten, nur dazu angetan, uns die unerhörte Größe der geistigen Weltaufgabe klarzumachen, die der michaelische Zeitgeist uns heute stellt. Der Bann der gefängnishaften Isolierung, in der man im gegenwärtigen Deutschland lebt, löste sich. Wir kamen nicht nur in ein anderes Land, sondern an die Schwelle eines großen offenen Tores zur Welt.»[92]

Neben den zahlreichen Begegnungen mit Gemeinden, Camphill-Einrichtungen, Waldorfschulen und heilpädagogischen Heimen waren es die zeichenhaften Eindrücke von Land und Menschen, welche auf drängende Aufgaben wiesen.

«In diesem Zusammenhang hat uns die tiefgehende Veränderung des englischen Lebens sehr beeindruckt und fortwährend beschäftigt, die wir, allerdings nur unter der Oberfläche der bloß äußeren Verhältnisse und Probleme, wahrzunehmen glaubten.

Wir stießen übereinstimmend auf ein seelenatmosphärisches Element, das demjenigen nahe verwandt ist, das uns in Deutschland insbesondere seit den katastrophalen Zusammenbrüchen umgibt. Es kam uns alles so rätselhaft ‹deutsch› vor. Schließlich fingen wir an, zu begreifen, um was es sich handelt. Der Schicksalsengel hat mächtig zugegriffen, und überall da, wo er es tat, werden sich die Europäer immer ähnlicher. Der strenge Genius unseres michaelischen Zeitalters vergrößert, von Mitteleuropa ausgehend, in konzentrischen Kreisen seinen Wirkensbereich. Seinen Spuren in England zu begegnen, verwies uns lebendig auf die Notwendigkeit eines geistigen Bündnisses, das Deutschland und England und doch wohl sicher auch das dazwischen liegende Holland umfasst: Wo anders sollte ein solches Bündnis real werden, wenn nicht in unseren Zusammenhängen? England, das früher zum Westen zu rechnen war, rückt immer mehr zur Mitte hin und nimmt an der geistigen Mission der Mitte teil. Eine bedeutungsvolle Synthese und gegenseitige Ergänzung tat sich uns auf: In Deutschland ist an der Chiffresprache der Zerstörungsfelder die geistig-apokalyptische Menschheitssituation abzulesen. Überall will der Vorhang der sinnlichen Erscheinungen zerreißen. In England liegt die äußere Weltkonstellation zwischen Ost und West wie ein aufgeschlagenes Buch vor uns. Mögen wir in Deutschland und erst recht in England zahlenmäßig immer noch ein unscheinbarer Kreis sein: Es ist auf uns gerechnet bei dem wichtigen Schritt, den die Menschheit noch in diesem Jahrhundert zu tun hat. Wenn wir uns nicht selbst im Wege stehen, werden wir auch dem guten Genius des Zeitalters nicht im Wege, sondern dienend zur Verfügung stehen, und wir werden zu Leistungen imstande sein, die weit über unsere menschlichen Möglichkeiten hinausgehen.»

Worauf dieser Hinweis zielte, wird rasch klar, wenn man weitere Eindrücke dieser Englandreise in den Blick nimmt. Bock beobachtete einen «lähmenden Bann», der auf der anthroposophischen Arbeit lag, und diagnostizierte, dass er von den Gesellschaftsproblemen herrührte, die im Jahre 1935 zum Ausschluss einer Reihe von führenden Anthroposophen aus der Allgemeinen Anthroposophischen Gesellschaft geführt hatten. Die Schicksalsschwierigkeiten, die nach Rudolf Steiners Tod um bestimmte Menschenkreise und Arbeitsaufgaben auftraten, waren durch diese Ausschlüsse nicht gelöst worden. Bock kam zu einem bemerkenswerten Schluss:

«Heute dürfte eine Aufarbeitung der damals liegen gelassenen Probleme notwendig sein, da weder ein starres Beharren bei den Ausschlüssen von 1935 noch ein einfaches Annullieren derselben den Weg geistig frei macht.»

So blieb als der wichtigste Inhalt des gesamten Englandaufenthaltes das Zusammensein mit dem «Symposion», einem den deutschen «Mitarbeiterkreisen» ähnlichen Kreis von führenden Persönlichkeiten aus allen Gruppen.

«Da haben wir, unserem Auftrag gemäß, mit den Freunden versucht, erste Schritte zu einem konkreten Zusammenarbeiten zwischen den englischen, holländischen und deutschen Anthroposophen zu planen. Wir brauchten nur, so frei und zugleich so sorgfältig wie möglich, den Weg der allseitigen föderativen Zusammenarbeit, den wir in Deutschland durchzuhalten bemüht sind, über die Landesgrenzen hinaus auszudehnen.»

Der Neuanfang begann Früchte zu tragen. Nach der Einführung dieser mehr auf Teilhabe und Kollegialität ausgerichteten Arbeitsweise in Deutschland, begann sie von Stuttgart aus auch in die Weltgesellschaft zu wirken und damit eine Bringschuld Stuttgarts gegenüber dem Goetheanum einzulösen.

Bock endete seinen Bericht mit der Hoffnung, dass eine für den Anfang des folgenden Jahres in England geplante Arbeitszusammenkunft Freunde aus England, Holland und Deutschland zusammenbringe und «den Anfang zu weiteren wichtigen Schritten bilde».[93]

Überpersönliche Hoffnung

In Rudolf Steiners *Seelenkalender* gibt der Spruch für die zweite Oktoberwoche etwas von der Stimmung wieder, die nach dem Reisebericht von Emil Bock in den Seelen vieler Mitglieder der Anthroposophischen Gesellschaft aufkeimte. Der *Seelenkalender* beschreibt in der Folge von Woche zu Woche Stimmungsqualitäten, die dem Menschen im anteilnehmenden Erleben des Jahreslaufes bewusst werden können. Der erwähnte Oktober-Spruch ist ein «Gegenspruch» zur Osterzeit, das heißt, dass er polar im Jahreszirkel angeordnet ist und ein dem Jahreslauf entsprechend Komplementäres anspricht.

Ich kann im Innern neu belebt
Erfühlen eignen Wesens Weiten
Und krafterfüllt Gedankenstrahlen
Aus Seelensonnenmacht
Den Lebensrätseln lösend spenden,
Erfüllung manchem Wunsche leihen,
Dem Hoffnung schon die Schwingen lähmte.

Der Zusammenhang von Hoffnung und Lähmung mag überraschen, wird Hoffnung doch häufig gerade als Trostspender angesehen. Über lange Zeit enttäuschte Hoffnungen wirken allerdings lähmend. Wiederholte Enttäuschungen verändern das Seelenleben habituell.

Die Dornacher Streitigkeiten, welche vor allem den Nachlass Rudolf Steiners, die Leitung der Hochschule, Zusammenarbeit, Verbindlichkeit von Beschlüssen, Eigenmächtigkeiten, Eigensinn und Ansprüche Einzelner betrafen, wirkten auf die Mitglieder unlösbar, zumal durch einseitige Informationen, Halbwahrheiten und Mundpropaganda ein unüberschaubares Blickfeld entstanden war. Im Oktober-Spruch ist jedoch von Neubelebung, Weite, Kraft, Gedankenstrahlen, Seelensonnenmacht, Lebensrätsel-Lösung und Erfüllung die Rede – lauter Mut spendenden Faktoren.

Emil Bocks Bericht hatte diese Wirkung. Er weckte Hoffnung auf Lösung der so lange Zeit schon belastenden Situation in Dornach.

Die Osterzeit des Jahres 1948 sollte diesen Hoffnungsschimmer auf unerwartete Weise verstärken. Der zu Ostern gehörige Spruch der zweiten Aprilwoche gibt den Hintergrund für das unerwartete Geschehen.

Ins Äußre des Sinnesalls
Verliert Gedankenmacht ihr Eigensein,
Es finden Geisteswelten
Den Menschensprossen wieder,
Der seinen Keim in ihnen,
Doch seine Seelenfrucht
In sich muss finden.

Denn das war es, was die Teilnehmer der Generalversammlung von 1948 mit einer vorausgeschalteten Delegiertenversammlung als innerstes Erlebnis hatten.

Paula Dieterich, die Vertreterin des Hamburger Zweiges, reiste mit bangen Erwartungen an. Die Versammlungen von 1923 und 1935 standen «als nie zu vergessende Merkpunkte in ihrem inneren Kalender». Was würde 1948 bringen? 1923 konnte die Gesellschaft nur gerettet werden, weil Rudolf Steiner selbst den Vorsitz übernahm und selbst zum Träger wurde, «auf den alles sich stützen konnte». 1935 bildete sich der zweite Schicksalsknoten. «Die Gesellschaft fand sich ohne ihren Lehrer auf dem physischen Plan allein gelassen.» Beide Charakterisierungen beschreiben die Unmündigkeit ihrer Mitgliedschaft. So kam es zum zweimaligen Fanal eines Gesellschaftsversagens. Beim ersten Mal war es Trägheit, beim zweiten Mal die Zerschneidung des Schicksalsknotens, da «keine andere Lösung gefunden wurde. Durch das Heraussetzen dessen, was in der Gesellschaft nicht getragen werden konnte, schuf man eine neue Situation mit offenbleibenden Problemen». Deutlich wahrnehmbar ist die ähnliche Beurteilung der Situation wie bei Bock.

Nach den Kriegsjahren war die Versammlung von 1948 die erste, zu der Mitglieder aus den europäischen und außereuropäischen Ländern wieder in größerer Zahl in Dornach zusammenkamen.

Bereits acht Tage vor der angesetzten Delegiertenversammlung ergriffen die zuerst eingetroffenen Mitglieder «die Gelegenheit, mit möglichst vielen Mitgliedern, die sich über die Lösung der Schwierigkeiten die entgegengesetztesten Gedanken gemacht hatten, im Gespräch den Kontakt aufzunehmen. Der anfangs kleine Kreis um die Probleme ringender Menschen vergrößerte sich täglich. Allen Freunden wurde es klar, dass eine diesmalige Entscheidung nur zwei Resultate ergeben konnte, entweder die Spaltung und damit den Untergang der Gesellschaft oder ein Auferstehen nach einem Todeserlebnis. Alsbald schälten sich einige Kerngedanken heraus:

Das Goetheanum als Mysterienstätte muss als Zentrum der Gesellschaft erhalten bleiben. Alle drei Vorstandsmitglieder werden in ihrem außergewöhnlich bedeutenden Lebenswerk voll anerkannt.

Eine gewisse Entwicklungsepoche der Gesellschaft ist abgelaufen und hat mit sich gebracht eine gewisse Selbstständigkeit, ein Mündigwerden, das ein bewusstes Mittragen-Wollen des Karmas der Gesellschaft erfordert.

Die Erfahrung der 1935 versuchten Lösung durch Abspaltung konnte erkannt werden als nicht zum Ziele führend.

Der Entschluss, die Einheit zu wahren und durch innere Umwandlung, nicht durch Abspaltung wahre Lösung zu erreichen, wurde immer stärker als tragend erfasst.»[94]

Diese Kerngedanken wurden in die Delegiertenversammlung hinübergetragen und dort als Substanz erkannt, die durch konkrete Formulierungen in die Generalversammlung eingebracht werden sollte. Bereits zu Beginn war die Versammlung vor die Aufgabe gestellt, sich mündig zu erweisen.

Albert Steffen erklärte gegen seine Überzeugung, den Vorsitz nicht übernehmen zu können, weil ihm der Vorwurf diktatorischer Führung gemacht werde.[95]

Die Versammlung bat daraufhin Hermann Poppelbaum um die Übernahme dieser Aufgabe. In einem Brief schilderte Poppelbaum die unerwartete Situation:

«Sie vermuten ganz zu Recht, dass für mich vor allem der Empfang im alten Europa denkwürdig und unerwartet war: sozusagen vom Schiff herunter geradewegs zum Leiter der Delegiertenversammlung gemacht zu werden. Da war nicht einmal Zeit zu persönlichen Begrüßungen; man musste sofort mit den Verhandlungen beginnen. Das war ein Tempo, wie ich es gewiss nicht eiliger in Amerika gesehen habe!

Die Schweiz kam auch mir, wie so vielen, als eine Art Insel vor. Für mich war aber ständig ein anderer Gedanke gegenwärtig: ‹Ein paar Kilometer von hier›, sagte ich mir, ‹beginnen die Trümmer, die du noch nicht gesehen hast und vor denen dir bangt.› Viele der Delegierten kommen aus der unmittelbaren Nachbarschaft von Trümmerfeldern ...»[96]

Paula Dieterich fasste die Generalversammlung weiter zusammen:

«Es handelte sich darum, die moralische Fantasie aufzubringen, die Situation aus der juristischen Verstrickung, in der sich keine Lösungsmöglichkeit mehr bot, in die Sphäre des rein Menschlichen zurückzugewinnen. Die Impulse begannen sich im Laufe der Versammlung bereits zu realisieren. So konnten z. B. die 26 vorliegenden Anträge, die zum Teil sehr divergierte und die extremsten Standpunkte darstellten, bis auf einige wenige zusammengeschmolzen und im Sinne der Wahrung der Einheit der Gesellschaft umgewandelt werden. Weiterhin wurde die Übereinstimmung getroffen, die Lösung der schwebenden und verwickelten Probleme nicht durch Abstimmung der Generalversammlung erreichen zu wollen, sondern durch die Vorarbeit einzelner damit beauftragter Persönlichkeiten der Klärung entgegenzuführen. Auf diese Weise entstand eine ganz neue Art der gemeinsamen Erarbeitung gesellschaftlicher Aufgaben.»[97]

Der neue Arbeitsstil war unverkennbar. Erich Schwebsch stellte fest: «Ostern war die taktvoll unausgesprochene, von allen gespürte Hilfe. Es war mehr da als die guten Gedanken der Versammelten. Wer wollte sich der Kraft der Auferstehung aus inneren Banden widersetzen, die in so menschlich schöner Gestalt an die oft so von innen verschlossenen Türen der Herzen pochte! Die Stunde schöpferischer Überwindungen war da.

Und jedes Beispiel zeugte weitere. Die Generalversammlung – wohl über 1000 Mitglieder – wurde ausführlich zum Zeugen des dramatischen Geschehens gemacht, und verstand; und setzte ihre Mündigkeitsprobe mit beglückendem Willen zu sozialer Klarheit fort. Sie drängte nicht auf allzu rasche oder trennende Beschlüsse; sie verstand, dass Abstimmungen nur Rechtsfragen austragen können, über die vorher die Erkenntnisse reif geworden sind. Über ‹wahre› und ‹falsche› Ideen wird nicht abgestimmt. Das Niveau wurde gehalten. Und als am Ostersonntagmittag Albert Steffen seine wenigen, unendlich einfach die innere Situation charakterisierenden und reinigenden Worte sprach, war die Ostersonne über dieser denkwürdigen Generalversammlung aufgegangen.

Die Generalversammlung hat nicht Beschlüsse forciert, wo es sich um die Lösung menschlicher Aufgaben handelte, sie hat die freie Zirkulation des oft durch innere Grenzkontrollen und innerliche Stacheldrähte auseinandergehaltenen Menschlichen erreicht. Was der Einzelne in dieser Hinsicht in den Dornacher Tagen erleben konnte, war oft so ergreifend, dass es dankbare und innige Verpflichtung für die weitere Fortführung der begonnenen Arbeit werden muss.

In der Rückschau treten die vielen Zwischen- und Nachtsitzungen vor das innere Auge – ich werde vielleicht auch einmal ‹mein Dornacher Nächtebuch› schreiben –, die nötig waren, um eine klare und befreiende Steuerung in die Fülle der Aufgaben, Anträge, Wünsche und Erregungen zu bringen. Die Selbstüberwindung in der Kommission, welche die 26 Anträge aus der täglich reifenden Situation schließlich zu fünf von Grund aus erneuerten Anträgen umformte, war vorbildlich und trug ihre Früchte in der Generalversammlung. Eine kleine Gruppe arbeitete eigentlich ununterbrochen mit dem Versammlungsleiter der Delegiertentagung im Hintergrund. Die Versammlung spürte es und hat mit bewundernswerter Bereitschaft eine solche freie Führungsgruppe sich gefallen lassen, wohl weil sie sah, dass selbstloser Wille ohne Ehrgeiz und Sonderungstendenzen für das Ganze sich zur Verfügung stellte.»[98]

Clara Kreutzer aus Nürnberg fasste ihr Erleben in einem schönen Satz zusammen:

«Persönlichkeiten, die über die Wahrheit im Erkennen zum Handeln in Güte kommen, repräsentieren in sich keimhaft das Wesen unserer Gesellschaft.»[99]

Emil Bock fügte den vielfältigen Rückblicken auf das Osterereignis in Dornach ein ermutigendes Erlebnis hinzu:

«Als im Fortgang der Generalversammlung bereits am Ostersonntag-Abend die Behandlung aller vorgelegten Anträge abgeschlossen war und Dr. Schwebsch den Reigen der positiven Arbeitsberichte mit einem begeisterten Überblick über den Stand der Schulbewegung in Deutschland eröffnete, war ein Bann gelöst; eine seit Langem auf uns lastende Stockung in der seelisch-geistigen Atmosphäre wich einem befreienden Strömen.»

Er würdigte das schlichte und doch österliche Schlusswort Albert Steffens und beschrieb die vorangehenden zwanzig kurzen Berichte aus vielen Ländern und Schicksalsbereichen als die bei Weitem «schönste und reichste Bericht-Veranstaltung», der er je innerhalb der anthroposophischen Bewegung beigewohnt habe.

Keimhaft entstand ein Überblick über die Schicksalssituation der ganzen Menschheit, sowohl nach der Seite der Nöte und Fragen hin als auch der positiven geistigen Möglichkeiten und Perspektiven. Die Blicke wurden nach Österreich, Frankreich, England, Holland und vielen anderen europäischen Arbeitsgebieten, aber auch nach Amerika und Australien gelenkt. Zuletzt kamen zwei junge Holländer herein, um einen Gruß von der soeben in Stuttgart beendeten Tagung der Jugendgruppen zahlreicher Länder zu überbringen. Damit war das Bild des von vielen Teilnehmern so bezeichneten «Osterwunders» vollständig.

Vorbereitet hatte es sich in der Karwoche, man dürfte auch sagen, der Karjahre der vergangenen Zeit. Nach langer äußerer und innerer Trennung trafen sich Freunde aus allen Ländern Es kam eine Ahnung auf von der vollen Farbenskala der in der Anthroposophischen Gesellschaft vereinigten Persönlichkeiten und Schicksalsgruppen.

«Wie dunkel hatte uns das Fragmentarisch-Werden unseres Regenbogens bedroht! Nach den Ausschlüssen von 1935, durch die ein bestimmter Flügel von menschlichen Möglichkeiten aus dem Gesellschaftszusammenhang herausfiel, drohte nun der Verlust einer Gruppe, die in ihrer besonderen Ausprägung in gewisser Weise den anderen Pol darstellt. Die ganze, wahre Spannweite, ohne die weder die lebendige Dynamik noch die Menschheitlichkeit der anthroposophischen Bewegung voll verwirklicht werden kann, stand auf dem Spiel.»

Jetzt erfüllte die Ahnung einer wiederhergestellten Vollständigkeit die Anwesenden. Insbesondere der vorangegangenen Delegiertenversammlung mit ihren mündig-initiativen Arbeitsformen wurde für das möglich gewordene Lösen der Schwierigkeiten und das Vermeiden einer drohenden neuen Spaltung gedankt. Aus einem «überpersönlichen Prozess der Fülle und der Weite» war das Erhoffte Wirklichkeit geworden.[100]

IV. Arbeitsfelder und Sektionen

Impulsiert durch Emil Bock und den Kreis der Weggefährten, war es zu einem Neuanfang in der Anthroposophischen Gesellschaft in Stuttgart und dann auch in Dornach gekommen. Die Zeichen standen günstig für eine Neubelebung der zahlreichen Arbeitsfelder, die auf der Weihnachtstagung 1923 eingerichtet worden waren. Das betraf auch die Freie Hochschule für Geisteswissenschaft. Sie nahm in dem fortlaufenden Gang der «Klassenstunden» mit ihren esoterischen Unterweisungen die Arbeit auf. Außerdem wurden ihr Sektionen angegliedert, in denen sich ihre Tätigkeitsgebiete erweitern und differenzieren sollten. Elf solcher Sektionen wurden eingerichtet als

Allgemeine Anthroposophische Sektion,
Mathematisch-Astronomische Sektion,
Medizinische Sektion,
Naturwissenschaftliche Sektion,
Sektion für Landwirtschaft,
Pädagogische Sektion,
Sektion für Bildende Künste,
Sektion für Redende und Musizierende Künste,
Sektion für Schöne Wissenschaften,
Sektion für Sozialwissenschaften,
Jugendsektion.

Durch die Sektionen sollten die Kulturfelder eine esoterische Ergänzung, «ihre Beleuchtung und die Impulse zum Schaffen empfangen können».[101]

Die Entwicklung der unmittelbaren Nachkriegsjahre zeigte an vielen Orten, insbesondere aber auch in Stuttgart, eine diesem Aufbau ähnliche Struktur. Dieser Aufbau firmierte zwar nicht unter der Bezeichnung «Sektionen», vollzog sich jedoch mit weitem Horizont auf den bezeichneten Gebieten.

Erstaunlich ist, wie sich das angesichts der Trümmerlandschaften und geringen äußeren Mitteln bewerkstelligen ließ. Stuttgart war zwar durch die großzügige Unterstützung der Freien Waldorfschule begünstigt, deren größter Saal fasste allerdings höchstens 400 bis 500 Menschen, und Unterrichtspläne wie Raumbedarf zogen enge Grenzen.

Dennoch fanden fortlaufend Zusammenkünfte statt als

Michaelitagung,
Einführungsvorträge,
Anthroposophische Hochschulwochen,
Anthroposophische Jugendarbeit,
Das College jüngerer Menschen,
Rednerkonferenz,
Sprachgestaltungsarbeit,
Treffen bildender Künstler,
Arbeitswoche für Musik,
Nationale und internationale Lehrerkonferenzen,
Aktuelle pädagogische Foren,
Ärztetagungen,
Sozialwissenschaftliche Arbeitsgemeinschaft,
Arbeitsgruppe für Schwestern und in sozialen Berufen Tätige,
Diskussion zur 1950 geplanten Kalenderreform,
Naturwissenschaftliche Arbeitstagung,
Forschungsring für biologisch-dynamische Landwirtschaft.

Damit sind keineswegs alle Kreise und Zusammenkünfte erfasst, die in den ersten Jahren nach dem Krieg stattfanden. Von den genannten aber liegen Berichte vor. Beim Raumbedarf wurde einfallsreich improvisiert, kleinere Initiativen nutzten den privaten Raum.

Dennoch zeigt sich die beeindruckend vielfältige und vielseitige Orientierung der Arbeit. Weder thematisch noch personell trat sie mit Scheuklappen an. Viele auswärtige Referenten äußerten, dass sie in dem freien geistigen Klima Stuttgarts mit Menschen zusammenarbeiten könnten, mit denen das aus speziellen Vorbehalten in ihren Heimatorten nicht möglich sei.

Die Christengemeinschaft

Ein wesentliches Merkmal der Stuttgarter Arbeit ist das besondere Verhältnis von Anthroposophischer Gesellschaft und Christengemeinschaft. Emil Bock war im Jahr 1922 Mitbegründer der Christengemeinschaft, von Anfang an in ihrer Leitung und nach dem Tod Friedrich Rittelmeyers ab 1938 Erzoberlenker. Als studierter Germanist und Neuphilologe hatte er parallel zunehmend Theologie studiert, Rittelmeyer und Rudolf Steiner kennengelernt. Er war es, der auf die Realisierung des ersten Priesterkurses drängte und die Vorbereitung der weiteren Kurse betreute.

Im November 1922 siedelte er von Berlin nach Stuttgart über, wo er in das Urachhaus zog, dem mithilfe einer ausländischen Spende errichteten eigenen Haus der Christengemeinschaft, in dem Wohnungen für die Pfarrer, das Priesterseminar, die Verwaltung der Christengemeinschaft und der Verlag Platz fanden.

Dreiundzwanzigjährig war Bock Mitglied der Anthroposophischen Gesellschaft geworden, eineinhalb Jahre vor seinem ersten theologischen Examen.

Er nahm sich vor, für eine Erneuerung des Christentums einen neuen Zugang zu den Evangelien und dem ganzen Neuen Testament zu suchen. Dafür setzte er auf die Hilfe durch Rudolf Steiners Evangeliendarstellungen. Das Neue sollte nicht durch Korrektur oder Ergänzung der bestehenden Theologie, sondern durch eine erweiterte Erkenntnisfähigkeit und ein weiterentwickeltes, verlebendigtes Denken geschaffen werden.

Dieser Ansatz machte ihn zu einem geisteswissenschaftlichen Forscher, für den nicht theologische Dogmen das religiöse Weltbild bestimmen, sondern eine erweiterte Wissenschaft den religiös orientierten Menschen erlebnisfähig machen sollte.

Neben den Verpflichtungen im Zusammenhang der Christengemeinschaft setzte sich Emil Bock aktiv und hauptverantwortlich für den Wiederaufbau der Anthroposophischen Gesellschaft ein. Seine Impulse wirkten weit über Deutschland hinaus bis nach England, Holland und Dornach. Als 1949 die Anthroposophische Gesellschaft in Deutschland gebildet wurde, zog Bock sich aus den verantwortlichen Gremien zurück. An der Gestaltung der anthroposophischen Arbeit aber blieb er aktiv beteiligt. In diesem Zusammenhang gewannen sowohl seine Ausführungen über das «Hegen und Pflegen der Anthroposophischen Gesellschaft»

Das Urachhaus in Stuttgart 1922

als auch die Schrift «Rudolf Steiner: Studien zu seinem Lebensgang und Lebenswerk» große Bedeutung.

Der erste Titel weist ihn als einen der wenigen aus, die Verständnis dafür entwickelten, dass eine Gesellschaft nicht allein ein Organisationsgebilde quantitativer Bestandteile darstellt, sondern ein Organismus mit nach Inhalten und Zielen besonderen Entwicklungsbedingungen ist. Dadurch unterscheiden sie sich in Bezug auf Lebens- und Gemeinschaftsformen. Als Pfarrer kannte er die Bedeutung eines Kultus mit seiner aus vorgeburtlichen Erinnerungen herrührenden gemeinschaftsbildenden Wirkung, als Mitglied der Anthroposophischen Gesellschaft wusste er um das Verhältnis von Individuen, die sich in Freiheit wegen bestimmter wissenschaftlicher, künstlerischer und sozialer Bedürfnisse vergesellschaften, sich zusammenfinden und ad hoc Erfüllung ihres geistigen Strebens suchen. Emil Bock war in beiden Weltteilen beheimatet. Dem religiösen Bedürfnis war er seit seiner Kindheit in der Sonntagsschule, in einem Bibelkränzchen und dem Theologiestudium gefolgt. Die geisteswissenschaftliche Orientierung hatte durch den Besuch der Oberrealschule, den Mathematik-, Geometrie- und Chemieunterricht sowie ausgezeichneten Kunst- und Musikunterricht sichere Grundlagen erhalten, die durch das Lehrerstudium erweitert wurden.

Die Herkunft aus bescheidensten Lebensverhältnissen, ein stilles, in sich gekehrtes Wesen, schwere Lebenserfahrungen durch Kriegsverletzung, Inhaftierung und Verwitwung bezeichneten einen Weg, der von Bescheidenheit, Dankbarkeit und Seelenstärke geprägt war.

Die Anthroposophische Gesellschaft konnte sich keinen geeigneteren Geburtshelfer zur Neubegründung 1949 wünschen, die Christengemeinschaft keinen humorvolleren, undogmatischeren und tatkräftigeren Erzoberlenker in den Jahren von Verfolgung, Ausbombung und Neuaufbau.

Emil Bock stand mit seinem großen Volumen nicht allein in diesen Jahren. Friedrich Doldinger in Freiburg und Johannes Hemleben in Hamburg hatten ähnlichen Zuschnitt. Sie sorgten für ein vertrauensvolles Verhältnis der Bewegungen zueinander und ein zunehmendes Verständnis ihrer Mitglieder füreinander.

Paula Dieterich, die 1949 gemeinsam mit Friedrich Husemann und Erich Schwebsch gebeten wurde, «den Kern für eine Gesellschaftsleitung verantwortlich zu bilden und diesen durch Kooptation einiger weiterer Persönlichkeiten zu ergänzen», vertraute in Hamburg bei der Gelegenheit, jüngeren Mitgliedern das Verhältnis von Anthroposophischer Gesellschaft und Christengemeinschaft zu erklären, diskret an: «Wenn er (Johannes Hemleben) in der Johnsallee (Kirche der Christengemeinschaft) wirkt, dann ist er Priester, bei mir (Rudolf Steiner-Haus am Mittelweg) spricht er anders, da ist er Anthroposoph.» Die drei genannten Priesterfreunde vermittelten jedoch durchaus nicht den Eindruck gespaltener Persönlichkeiten, sondern wurden als Vorbilder umfassender Menschlichkeit wahrgenommen. Sie hatten in ihrem Leben integriert, was bei anderen ein nicht zu unterdrückendes Bedürfnis nach Definition und Spaltung auslöst.

Pädagogik

Die Anthroposophische Gesellschaft in Stuttgart bildete auf Dauer ein Zentrum für viele Arbeitsfelder.

Zentral steht dafür die Waldorfpädagogik. Rudolf Steiner hatte der Schule auf der Uhlandshöhe die Aufgabe anvertraut, nach seinem Tod die Betreuung von Neugründungen und die Fortbildung der Lehrkräfte zu begleiten. Dabei war durchaus an relevante Beurteilungen und hilfreiche

Unterstützung gedacht. Beim Kollegium lag mit dem Namensrecht und der Bestätigung gegebener Gründungsreife ein durchaus konfliktreiches Feld, denn nicht immer stimmten die Selbsteinschätzung der Betroffenen mit der Begutachtung von außen überein. Außerdem war der Schritt von erwünschter Hilfe zu drückender Bevormundung zuweilen klein.

So bedurfte es 1922 erst einer Intervention von Rudolf Steiner, um der jüngeren Schule in Hamburg Zugang zu den Vorträgen der Einführungskurse von 1919 zu verschaffen, und in Dresden war es 1929 mühsam, vorhandene Auffassungsunterschiede zu überbrücken.

Immer aber war der Einsatz des Stuttgarter Kollegiums hoch. Vor dem Krieg mangelte es jedoch zwischen den Schulen an verbindlichen Formen der Zusammenarbeit, die erst mit der Neubegründung des Bundes der Freien Waldorfschulen nach dem Krieg vereinbart wurden.

Anfang der 1950er-Jahre wurde Erich Schwebsch der erste Repräsentant der Schulbewegung. Nach seinem Tod folgte ihm Ernst Weißert 1953 in dieser Funktion.

Beide waren zugleich aktiv in der Anthroposophischen Gesellschaft. Erich Schwebsch gehörte 1949 mit Paula Dieterich und Friedrich Husemann zu den drei Menschen, die den Neuaufbau der Gesellschaft verantworteten. 1950 übernahm Schwebsch die Leitung des Stuttgarter Sekretariats; Ernst Weißert wurde 1959 in den Vorstand der Gesellschaft berufen und war von 1961 bis 1978 einer ihrer Generalsekretäre. Im Bund war er eine allseits respektierte Autorität.

Die Waldorfpädagogik entwickelte sich nicht abseits der Anthroposophischen Gesellschaft. Vielmehr fühlten sich die Pädagogen als Repräsentanten der kulturerneuernden Kraft der Anthroposophie und sorgten sich mit aller Intensität für das eine wie für das andere.

Wenn also die Schule ihre intensive Fortbildungsarbeit mit großen Lehrertagungen und sich immer weiter ausbauenden Lehrerbildungskursen begann, war damit auch die Herberge der obdachlos gewordenen Gesellschaft betroffen und andererseits die Arbeit der «Pädagogischen Sektion» in Stuttgart auf denkbar intensivste Weise präsent.

Diese Situation war so fruchtbar wie fordernd und zeigt eine starke Kraft, die zu einem Neubau für die Gesellschaft drängte.

Im Frühjahr 1947 teilte Franz Geraths mit, dass durch den energischen Einsatz der Schweizer Freunde eine Teilnahme der Mitarbeiter in Eckwälden an einer Nachkriegskonferenz für Heilpädagogik am Sonnenhof in Arlesheim möglich geworden war, zu der auch die Freunde aus England und Holland eingeladen waren.

Franz Michael Geraths

Rose Erlacher

Er ergänzte die Mitteilung mit dem Hinweis: «Wir nahmen aus dieser Begegnung reiche Anregung und viel Mut für die weitere Arbeit mit.»[102]

Franz Michael Geraths war am 31. Mai 1901 in Mönchengladbach als Sohn einer Pädagogenfamilie geboren worden. Er hatte zunächst Theologie studiert, dann jedoch in München Rudolf Steiners Evangelienzyklen kennengelernt und sich der Anthroposophie zugewendet. Er promovierte mit einer Arbeit über Christian Morgenstern.[103] Dadurch kam er in Verbindung mit Michael Bauer.

Schon als Jugendlicher hatte er Kontakt zu Menschen mit Behinderungen gesucht und viele betreuende Einrichtungen besucht. Ihn beschäftigten die Fragen nach dem Wesenskern und Schicksal dieser Menschen.

Nach dem Studium in München besuchte Franz Geraths das Pädagogische Seminar in Stuttgart. Dort lernte er Eugen Kolisko und Karl Schubert kennen. Dem folgte ein Praktikum in der Hilfsklasse von Karl Schubert an der Waldorfschule.

1927 wurde für erziehungsschwierige Kinder der Waldorfschule Stuttgart von Dr. Kolisko – dem damaligen Schularzt – ein kleines Heim für zehn Kinder in Stuttgart-Degerloch begründet. Daraus entwickelte sich dann 1929 das ebenfalls in nächster Nähe von Stuttgart gelegene Heil- und Erziehungsinstitut Schloss Mühlhausen. Dort wurden 1930 bereits achtzig Kinder betreut. Das Schloss gehörte der Stadt, und die politischen Verhältnisse ließen es allmählich nicht mehr zu, dortzubleiben.

Franz Geraths und Rose Erlacher fanden ein Anwesen in weniger exponierter Lage in Eckwälden, wohin im Juli 1937 der Umzug gelang.

Beschützer im Innenministerium des Landes erkannten die Qualität der dort geleisteten Arbeit an und verhinderten ein Verbot des Heimes durch die Gestapo. Sie erreichten auch, dass die spätere Beschlagnahme des Heimes durch die Partei rückgängig gemacht wurde. Dadurch war Eckwälden das einzige Heim, das diese schwere Zeit überstand. Nach dem Krieg konnten so die Freunde aus den aufgelösten Heimen, die neue Wirkensstätten suchten, aufgenommen werden. Vor allem waren das die Freunde aus Pilgramshain um Albrecht Strohschein, die 1946 Hepsisau begründeten.

Nach Ende des Krieges kehrte Franz Geraths vom Militärdienst nach Eckwälden zurück.

1950 wurde das Heilpädagogische Seminar Eckwälden gemeinsam mit dem Michaelshof Hepsisau aufgebaut. Neben Geraths und Strohschein war an der Vorbereitung insbesondere auch Karl Schubert intensiv beteiligt.

Die Mitarbeiterkinder erhielten ihren Schulunterricht in den unteren Klassen zusammen mit den im Institut betreuten Kindern. Besonders eindrücklich war das gemeinsame Feiern der Jahresfeste: die ergreifenden Festansprachen von Franz Geraths, die Aufführungen der von ihm geschriebenen Spiele zu Johanni und Michaeli.

Aus der Zusammenarbeit mit Caroline von Heydebrand war eine Sammlung von Märchen- und Singspielen für Kinder entstanden.[104]

Das Seminar stand im Jahrzehnt von 1950 bis 1960 unter der Ägide von Geraths und Strohschein. Seminaristen berichteten: «Man ging in allem auf das Grundsätzliche. Der Unterricht bewegte sich thematisch in größtmöglichen Zusammenhängen.»

Charakteristisch erklärten die einleitenden Sätze aus einem Seminarprospekt dieser Zeit: «Die Grundlage für ein sozial fruchtbares Wirken wird erst gewonnen, wenn man zu verstehen beginnt, wie der Mensch mit seinem ganzen Wesen in den Welt- und Schicksalszusammenhängen darinnen steht. Nur in aktiv schöpferischer Erkenntnis kann ein wirkliches Verständnis des Menschenwesens errungen werden.»

Franz Geraths gab einen Kurs «Vom Seelenleben des heranwachsenden Menschen – Zur Methodik des heilpädagogischen Unterrichtes», Albrecht Strohschein unterrichtete «Geisteswissenschaftliche Menschenkunde – Charakterisierung von typischen Abnormitäten im Kindesalter und ihre heilpädagogische Behandlung».

Einen dritten Schwerpunkt bildeten die Darstellungen von Maria Röschl-Lehrs zur «Bewusstseinsentwicklung der Menschheit im Spiegel ihrer Kulturen – Fragen der Selbstentwicklung des heutigen Menschen».

Der Reigen angesehener Heilpädagogen und Mitarbeiter aus der anthroposophischen Bewegung wurde ergänzt unter anderem von Ernst Lehrs, Margarethe und Rudolf Hauschka.

Die Verbindung von Franz Geraths mit hervorragenden Lehrerinnen und Lehrern der Waldorfschule lässt erkennen, wie stark das Band zwischen Pädagogen und Heilpädagogen geflochten war. Das wird insbesondere an dem Beispiel Karl Schuberts sichtbar, der einen starken Eindruck auf die Kinder machte. Er besuchte das Institut regelmäßig, fuhr mit der

Maria Röschl-Lehrs

Bahn von Stuttgart bis Göppingen und bestieg dort das «Bähnle» nach Boll. Besonders häufig waren seine Besuche in der Adventszeit. Für das Adventsgärtlein begründete er die Eckwäldener Tradition, am Ende eine Kerze für die Verstorbenen – damals auch für die im Krieg Gefallenen – zu entzünden. Am 6. Dezember besuchte er die Kinder als Bote des heiligen Nikolaus. Auch oblag ihm das Einstudieren der Oberuferer Weihnachtsspiele, mit denen er tief verbunden war und bei denen er selbst die Rolle des Baumsingers im Paradeisspiel, die Rudolf Steiner eigens für ihn geschrieben hatte, übernahm.

Eine andere jener Garanten der Zusammenarbeit war die am 8. Dezember 1890 in Lancut/Galizien geborene Maria Röschl-Lehrs, die in Wien Germanistik, klassische Philologie und Philosophie studiert hatte. In dieser Zeit hatte sie Karl Schubert kennengelernt, der sie in die Anthroposophische Gesellschaft einführte.

Nicht lange danach verließ Schubert Wien, um Lehrer an der neu begründeten Stuttgarter Waldorfschule zu werden. Dort schlug er dem Kollegium Maria Röschl zur Mitarbeit vor. 1921 erhielt sie eine Einladung nach Stuttgart, um sich an dem anthroposophischen Hochschulkursus zu beteiligen und die Waldorfschule kennenzulernen. Was sie erlebte, veranlasste sie, Rudolf Steiner um ein Gespräch zu bitten. Im Verlauf desselben versprach er, sie dem Lehrerkollegium zu empfehlen, und nahm sie zugleich als seine persönliche Schülerin an.

An der Schule unterrichtete sie Griechisch und Latein und gab auch den Freien Religionsunterricht. Als Rudolf Steiner Weihnachten 1923 die Freie Hochschule für Geisteswissenschaft am Goetheanum begründete, berief er Maria Röschl im Frühjahr 1924 als Leiterin der «Sektion für das Geistesstreben der Jugend».

Nach verschiedenen Stationen in England, Südamerika, Holland und Schottland folgte Maria Röschl mit ihrem inzwischen angetrauten Ehemann Ernst Lehrs der Einladung Franz Geraths nach Eckwälden, um im Heilpädagogischen Seminar mitzuarbeiten.

Die Verantwortlichen für das pädagogische Feld und diejenigen für das heilpädagogische Gebiet hatten ihr Haus gleichermaßen gut bestellt.

Mit ähnlicher Kraft waren auch die Anthroposophischen Ärzte in Stuttgart präsent.

Medizin

Felix Peipers

Die Keime der medizinischen und pädagogischen Bewegung wurden zu annähernd gleicher Zeit gelegt.

Für die Medizin kann dazu der 25. Mai 1905 genannt werden, an dem Rudolf Steiner in einem öffentlichen Vortrag in Berlin über «Die medizinische Fakultät und die Theosophie» sprach.[105] Der Keim für die pädagogische Bewegung wurde mit dem Vortrag über «Die Erziehung des Kindes vom Gesichtspunkte der Geisteswissenschaft» ab 1906 an verschiedenen Orten gesetzt.

1907/08 ergaben sich die Anfänge einer Zusammenarbeit mit Ärzten, vor allem mit Dr. Ludwig Noll, praktischer Arzt in Kassel, der aufgrund von Angaben Rudolf Steiners auch Heilmittel herstellte, und mit Dr. Felix Peipers in dessen Privatklinik in München.

Felix Peipers und Ludwig Noll waren die beiden Ärzte, die bereits in den ersten Jahren des 20. Jahrhunderts die Zusammenarbeit mit Rudolf Steiner suchten. Als die Pläne zur Errichtung des Johannesbaus in München scheiterten, notierte Steiner auf einem Notizblatt unter verschiedenen Punkten über die Verlegung des Bauprojektes von München nach Dornach unter 3.: «Dr. Peipers' Sanatorium ist auf Basel-Land-Boden als Teil des Joh.-Baues zu bauen.»[106] Da Felix Peipers als Deutscher ohne Schweizer Diplom nicht die Leitung einer Klinik übernehmen durfte, konnte der Plan einer anthroposophischen Klinik damals jedoch nicht realisiert werden.

Felix Peipers gehörte seit 1904 zur deutschen Sektion der Theosophischen Gesellschaft, war esoterischer Schüler Rudolf Steiners, Mitgründer des Johannes-Bauvereins, wirkte von 1910 bis 1913 als Darsteller des Benediktus bei den Mysteriendramen mit und wurde im Dezember 1911 als Archidiakon für Kunst der Architektur in der Stiftung für Theosophische Art und Kunst berufen.[107]

Er führte seit 1907 in München eine kleine Privatklinik und hatte 1908 Rudolf Steiner Gedanken zu einer Farbentherapie unterbreitet. Die Krankenschwester Johanna Wagemann berichtete in einem unveröffentlichten Manuskript darüber: «Es kamen verschiedene Patienten zur Aufnahme, die Dr. Steiner bei seinen regelmäßigen Besuchen selbst kennenlernte. Die medikamentöse Behandlung erfolgte meist mit Ritter-Mitteln. [...] Es war

Ludwig Noll

für jeden Patienten von Dr. Steiner eine eigene Konzentrationsübung und für Dr. Peipers eine entsprechende Meditation angegeben worden.»[108]

Ludwig Noll führte in Kassel eine angesehene Praxis und hatte zusammen mit seinem Schwager, dem homöopathischen Arzt Dr. Otto Eisenberg, eine ganze Anzahl eigener Heilmittel entwickelt und in seiner Praxis erprobt. Rudolf Steiner kannte ihn seit 1902. Damals berichtete er über den enttäuschenden Besuch in verschiedenen Zweigen und stellte dem das positive Erlebnis in Kassel als Kontrast zur Seite: «Die Kasseler Loge ist allerdings wesentlich anders, aber da ist Dr. Noll.»

Gisbert Husemann überschrieb einen Nachruf für ihn «Der erste Arzt mit Rudolf Steiner», und Marie Steiner huldigte ihm: «Wer ihn einmal zum Arzt gehabt hatte, wünschte keinen andern mehr.»

Bereits im April 1914 schrieb Felix Peipers an Rudolf Steiner, dass aufgrund der schweizerischen Gesetze sich niemand mit der Ausübung irgendeines Zweiges der Heilkunde befassen dürfe, der nicht das eidgenössische Diplom besitze, und er daher auf sein Therapeutikum verzichten müsse.

In vergleichbarer Lage befand sich auch Ludwig Noll, mit dem ähnliche Überlegungen angestellt wurden. Denn aufgrund dieser Vorschriften hielt Rudolf Steiner unter Schweizer Ärzten Umschau und fragte zum Beispiel die Frauenärztin Dr. Ida von Wartburg in Aarau an, ob sie nicht in Zusammenarbeit mit Dr. Noll die Klinikleitung übernehmen würde. Das erwies sich jedoch aus privaten Gründen als unmöglich.

So kam es im August 1921 fast zeitgleich zur Gründung von Klinisch-Therapeutischen Instituten in Stuttgart und Arlesheim. Die Stuttgarter Klinik stand unter der Leitung von Otto Palmer, die Arlesheimer Klinik leitete Ita Wegman. Das Ärztekollegium in Stuttgart bestand neben Otto Palmer aus Ludwig Noll, Felix Peipers und Friedrich Husemann. Außerdem war der Klinik ein eigenständiges Laboratorium unter der Leitung des Apothekers Wilhelm Spieß angegliedert. Die Heilmittelherstellung arbeitete an beiden Standorten mit den Chemischen Werken in Schwäbisch Gmünd (später «Weleda») zusammen.

Die Stuttgarter Klinik wurde wirtschaftlich im Rahmen der «Kommenden Tag AG» betrieben, die Arlesheimer Einrichtung befand sich anteilig in Privatbesitz von Ita Wegman. Sie hatte ihre Züricher Klinik im Septem-

Das Klinisch-Therapeutische Institut Stuttgart in der Gänsheidestraße 88

ber 1920 aufgegeben und bereits in Arlesheim ein Häuschen mit Garten gekauft, in welchem sie Patienten aufnehmen und daneben eine ambulante Praxis in Basel eröffnen wollte.

Emil Leinhas berichtete über den Erwerb eines geeigneten Objektes. «Erst im Februar 1921 kam ein Kaufvertrag über ein Anwesen auf der Gänsheide in Stuttgart, das früher der schwäbischen Schriftstellerin Ottilie Wildermuth gehört hatte, zustande. Auf diesem Anwesen stand ein größeres, nicht sehr modern eingerichtetes, damals als Pensionsbetrieb dienendes Gebäude, das zu einer Klinik umgebaut werden konnte. Das Haus stand in einem großen Park, der als Klinikgarten zu dienen geeignet war und in dem ein Laboratoriumsgebäude mit Wohnräumen für einige Ärzte errichtet werden sollte.

Damit war – wenn man von dem Verlag absieht – das erste Unternehmen im Entstehen, das mit den geistigen Absichten des Kommenden Tages in einem inneren Zusammenhang stand.»[109]

In Stuttgart arbeiteten also die beiden «Urärzte» Peipers und Noll mit den beiden «Hinzugekommenen» Palmer und Husemann zusammen.

Otto Palmer wurde 1867 im hessischen Geinsheim geboren. Sein Vater war ein tiefgläubiger evangelischer Pfarrer. Seine Jugend verlebte er in

Otto Palmer

Hamburg. Statt zur See zu fahren, folgte er dem Wunsch des Vaters und studierte Medizin. Er erwarb sich den Ruf als ausgezeichneter Diagnostiker und trat alsbald als begabter Chirurg hervor.

Im Jahre 1908 nahm er an dem Hamburger Zyklus über das Johannes-Evangelium teil.

Im Ersten Weltkrieg leitete Palmer als Oberstabsarzt ein Lazarett in Russland, in dem er als Chirurg, praktischer Arzt und Seelsorger wirkte. Nach dem Krieg führte er zunächst seine Praxis weiter, erwachte dann aber an den großen Nöten seiner Zeit.

Nach Gesprächen mit Rudolf Steiner und Ludwig Noll gab Palmer seine Praxis in Hamburg an Viktor Thylmann ab und übernahm im Februar 1921 die Leitung des Klinisch-Therapeutischen Instituts. Er begann mit dem Aufbau der Bettenabteilung und der Einrichtung des zur Klinik gehörenden Forschungslabors.

Die Aufgabenteilung sah vor, dass Palmer in erster Linie die Kontinuität der Patientenversorgung gewährleisten und die Klinik im Verbund «Der Kommende Tag» vertreten sollte.

Friedrich Husemann war der erste Sohn eines evangelischen Landpfarrers. Ursprünglich wollte er auch Theologie studieren, wechselte aber dann zur Medizin. Als Student wanderte er 1908 mit Kommilitonen in den Schwarzwald. Sie rasteten im Dreisamtal und sahen dort die Ruine Wiesneck auf einer in die grüne Ebene vorgreifenden Waldzunge liegen. Er wurde von diesem Eindruck eigentümlich berührt und dachte bei sich: «Hier ist ein Fleck voller Friede. Hier ließe sich gut sein.»

1909 begegnete er der Theosophie und bald darauf auch Rudolf Steiner. Seine psychiatrische Facharztausbildung schloss er 1920 in der Landesheilanstalt Ellen bei Bremen ab. Auch in Stuttgart war er für die psychiatrisch erkrankten Patienten zuständig und außerdem für die wissenschaftliche Ausarbeitung und Darstellung des anthroposophisch-medizinischen Impulses vorgesehen.

Er beobachtete Rudolf Steiners Beratung aufmerksam und berichtete darüber: «Offensichtlich war Dr. Steiner bei diesen Besprechungen intensiv innerlich tätig, ehe er aus seiner geisteswissenschaftlichen Erkenntnis heraus den Krankheitsbefund darstellte und eine Therapie empfahl; aber das war von Fall zu Fall verschieden. Und immer hatte man das Erlebnis, dass er mit liebevollem Interesse und innerer Freude sich dieser Aufgabe widmete. Auch wenn er – wie meistens – anstrengende Sitzungen hinter sich hatte, erschien er frisch und elastisch.»[110]

Friedrich Husemann

Am Klinisch-Therapeutischen Institut in Stuttgart sollte auch medizinische Forschung betrieben und in deren Gefolge Heilmittel entwickelt werden. Deshalb waren außer Dr. Palmer auch Dr. Noll, Dr. Husemann, Dr. Peipers und Dr. Knauer an diesem Institut tätig.

Aber hier taten sich Schwierigkeiten auf. Leinhas berichtet: «Meine Hauptsorge galt dem Klinisch-Therapeutischen Institut und den Chemischen Werken in Schwäbisch Gmünd. Auf diesem Gebiet ergaben sich aus der Zusammenarbeit zwischen den Ärzten des Instituts und dem Leiter der Chemischen Werke in Schwäbisch Gmünd viele Schwierigkeiten. Der Leiter der Fabrik in Gmünd war von der Firma Bayer in Elberfeld zu uns gekommen. Er war ein routinierter Geschäftsmann, hatte aber für unsere Bestrebungen auf dem Gebiet der Herstellung von Heilmitteln eigentlich kein Verständnis. Die Stuttgarter Ärzte waren ungefähr gegenteilig veranlagt. Aber sie vermochten trotzdem nicht, dem Leiter der Fabrik durch die Ergebnisse ihrer Forschungsarbeiten Eindruck zu machen. Das von Rudolf Steiner von den Ärzten geforderte ‹medizinische Buch›, durch das ein größerer Kreis von Ärzten außerhalb der Bewegung für unsere medizinischen Bestrebungen gewonnen werden sollte, blieb aus. Die Aussicht, die Heilmittelherstellung in absehbarer Zeit ertragreich zu gestalten, war sehr gering.»[111]

Dennoch war die Klinik von Anfang an gut besetzt und konnte im Frühjahr 1922 einen Laboratoriumsneubau realisieren, in dem unter Leitung von Ludwig Noll Rezepturen ausgearbeitet, pharmakologische Forschung unter Mitarbeit von Wilhelm Spieß betrieben und in Zusammenarbeit mit den nahe gelegenen Chemischen Werken in Schwäbisch Gmünd Medikamente hergestellt wurden.

Wenn das Klinisch-Therapeutische Institut dennoch eine problematische Entwicklung nahm, dann müssen ihre Ursachen in eigenem Versagen gesucht werden.

Rudolf Steiner stellte den Ärzten der Stuttgarter Klinik die Aufgabe, ein *Vademecum* als Grundlage der geisteswissenschaftlichen Heilmethode zu verfassen.

Als Vademecum wird gemeinhin ein Handbuch bezeichnet, das als Leitfaden oder Ratgeber dient, leicht mitgeführt und zur Hand genommen werden kann. Seit dem 16. Jahrhundert wird die Bezeichnung vor allem für medizinische Kompendien und Handbücher gebraucht.

Das von Rudolf Steiner so dringend erwartete medizinische Vademecum, das die geisteswissenschaftlich erweiterte Heilkunde für ein breiteres Publikum darstellen sollte, kam jedoch nicht zustande. Er ging davon aus, dass zwei- bis dreitausend Ärzten der neue Ansatz überzeugend zu vermitteln wäre, um die geisteswissenschaftliche Medizin im allgemeinen Kultur- und Wissenschaftsleben zu verankern. Zwei Jahre nach der Klinik- und Institutsgründung war die notwendige Darstellung der Anthroposophischen Medizin noch immer nicht geleistet.

In einer stürmischen Besprechung des Dreißigerkreises in Stuttgart präzisierte er die mit dem Vademecum verbundenen Erwartungen. Es komme nicht darauf an, einzelne Heilmittel anzubieten, sondern eine medizinische Methode zu vermitteln. Eine Agitation für ein einzelnes Heilmittel könne nicht das Richtige sein, was der Welt aufhelfe. Es sei der Welt zu sagen: Hier liegt eine bestimmte medizinische Denkweise vor. Das Methodische könne am besten durch ein Vademecum der Welt klargemacht werden.

Über Monate war die Arbeit nicht zustande gekommen. Rudolf Steiner vermutete zuletzt ein Willensproblem. «Es handelt sich um den guten Willen, auf dem Gebiet der Medizin umzudenken aus den geisteswissenschaftlichen Grundlagen heraus. ... ich kann mir vorstellen, dass die Medizin umgedacht werden kann, wenn der gute Wille dazu vorhanden ist.» Karl Heyer notierte aus dem Gespräch. «Wann hätten wir so je die Waldorfschule gründen können?»

Zuletzt ließen die Bemerkungen nichts mehr an Deutlichkeit vermissen: «Die Methoden sind von mir genau und ausführlich dargestellt worden. Die Herren Ärzte sind nicht aus einem Himmlischen heraus geboren worden, indem ihnen die Aufgabe gestellt worden ist. ... Ich möchte die Behauptung aufstellen: Das Vademecum, das von Ihnen verlangt wird, müsse jeder der Ärzte im Kopfe tragen. Etwas, was Sie selbstverständlich im Kopfe tragen, müssen Sie aufschreiben. Ich möchte wissen, wo wir heute wären, wenn so etwas vorliegen würde wie dieses Vademecum! Ich möchte wissen, wo wir dann heute sein könnten!»[112]

Die Beteiligten behinderten sich gegenseitig. Eugen Kolisko klagte 1922: «Wenn ich ins Klinisch-Therapeutische Institut komme, verweigern sie mir das Material.»[113]

Palmer versuchte im Sommer 1924, die Klinik der neu begründeten Medizinischen Sektion am Goetheanum anzugliedern. Mit Rudolf Steiner

Sonnenbergklinik

klärte er die Bedingungen der Zusammenarbeit innerhalb der Sektion und stimmte ihnen zu. Die Umsetzung dieser Intention aber scheiterte, als seine Kollegen eine Publikation über die Krebstherapie vornahmen, ohne Arbeiten einzubeziehen, die in Arlesheim geleistet wurden, und ohne jede Abstimmung innerhalb der Sektion.

Zuletzt blieb die Aufgabenstellung des Vademecums ungelöst, sodass Rudolf Steiner im Herbst 1923 den Entschluss fasste, zusammen mit Ita Wegman das notwendige Vademecum selbst zu schreiben, was zu dem Buch *Grundlegendes für eine Erweiterung der Heilkunst nach geisteswissenschaftlichen Erkenntnissen* führte, dessen Manuskript er 1925 noch unmittelbar vor seinem Tod fertigstellte.[114]

1924 suchte Friedrich Husemann nach einer neuen Wirkensstätte, die er in Günterstal bei Freiburg fand. 1925 eröffnete er das Sanatorium Riedberg und 1930 zog er nach Wiesneck, um dort die große Klinik zu begründen.

Das Klinisch-Therapeutische Institut in Stuttgart wurde nach dem Zusammenbruch des Kommenden Tages von Otto Palmer als Privatklinik weitergeführt. 1931 musste sie aus finanziellen Gründen geschlossen und das Haus 1933 verkauft werden. 1936 wurde die Klinik am Sonnenberg als ideeller Nachfolger des Klinisch-Therapeutischen Instituts in Stuttgart von Walter Bopp eröffnet, konnte aber nur bis zum Kriegsbeginn arbeiten.

Lili Kolisko

Während des Zweiten Weltkrieges war Bopp im neurologischen Nachbehandlungslazarett in Stuttgart-Plieningen tätig und gründete 1945 nach dessen Schließung im selben Haus das notdürftig eingerichtete Krankenhaus Christkönigsheim mit 38 Betten.

Im August 1946 zog dieses Krankenhaus in eine Stuttgarter Villa, die Walter Bopp als internistische Klinik mit 40 Betten einrichtete und Carl Unger-Klinik nannte, wo in bescheidenen Verhältnissen junge Ärzte anthroposophisch orientierte Medizin praktizierten. Der Ärztekreis, der sich um diese Klinik gebildet hatte, beabsichtigte schon einige Zeit, in Stuttgart eine größere anthroposophisch orientierte Klinik mit zusätzlichen Fachabteilungen zu bauen.

Mit der Gründung und Eröffnung der Filderklinik bei Stuttgart 1975 wurde die Carl Unger-Klinik aufgelöst. Die neu gebaute Klinik mit ca. 200 Betten bot neben Notfall- und Intensivmedizin Abteilungen für Innere Medizin, Chirurgie, Frauenheilkunde mit Geburtshilfe, Kinderheilkunde, künstlerische Therapien, Heileurythmie, Gesprächstherapie und kam aufgrund der Initiative von Walter Bopp und Jürgen Schürholz mithilfe von Hermann und Ernst Mahle zustande.

Zwei Menschen waren im Umkreis der naturwissenschaftlich-medizinischen Arbeit in Stuttgart seit den Anfängen mit ihr verbunden, deren Arbeit noch lange eine große Bedeutung behalten sollte.

Einer dieser beiden Menschen war Lili Kolisko, die am 2. September 1889 in Wien geboren wurde und mit zwei Stiefgeschwistern in ärmlichen Verhältnissen aufwuchs.

Bei dem anderen handelt es sich um Wilhelm Spieß, der am 4. Juni 1885 in Eichstätt an der Altmühl zur Welt kam, studierter Pharmazeut war und ab 1922 das zum Klinisch-Therapeutischen Institut gehörige Laboratorium leitete.

Lili Koliskos Vater war Trinker. Lili aber besuchte unbeirrt das Gymnasium und schloss es mit der Matura ab. 1914 leistete sie einen Freiwilligendienst in einem Wiener Lazarett.

Das gab ihr Gelegenheit, sich mit medizinischer Laborarbeit vertraut zu machen. Sie lernte, Blutausstriche anzulegen, zu trocknen, zu färben und die zellulösen Bestandteile unter dem Mikroskop zu differenzieren. Auf diese Weise übte sie das grundlegende Verfahren zur Beurteilung von

Blutbildern. Außerdem züchtete sie Bakterienkulturen und besorgte zahlreiche andere Labortätigkeiten.

Im Lazarett begegnete sie dem jungen Assistenzarzt Eugen Kolisko. Schnell stellten sie ihr gemeinsames Interesse an naturwissenschaftlichen Problemen fest. 1917 schlossen sie den Bund der Ehe.

Im Mai 1915 war Lili Kolisko Rudolf Steiner begegnet. In einem Brief stellte sie ihm daraufhin Fragen zur Entwicklung einer geisteswissenschaftlichen Chemie und erhielt Anregungen zu konkreten Forschungsansätzen. Rudolf Steiner bestätigte ihr, mit ihren Arbeiten an die Wahrnehmung ätherischer Vorgänge heranzukommen.

Wilhelm Spieß

Im März 1920 zog das Ehepaar mit seiner 1919 geborenen Tochter nach Stuttgart. Eugen Kolisko wurde an der Waldorfschule der erste Schularzt, Lili Kolisko führte Laboruntersuchungen zur Entwicklung eines Heilmittels gegen die Maul- und Klauenseuche durch. Als Labor stand ihr ein kleines Zimmer im Verwaltungsgebäude der Waldorfschule zur Verfügung, das «Biologische Institut am Goetheanum». Der Zusatz «am Goetheanum» sollte deutlich machen, auf welchem geistigen Boden und in welchem Zusammenhang da gearbeitet wurde.

Lili Kolisko analysierte das Blut erkrankter Kühe und fand einen Zusammenhang von Stoffwechselfunktion, Milz und Blutbildung. Ihre Arbeit veröffentlichte sie 1922 in der Schrift *Milzfunktion und Plättchenfrage.*[115]

Lili Kolisko arbeitete aber auch an der Erforschung eines Heilmittels. Dafür wurden Verdünnungsversuche gemacht, in Verbindung mit der Keimung von Pflanzen untersucht, überprüft und in Form von Kurven grafisch visualisiert. Steiner regte an, Verlauf und Form der Kurve als Bild des Vitalisierungsvorgangs lesen zu lernen.

Damit wurde die Basis für die spätere Potenzierungsforschung gelegt und mit den Kurven ein erster Schritt hin zu bildschaffenden Verfahren gemacht.

Die Potenzierung einer Substanz über die Grenze ihrer damals messbaren Nachweisbarkeit hinaus eröffnete den Weg, Kräftewirksamkeiten nachzuweisen, wo physikalische Mittel versagten. Daraus ergaben sich entscheidende Belege für die Wissenschaftlichkeit des Forschungsansatzes:

«Sie wissen, es bestand immer zwischen Homöopathie und Allopathie ein gewisser Streit über die Wirkung kleinster Entitäten unter großen Verdünnungen. Die ganze Angelegenheit war bisher im Grunde genommen mehr die Sache eines Glaubens. Der eine bekannte sich mehr zu dem, der andere mehr zu dem. Nun handelt es sich hier nicht darum, für die Homöopathie Partei zu ergreifen, sondern nur exakt wissenschaftliche Tatsachen festzustellen. Es wird selbstverständlich in der Zukunft so sein, dass man nun wissen wird, wo man Substanzen unmittelbar allopathisch anwenden muss, wo man sie verdünnt anwenden muss, damit sie in der richtigen Weise auf den Menschen, namentlich den menschlichen Ätherleib Einfluss haben, der ja die Lebenskräfte darstellt, und wie stark man sie verdünnen muss.»[116]

Damit wurde ein geisteswissenschaftlicher Ansatz bis zur Anwendung in der ärztlichen Praxis entwickelt. Denn, so stellte Steiner dar: «Auf diese Weise ist es also gelungen, das bloß Materielle zu zerspalten, sodass in dem bloß Materiellen das wirklich Geistige zum Vorschein kommt. Denn wenn Sie das Materielle nicht, wie der Atomist es macht, in Atome zerspalten, sondern es in seinen Funktionen, Kräften zur Wirksamkeit bringen, dann zeigen Sie den guten Willen, ich möchte sagen, die Materie selber mit Geist zu durchsetzen, um ins Geistige überzutreten.»[117]

Mit dem Hinweis auf «den guten Willen» wird das Problem deutlich, woran die Arbeit in Stuttgart litt. Es handelte sich nicht um ein Zuwenig an Zeit, das für die Arbeit aufgebracht wurde, sondern um eine Schwäche, sich von den durch die akademische Ausbildung aufgenommenen Konventionen zu lösen. Steiner wurde überdeutlich:

«Was hilft ein Rat, wenn ich schon seit Monaten erwähne, ich würde gern hören, warum das geschehen ist, dass die Milz-Broschüre boykottiert worden ist? Was hilft ein Rat? Ich darf nicht hören, was das Kollegium veranlasst hat, hier den Auftrag zu geben, dass auf die Broschüre kein Auge fällt! Ich darf nicht hören, warum diese Dinge so sind!

Da hilft es nicht, davon zu reden, dass Ratschläge erteilt werden sollen. Das gehört zu dem, was die Gesellschaft ruiniert. Wie anders stünden heute unsere wissenschaftlichen Unternehmungen da, wenn einer der Ärzte den Mund aufgemacht und etwas gesagt hätte, was weiß Gott wie lange gesucht worden ist! Sie können zehn Heilmittellisten herausgeben mit wesenlosen Anpreisungen! Wenn aber die Welt erfahren würde, dass die Dinge an einer Klinik gemacht worden sind, so hätte die ganze Welt davon gesprochen. Warum geschieht so etwas nicht? Warum wird über so etwas nicht gesprochen, trotzdem ich seit Wochen darum bitte? Warum verschweigt man das?»[118]

Lili Kolisko wurde von der Ärzteschaft die Fachkompetenz abgesprochen, da sie keine Pharmazeutin oder Ärztin sei. Eigenen Ideen und Erfahrungen traute man nicht.

Lili Kolisko widmete sich weiteren Forschungen von Keim- und Wachstumsversuchen. Sie untersuchte die Wechselwirkung von irdischen Stoffen und kosmischen Kräften, insbesondere dem Einfluss der Planetenkonstellationen auf Stoffe und Substanzen. So stellte sie Grundlagen für die Forschung innerhalb der biologisch-dynamischen Wirtschaftsweise zur Verfügung.

Im Bereich der pharmazeutischen Forschung entwickelte sie exakte Methoden für das Schütteln von Substanzen, um ihre Wirksamkeit für bestimmte Anwendungen zu differenzieren. So wurden für bestimmte Stoffe spezielle Schüttelrhythmen gefunden, die in der ärztlichen Praxis Bedeutung gewannen.

Um die Wirkungen der Gestaltungskräfte für das sinnliche Erfassen noch anschaulicher zu machen, arbeitete Lili Kolisko die sogenannte Streifen- oder Steigbildmethode aus. Ein zylindrisch geformtes Filterpapier wurde in ein flaches Gefäß mit einer vorbereiteten Flüssigkeit gestellt, sodass die Flüssigkeit an dem Papier aufsteigen konnte. So stiegen Pflanzensaft oder salzhaltige Substanzen auf und zeigten charakteristische Bildgestaltungen. Ein geschultes Auge vermochte anhand der Bilder auf dem Papier die innewohnenden Gestaltungskräfte zu erkennen. Insbesondere untersuchte sie auch den Zusammenhang besonderer astronomischer Ereignisse, wie einer Monden- oder Sonnenfinsternis auf die sichtbar werdenden Gestaltungskräfte. Publikationen zum Thema *Sternenwirken in Erdenstoffen* gaben die Ergebnisse dieser jahrelangen Forschungen wieder.

Lili und Eugen Kolisko nahmen regen Anteil am Leben der Anthroposophischen Gesellschaft. Als Rudolf Steiner mit den esoterischen Unterweisungen für die Erste Klasse der Freien Hochschule begann, erhielt Lili Kolisko den Auftrag, die Klassenstunden für die Waldorflehrer in Stuttgart zu lesen. Als sich nach dem Tod Rudolf Steiners Differenzen zwischen einzelnen Vorstandsmitgliedern auftaten und sich auf Mitgliedergruppen übertrugen, erschwerte das die Arbeitsbedingungen für Lili und Eugen Kolisko, die sich Ita Wegman und Elisabeth Vreede verbunden fühlten.

1934 verließen Lili und Eugen Kolisko Stuttgart und wanderten nach einer Zwischenstation in Unterlengenhardt nach England aus. Eugen Kolisko starb 1939 unerwartet an einem Herzinfarkt.

Lili Kolisko setzte ihre Arbeit – einsam geworden – fort. Sie stellte ein mit Eugen Kolisko geplantes Buch über die *Landwirtschaft der Zukunft* fertig, schrieb einen Lebensbericht über Eugen Kolisko und unternahm noch einige Reisen nach Deutschland und in die Schweiz, wo sie von ihren neueren Forschungen berichtete.

Mit Lili Kolisko trat eine Frau auf, welche die naturwissenschaftlich-therapeutische Arbeit entscheidende Schritte voranbrachte. Das galt nicht allein für den medizinischen Bereich. Das Buch über die *Landwirtschaft der Zukunft* schlug die Brücke zu einem Feld, das nach dem Zweiten Weltkrieg gerade in Stuttgart ein Zentrum bilden sollte.

Der zweite dieser Brückenbauer war der bereits erwähnte Wilhelm Spieß. Nach seinem Pharmazie-Studium arbeitete er bis zu seinem fünfunddreißigsten Lebensjahr in etwa 40 Apotheken verschiedenster Regionen Deutschlands. Dann trat er, siebenunddreißigjährig, in das Laboratorium am Klinisch-Therapeutischen Institut in Stuttgart ein, um ein Jahr später dessen Leitung zu übernehmen. Diese behielt er auch inne, als das Labor 1924 von der «Internationalen Laboratorien AG» (ILAG, Arlesheim), der späteren Weleda AG, übernommen und als Zweigniederlassung in Stuttgart weitergeführt wurde. Spieß blieb bis zu seiner Pensionierung in dieser Stellung. Ihn zeichnete eine hohe Sozialverträglichkeit aus, die sich in der Zusammenarbeit mit Wilhelm Pelikan, Emil Leinhas und Oskar Schmiedel auch in den Werken in Schwäbisch Gmünd bewährte.

Spieß vermittelte mündlich an unzählige Menschen eine Einführung in die neuen pharmazeutischen Ideen und förderte den Austausch unter Medizinern und zwischen Medizinern und Pharmazeuten.

Dabei unterließ er es nie, auf den Ursprung dieser Rezepturen in der geisteswissenschaftlichen Arbeit Steiners hinzuweisen. Als Mitglied der Allgemeinen Anthroposophischen Gesellschaft stellte er sich in den Zusammenhang der Medizinischen Sektion der Freien Hochschule für Geisteswissenschaft.

Wilhelm Spieß nahm interessiert an den Entwicklungen in der Land- und Forstwirtschaft sowie der Tierheilkunde teil, und das schuf ebenso wie die Tätigkeit Lili Koliskos Grundlagen für die bald eintretende Zentrumsbildung für biologisch-dynamische Landwirtschaft in Stuttgart.

Im Frühjahr 1947 berichtete Gottfried Bahr als Leiter des Ärzte-Sekretariats, dass seit Ostern 1946 bereits drei Ärztetagungen mit schnell ansteigender Besucherzahl, zuletzt mit 150 Ärzten und Medizinstudierenden, stattgefunden hatten.

Daraufhin war es nötig, eine «Arbeitsgemeinschaft der Ärzte» innerhalb der Anthroposophischen Gesellschaft zu bilden, die sich in einen Kreis der Mitglieder und in einen weiteren Kreis der Interessenten gliederte. Bereits für die zweite Septemberwoche war die nächste Tagung vorgesehen.

Die Weleda meldete unterdessen, dass sie während des Verbotes der Anthroposophischen Gesellschaft in Deutschland glücklicherweise allen Verfolgungen und der Gefahr, den Betrieb einstellen zu müssen, entgangen sei und nunmehr mit aller Intensität arbeite. Immer wieder meistere sie Materialschwierigkeiten und habe inzwischen die Heilmittelherstellung auf das höchste Maß seit Bestehen der Laboratorien überhaupt gebracht. Mit der medizinischen Bewegung stehe sie intensiv in einer wissenschaftlichen Zusammenarbeit.

Eberhard Schickler und Josef Schulz leisteten in dieser ernährungsphysiologischen Notzeit mit Hans Heinze Notfallhilfe.

In einem ausführlichen Aufsatz gaben sie Ratschläge zu ergänzenden Nährmitteln, die von Bedürftigen selbst gesammelt und zubereitet werden konnten.

Dabei ging es sowohl um Abhilfe von quantitativer und kalorischer Unterernährung wie den qualitativen Ausgleich von Mangel oder Überschuss bestimmter Stoffe wie Kohlehydraten, Eiweiß oder Fetten.

Heilende Ratschläge gegenüber Ernährungsschäden betrafen das Salzen und Würzen der Nahrung. Dabei wurde auf Lippenblütler (Labiaten) wie Salbei, Majoran, Zitronenmelisse, Lavendel, Thymian und Pfefferminz hingewiesen und die Möglichkeit des heimischen Anbaus gezeigt.

Desgleichen wurden Ratschläge zur Verwendung des Löffelkrautes und seiner Kultur im Blumentopf am Fenster, zum Meerrettich, Fenchel, Kümmel, Anis und Liebstöckel gegeben. Alles wurde mit detaillierten Anwendungshinweisen versehen. Ferner wurde auf den Löwenzahn, die Wegwarte, Brennnessel, Beerenobst, Melisse, Lavendel, Thymian, Schlüsselblume, gelben Hornklee und Johanniskraut hingewiesen. Die Ausführungen schlossen mit den Worten: «Abschließend möchten wir zu dieser Zusammenstellung sagen, dass sie ein Anfang ist, wenn sie auch auf sorgfältigem Studium und auf Erfahrung beruht. Die Zukunft wird noch manchen Ausbau der beschriebenen Gesichtspunkte bringen. Es sollten hier die Praktiken der Kräuterbücher mit ihrer Unzahl von unübersichtlichen Anpreisungen vermieden werden. Wir haben die Angaben aus einer Zusammenarbeit vieler Ärzte nach Grundsätzen der anthroposophischen Geisteswissenschaft gegliedert. Wir wollen damit die Möglichkeit und die Anregung geben, dass hoffentlich auch weitere Kreise diese Kräuter kennen und sammeln, die Samen zum Selbstanbau in Gärten und Blumentöpfen fördern, vielleicht sogar Kulturen veranlassen, um dem Arzt in Krankheitsfällen seine Angaben verwirklichen zu helfen. Wir wollten hiermit gerne auch solchen Interessenten eine Art von Selbsthilfe ermöglichen, denen keine fachliche Beratung zur Verfügung steht.

In Ergänzung [...] wird in kurzer Zeit an die Zweige ein Merkblatt versandt, das weitere Anregungen enthält zur Ernährung in Notzeiten. Wichtig kann es vielleicht einmal werden, zu wissen, dass Eichelmehl zum Strecken des Getreidemehls im Verhältnis 1:1 gut brauchbar ist (Herstellung: Wochenration leicht rösten, schälen, eine Stunde kalt wässern, durch den Wolf drehen). Schlehen, schwarzer und roter Holunder, Hagebutten sind im letzten Jahr noch an vielen Orten ungepflückt geblieben, obwohl sie wertvollste Ergänzung der heutigen einseitigen Nahrungsmittel sind und mit geringen Mengen Zucker konserviert werden können. Einige Reisen zum Sammeln lohnen sich in vieler Hinsicht. Der Wert der Bucheln ist ja im letzten Herbst genügend bekannt geworden.»[119]

Im September 1947 fand dann die angekündigte Ärztetagung in Stuttgart statt. Es war bereits die fünfte ihrer Art, diesmal dauerte sie allerdings eine ganze Woche. Außerdem waren an verschiedenen Orten eine Reihe kleinerer Wochenendarbeiten durchgeführt worden. Die Jungmediziner trafen sich immer wieder in Schwäbisch Gmünd bei der Weleda, wo der Pflanzengarten mit seinen Heilpflanzen oder das Wesen der Bienen und Ameisen studiert wurde.

Das Thema der Ärztetagung war der Gesamtkomplex von Therapien. Es sollte ein Überblick über die therapeutischen Erfahrungen entstehen, unterschieden nach Systematik oder Einzelfällen. Die Ärzte waren unter sich geblieben und fanden so Gelegenheit, sich über konkrete Einzelheiten zur Kinder- und zur Frauenheilkunde, zur Chirurgie, Inneren Medizin und vielem mehr auszutauschen.

Wesentliche Erkenntnisse wurden hinsichtlich der Heileurythmie gewonnen. Sie wurde an jedem Morgen in drei Gruppen geübt. Ein bedeutendes Erlebnis war mit dem Hören von Vorträgen Rudolf Steiners verbunden, die in Deutschland noch kaum bekannt waren. Durch sie konnten aufschlussreiche Darstellungen zur Kinderlähmung und ein systematischer Überblick über die Gifte in Mineral-, Pflanzen- und Tierreich aufgenommen werden.

Ein Abend, an dem einige Freunde künstlerische Arbeiten vortrugen und zeigten, vertiefte die freundschaftliche Verbundenheit.

Zuletzt wurde als Thema der nächsten Tagung das Herz und der Kreislauf in anthroposophischer Betrachtung verabredet.

Eberhard Schickler zeigte sich nicht nur als verbindlicher Gastgeber, sondern zugleich als anerkannter Koordinator dieser Zusammenkünfte.

Der Tagungsbericht der Ärztetagung von Ostern 1948 zeugte von der umfassenden Zusammenarbeit, die sich auf diesem Arbeitsfeld in Stuttgart ergeben hatte.

Nach vierzehnjähriger Abwesenheit waren nicht nur Freunde aus Holland, England und der Schweiz anwesend, insbesondere die zentralen Vorträge im übervollen Festsaal der Waldorfschule wurden in geradezu feierlicher Weise aufgenommen.

Dr. Zeylmans sprach über die Angst, König aus Schottland über das Herz als Organ der Welt und des Menschen, Ernst Marti über die Vererbungsforschung. Theodor Schwenk zeigte anhand der Strömungsforschung, welche Formen und Phänomene in der Natur und im Experiment unter dem Einfluss von Wärme oder mechanischen Hindernissen entstehen. Friedrich Kipp verfolgte am Beispiel der Entstehung der Arten die Entwicklung der Ernährungs- und Blutkreisläufe. Durch die Zusammenarbeit mit fachverwandten Gebieten fanden Astronomen mit Embryologen und Mathematikern zueinander und erweiterten sich mit Evolutionsforschern, Zoologen und Strömungsforschern. Weitere Vortragende waren Alla Selawry, Karl Zinck, Margarete Bockholt, Alexandre Leroi, Rudolf Treichler jun., Friedrich Husemann, Walther Bühler, Bernard Lievegoed, Oskar Schmiedel, Gerhard Suchantke sowie Fachärzte aus dem akademisch-wissenschaftlichen Bereich.

Eberhard Schickler schrieb über den Kernbereich der Tagung: «Während die ganze akademische Wissenschaft auf dem Standpunkt steht: und gerade die moderne mit Betonung, dass sich alle Kreislaufphänomene erklären lassen mit dem Herzen als Pumpe, ist es Aufgabe der geisteswissenschaftlich anthroposophisch Forschenden, nicht etwa in den Kampf gegen dieses Vorurteil einzutreten, sondern in fleißiger Arbeit alle Phänomene zusammenzutragen, durch welche sich ergibt, dass das Herz überhaupt ein Sinnesorgan ist, insbesondere ein Wahrnehmungsorgan für die Strömung des Blutes. Eine weitere Aufgabe ist dann, alles zusammenzutragen für die Darstellung des Blutes als eines in sich selber bewegten Organs, welches in seiner ‹hinreißenden› Bewegung das Herz mitreißt, das heißt die Herzbewegung veranlasst. Zu allen diesen Fragen sind die Ansätze auf dieser Tagung angeschlagen worden.»

Kurt Magerstädt leitete eine Gedenkfeier, in der durch die Lebensbilder von Felix Peipers, Ludwig Noll, Otto Palmer, Eugen Kolisko, Helene von Grunelius, Gisels von Keyserlingk und Ita Wegman die Entwicklung des anthroposophisch-medizinischen Impulses anteilnehmend erlebt werden konnte.

Nur wenig später fand Anfang April 1948 in Schwäbisch Gmünd auch eine Arbeitswoche für Jungmediziner statt. Daran nahmen siebzig Medizinstudierende von zehn deutschen Universitäten sowie Ärzte teil.

Die Arbeit wurde vormittags in fortlaufenden Kursen mit einer allgemeinen anthroposophischen Grundlagenarbeit von Wilhelm Pelikan über die vier Wesensglieder und ihr Wirken in den Naturreichen durchgeführt. Seine Darstellung ließ das Materielle, Physisch-Tote so durchsichtig werden, dass das darin wirkende Geistige erlebt werden konnte.

Die Nachmittage waren künstlerischem Üben in Malen und Eurythmie vorbehalten.

Kurt Magerstädt erzählte von seinen therapeutischen Erfahrungen mit Substanzprozessen und Temperamenten. Alla Selawry leitete zu einer Organbetrachtung am Beispiel der Grundphänomene des Blutkreislaufes an, und Theodor Schenk berichtete aus seinem Erfahrungsfeld der Strömungsforschung.

An den Abenden war Gelegenheit zum Gespräch im großen Kreis mit Berichten aus den Tätigkeitsgebieten der Teilnehmer. Einmal kam auch – freudig begrüßt – Bernard Lievegoed zu Besuch.

Der Heilpflanzengarten, die ganze Heilmittelsphäre der Weleda in Gmünd und die dort geleistete innere Arbeit wurden als fruchtbar für das Wachsen und Gedeihen der Jungmedizinerarbeit erlebt und von allen Anwesenden mit großer Dankbarkeit aufgenommen.

Nach dem problematischen Werdegang des Klinisch-Therapeutischen Instituts hatte sich dreißig Jahre später ein kraftvolles Zentrum der medizinischen Bewegung entwickelt.

Landwirtschaft

Nach dem Zweiten Weltkrieg bauten Pioniere aus Stuttgart die biodynamische Wirtschaftsweise bundesweit neu auf. Hans Günther Heinze und seine Frau Elvira, geb. Willmann, gründeten 1946 die Geschäftsstelle des «Forschungsrings». Sie reisten durchs Land, suchten Mitarbeiter und Höfe auf, welche die Demeter-Idee weiterverfolgt hatten oder nach 1945 wiederaufnehmen wollten.

In den *Mitteilungen* erschien bereits im Frühjahr 1947 ein Hinweis auf diese Initiativen aus Heinzes Feder:

«Sogleich nach Beendigung der Kampfhandlungen wurde im Jahre 1945 in den verschiedenen Landschaften mit der Bildung von Arbeitsgruppen und Arbeitsgemeinschaften begonnen, einerseits zur Pflege und Förderung der einzelnen Betriebe, um diese – soweit möglich – zu Beispielbetrieben zu entwickeln, andererseits um die Möglichkeit einer Ausbildung in dem geisteswissenschaftlichen Ideengut, Landwirtschaft und Gartenbau betreffend, zu schaffen. Die Initiativen in den drei westlichen Zonen vereinigten sich Michaeli 1946 in dem Forschungsring für Biologisch-Dynamische Wirtschaftsweise. Geschäftsstelle: Stuttgart-O, Adelheidweg 4. Einführungskurse wurden wiederholt durchgeführt in Uchte (Bezirk Bremen) durch Dr. B. v. Heynitz und M. K. Schwarz, eine größere Bauerntagung in Soest; zwei Einführungskurse (Schulungswochen) in die Naturerkenntnis, aus der die biologisch-dynamische Wirtschaftsweise hervorgewachsen ist, fanden in Stuttgart statt. Durch I. Voegele wird seit längerer Zeit mit einigen Freunden der Aufbau einer landwirtschaftlichen Schulungsstätte vorbereitet.»[120]

Heinzes vielseitige Umsicht zeigte sich nur ein Jahr später in einer weiteren Nachricht, die vom Organisationstalent und realistischen Blick für eine tragfähige Grundlage des über lange Jahre verbotenen Impulses zeugte:

«Die Aufhebung der Papierbewirtschaftung erlaubt es jetzt, die Mitteilungen des Forschungsringes allen ernsthaften Interessenten zugänglich zu machen. Es freut uns, dass jetzt viele Freunde unserer Arbeit, die wir wegen Papiermangel abweisen mussten, bedacht werden können. Durch die Vergrößerung des Bezieherkreises wird es möglich sein, den Preis pro Heft, es sind sechs Hefte im Jahr geplant, auf etwa DM 2.– herabzusetzen, ohne den Inhalt einzuschränken. Es sollen einerseits die grundlegenden Gedanken entwickelt werden, die zu einer Wandlung des heutigen einseitig materialistischen Naturbildes notwendig sind, andererseits die Maßnahmen besprochen werden, die sich in der gärtnerischen und landwirtschaftlichen Arbeit aus einer solchen gewandelten Naturerkenntnis ergeben; ferner wird von den Erfahrungen berichtet, die in Betrieben mit dieser Arbeitsweise erzielt wurden.

Gemeinsam mit der Arbeitsgemeinschaft der Naturwissenschaftler konnte als Buch, broschiert, der wichtige Kurs: *Der Entstehungsmoment der Naturwissenschaft in der Weltgeschichte und ihre seitherige Entwicklung*, den Rudolf Steiner vom 24. Dezember 1922 bis 6. Januar 1923 in Dornach gehalten hat, in Deutschland neu gedruckt werden.

In diesen neun Vorträgen sind grundlegende Ideen für die Weiterentwicklung der Naturwissenschaften zur Überwindung der Gegenwartskrise entwickelt. Fertigstellung im September. Es wird hiermit zur Subskription aufgefordert. Der Subskriptionspreis beträgt als Drucksache frei Haus nach Vorausbezahlung DM 5.70. Zahlungen bitte richten, bis 15. Oktober, an das Postscheckkonto des Forschungsringes, Stuttgart, Nr. 194 55.»[121]

Hans und Elvira Heinze

Hans Heinze wurde am 14. Februar 1899 in Berlin geboren. Er besuchte ein Reform-Realgymnasium und ging nach Abschluss der Schule zur kaiserlichen Marine. Anschließend begann er ein Landwirtschaftsstudium. Wegen fehlender Mittel zum Erwerb eines Hofes gab Heinze das begonnene Landwirtschaftsstudium auf und schloss 1925 ein Ingenieurstudium in München mit der Promotion ab. Sein weiterer Weg zeichnete sich durch Tatendrang und Wagemut aus. Als Kohlentrimmer, der auf dem mit Kohle befeuerten Dampfschiff die Kohle aus dem weit entfernten Kohlebunker zum Kesselraum heranzuschaffen hatte, reiste er nach Australien. Dort machte er sich in der Landwirtschaft der australischen Steppengebiete nützlich. Eine Zeit lang arbeitete er auf Tahiti und anschließend auf Java im Pflanzenbau des tropischen Regenwaldklimas. Auf Java und zuvor schon in Australien kam er in Kontakt mit Anthroposophen. Er lernte die *Geheimwissenschaft im Umriss* kennen und las sie in einem Zug durch.

1928 begegnete er auf der anthroposophischen Jugendtagung in Jena seiner zukünftigen Frau Elvira Willmann, die Schwester Kurt Theodor Willmanns. Durch sie lernte er Ehrenfried Pfeiffer kennen, der ihm eine Stelle im Forschungslabor am Goetheanum anbot, wodurch eine drei Jahre währende Zusammenarbeit begann. 1931 heiratete er, nachdem er eine Anstellung in einem Industrieunternehmen des Ruhrgebiets erhalten hatte, das er zuerst sanierte und dann leitete.

Auf Vermittlung Pfeiffers konnte er 1935 die Geschäftsführung der zehn Jahre zuvor gegründeten biologisch-dynamischen Kulturgesellschaft Loverendale auf der Insel Walcheren übernehmen. Er überwand die dort eingetretene Stagnation, organisierte den Betrieb von zwei Höfen, einer Bäckerei, einer Molkerei und baute die Vertriebswege neu auf.

Durch den Krieg wurde diese Arbeit unterbrochen, und nach getrennten Wegen, Hans Heinze wurde eingezogen, fanden sich Hans und Elvira Heinze 1945 in Stuttgart wieder. Seine Frau begegnete dort Fentress Gardner, dem damaligen Agricultural Officer und späteren Chef der amerikanischen Militärregierung von Baden-Württemberg/Karlsruhe, der 1939/40 landwirtschaftlicher Praktikant in Loverendale gewesen war und die Heinzes gut kannte. Gardner (1912–1998) beschäftigte sich fast sechzig Jahre lang mit Anthroposophie und Waldorfpädagogik. Er war Schulleiter einer Waldorfschule, die zunächst «The Demonstration School of Adelphi College» und später «Waldorf School of Garden City» hieß.

Verheiratet war er mit Carol Hemingway Gardner, der jüngsten Schwester von Ernest Hemingway. Er verfasste Bücher wie: *Amerikanische Botschafter des Geistes: Emerson, Whitman, Melville* (1992); *Bildung auf der Suche nach dem Geist: Essays on American Education* (1996) und *Die Erfahrung des Wissens: The Founding of Adelphi's Waldorf School* (1962).

Gardner unterstützte Heinze bei den ersten Schritten zum Wiederaufbau der biologisch-dynamischen Arbeit. Im Oktober 1946 gehörte Heinze mit Josef Blockhuys, Kurt Eisele, Ernst Meyer, Nicolaus Remer, Immanuel Voegele, Kurt Theodor Willmann und Brunhild-Erika Windeck zu den Neubegründern des «Forschungsrings für biologisch-dynamische Wirtschaftsweise». Heinze leitete ihn zunächst in Stuttgart und von 1962 bis 1978 in Darmstadt. Seit 1946 gab er die *Mitteilungen des Forschungsrings* heraus, die alle zwei Monate erschienen, 1950 war er Mitbegründer und Redakteur der Zeitschrift *Lebendige Erde*. 1954 gehörte er zu den Mitbegründern des Demeter-Bundes. Ohne die hingebungsvolle Tatkraft seiner Frau und Mitarbeiterin Elvira hätte Heinze weder die Bescheidenheit ihrer Lebensverhältnisse verkraften noch die groß angelegten Leistungen erbringen können.

Das naturwissenschaftlich-goetheanistische Interesse bildete den Hintergrund seiner Initiative als Mitveranstalter der jährlichen Einführungskurse sowie der Tagungen des Forschungsrings. Ebenso wirkte er für die naturwissenschaftlichen Arbeitstage in Stuttgart, die er mit Friedrich Kipp und Gisbert Husemann begründete. Heinze förderte das Beratungswesen innerhalb der landwirtschaftlichen Bewegung und pflegte den Kontakt zur Naturwissenschaftlichen Sektion am Goetheanum.

In Württemberg entwickelte sich nach 1945 die größte Dichte biologisch-dynamischer Höfe in der jungen Bundesrepublik. Durch Enteignung und Vertreibung waren die ältesten und zugleich größten Landwirtschaften wie die Marienhöhe in Bad Saarow, Wunschwitz bei Meißen oder Pilgramshain in Schlesien verloren gegangen.

In Württemberg wurden 1929 auf dem Talhof im Ugental am Rande der Schwäbischen Alb die Anfänge der biologisch-dynamischen Wirtschaftsweise gemacht.

Der Talhof ist damit weltweit der drittälteste Demeter-Betrieb. 1932

Almar von Wistinghausen

folgte das Hofgut Rengoldshausen vor den Toren von Überlingen.

2020 wirtschafteten mehr als 560 Demeter-zertifizierte Höfe auf 27.000 Hektar. 1960 vereinigten sich die ersten biodynamischen Arbeitsgemeinschaften zu einem Landesverband. Damit ist der «Demeter-Verband Baden-Württemberg» heute der größte Landesverband in Deutschland. Landwirtschaftliche Betriebe arbeiten zwischen Freiburg und Ulm, Wertheim und Konstanz. Der Landesverband umfasst die ganze Vielfalt biodynamischer Landwirtschaft. Neben den landwirtschaftlichen Betrieben gehören ihm auch Gartenbaubetriebe, Imkereien sowie Obst- und Weinbaubetriebe an.

Diese Entwicklung wäre ohne einen Brückenbau aus den Anfangsjahren der biologisch-dynamischen Bewegung kaum möglich gewesen. An diesem Brückenbau und seiner Tragfähigkeit arbeiteten viele Freunde mit, die alle aufzuzählen im Rahmen dieser Arbeit unmöglich ist. Dennoch kann sie an exemplarischen Beispielen gezeigt werden.

Der am 22. März 1904 in Reval geborene Almar von Wistinghausen wirkte vor und nach dem Zweiten Weltkrieg und maßgebend in zahlreichen biologisch-dynamischen Initiativen, insbesondere der Demeter-Bewegung. Er war ein aktiver Förderer der folgenden Generation in der biologisch-dynamischen Arbeit. Nach einem erfüllten Leben als praktizierender Landwirt und Betriebsleiter, Berater und Gründer starb er am 17. April 1989 in Unterlengenhardt.

Almar von Wistinghausen wurde als jüngster von vier Brüdern geboren. Almars Vater war als leitender Chirurg am Städtischen Krankenhaus von Reval tätig und führte nebenher eine Privatpraxis. Der Sohn besuchte die Ritter- und Domschule. Dreizehnjährig erlebte er 1917 den Ausbruch der Russischen Revolution. Die Familie zog 1918 nach Beelitz, im Süden von Berlin. Almar beendete seine Schulzeit in Potsdam. Anschließend machte er eine Landwirtschaftslehre auf dem Provinzialgut Palmnicken bei Fürstenwalde an der Spree. Nach Abschluss der Lehre begann von Wistinghausen in Berlin ein Landwirtschaftsstudium, das er 1926 in Breslau mit dem Diplom für Landwirtschaft und Saatzucht abschloss. Durch die Vermittlung seines Bruders Kurt von Wistinghausen, der damals als Priester der Christengemeinschaft in Breslau wirkte, lernte er einen Kreis junger Landwirte kennen, die an anthroposophischen Grundlagen arbeiteten und den «Koberwitzer Kurs» Rudolf Steiners vorbereiteten, an dem Almar von

Wistinghausen einundzwanzigjährig teilnahm. Nach einer kürzeren Assistententätigkeit an der Universität Breslau zog er 1926 nach Gosen in Schlesien und arbeitete mit Erhard Bartsch auf einem größeren biologisch-dynamisch bewirtschafteten Gut. Bartsch gab die Monatsschrift *Mitteilungen des Landwirtschaftlichen Versuchsringes der Anthroposophischen Gesellschaft* heraus; von Wistinghausen arbeitete in der Redaktion mit. 1927 übernahm Erhard Bartsch das Gut Marienhöhe bei Bad Saarow, das sich trotz ungünstiger Bodenverhältnisse zum Zentrum der biologisch-dynamischen Bewegung entwickelte. Von Wistinghausen ging mit zur Marienhöhe und setzte die bisherige Arbeit fort. Zusätzlich übernahm er ab 1928 die Auskunftsstellenleitung für die Mark Brandenburg, Nordschlesien, Sachsen, Pommern und Mecklenburg und warb für das Verständnis der «landwirtschaftlichen Individualität» mit ihrer Bedeutung für die neue Landwirtschaftsmethode.

1930 heiratete er Inge von Bonin, mit der er drei Kinder hatte. In seinen Lebenserinnerungen würdigte Almar von Wistinghausen das existenzielle Mittragen und Mitdenken der Frauen für die biologisch-dynamische Arbeit als ausschlaggebend für das Gedeihen der Bewegung. Ihre Mitarbeit fand oft unter schwierigen äußeren Verhältnissen statt.

1931 übernahm von Wistinghausen die Verwaltung der etwa 30 km östlich von Frankfurt an der Oder gelegenen Boninschen Güter Bottschow und Wildenhagen mit etwa 900 Hektar Ackerland, 300 Hektar Wald und zwei Seen, um sie auf die biologisch-dynamische Wirtschaftsweise umzustellen. Zahlreiche Maßnahmen, wie ein vorbildlicher Heckenbau, Maßnahmen zur Bodenverbesserung, Verwendung von Leguminosen, Gründüngung im Anbau, Einrichtung einer Grünfutterdarre und anderes, trugen zu einem guten Betriebsergebnis bei.

1939/40 wurde von Wistinghausen zum Kriegsdienst eingezogen, bald darauf jedoch wieder freigestellt. Im Jahre 1942 konnte er das Rittergut Markersdorf bei Zittau pachten und in die biologisch-dynamische Wirtschaftsweise überführen. Doch nach drei Jahren erfolgte die Vertreibung und Flucht. Ohne Besitz hatte die Familie eine harte Notzeit durchzustehen, bis von Wistinghausen 1946 als Abteilungsleiter für Saatgutvermehrung bei der Hauptgenossenschaft Kurmark, Berlin und Brandenburg tätig werden konnte.

1951 übersiedelte die Familie mithilfe des Bruders Kurt von Wistinghausen nach Württemberg über. Dort entwickelte sich in den folgenden Jahrzehnten die größte Dichte biologisch-dynamischer Höfe in der jungen Bundesrepublik. Von Wistinghausens Beitrag zu dieser Arbeit kann kaum

Erwin Jaus

überschätzt werden. Er hatte zunächst einen Beratungsauftrag für das Flughafengelände in Echterdingen, dem sich bald die Beratung und Information in der bäuerlichen Landwirtschaft im Südwesten anschloss.

Noch im selben Jahr pachtete er das 50 Hektar große Hofgut Ehrenberg bei Heimsheim, das er bewirtschaftete und überdies die biologisch-dynamische Beratung in Baden-Württemberg aufbaute. Das gelang zunächst mit den sogenannten Bauernhelfern. Aus dieser Arbeit entwickelte sich die spätere erfolgreiche Beratung. Nach und nach wurden im Land 22 Arbeitsgruppen gebildet, die bis in die Pfalz hinein tätig wurden.

Almar von Wistinghausen wirkte in den Führungsgremien des «Forschungsrings für Biologisch-Dynamische Wirtschaftsweise» und vor allem in der Demeter-Organisation durch viele Jahre hindurch.

Beispielhaft war die Zusammenarbeit mit dem am 6. Dezember 1909 in Stuttgart geborenen Erwin Jaus. Sein Vater Karl war Bäckermeister in einer Konsum-Bäckerei. Erwin war der mittlere von drei Brüdern. Er besuchte die Realschule in Bad Cannstatt bis 1925 und dann bis 1927 die Handelsschule. Anschließend absolvierte er eine Lehre bei der Firma Wemer & Pfleiderer, die seit 1879 Knetmaschinen herstellte, 1910 Verfahren mit der Automatisierung des Backens begonnen hatte und ab 1950 Produkte zur Automatisierung von Bäckereien herstellte.

Nach Abschluss seiner Lehre baute er mit seinem Bruder in den Gebäuden des Konsumvereins die Brotfabrik «Karl Jaus & Söhne» in Bad Cannstatt auf. Durch seinen Schulfreund Willi Griesinger lernte er die Anthroposophie kennen und dadurch den *Landwirtschaftlichen Kurs*, mit dem er sich ganz verband.

Das führte ihn zur Bekanntschaft mit Franz Dreidax, einem weiteren Pionier der biologisch-dynamischen Bewegung. Dreidax war siebzehn Jahre älter als Jaus, hatte selbst am *Koberwitzer Kurs* teilgenommen, eng mit den Landwirten des Versuchsrings für biologisch-dynamische Wirtschaftsweise zusammengearbeitet und sich in einer freien Beratertätigkeit in weiten Teilen Deutschlands engagiert.

Schließlich ließ er sich in unmittelbarer Nähe des von Bartsch geleiteten Mustergutes Marienhöhe in Bad Saarow nieder und half beim Aufbau der geschäftsführenden Zentrale des neuen Demeter-Bundes. Von dort aus betrieb er unermüdlich eine ausgedehnte Reise- und Vortragstätigkeit, schrieb für die Zeitschrift *Demeter* und vertrat mit Temperament und Sachkenntnis die Ideen der neuen Landbaumethode. 1934 wurde er Schriftführer im Vorstand der «Gesellschaft zur Förderung der biologisch-dynamischen Wirtschaftsweise e.V.», dem außer ihm Benno von Heynitz, Max Karl Schwarz und Almar von Wistinghausen angehörten.

Franz Dreidax

Während der Verbotszeit anthroposophischer Organisationen nach 1941 konzentrieren sich seine Arbeits- und Forschungsinteressen verstärkt auf Fragen des Gewässerschutzes, der Landschaftsgestaltung, Abfallverwertung und vor allem der Qualitätsforschung und -sicherung in der landwirtschaftlichen Produktion und Ernährung.

Als die politischen Verhältnisse in Ostdeutschland sein Wirken von dort aus immer weiter erschwerten, zog Dreidax 1956 nach Thalfingen bei Ulm, von wo aus er erneuten Anschluss an die Höfe der bäuerlichen Arbeitsgemeinschaft Oberbayern im Chiemgau fand.

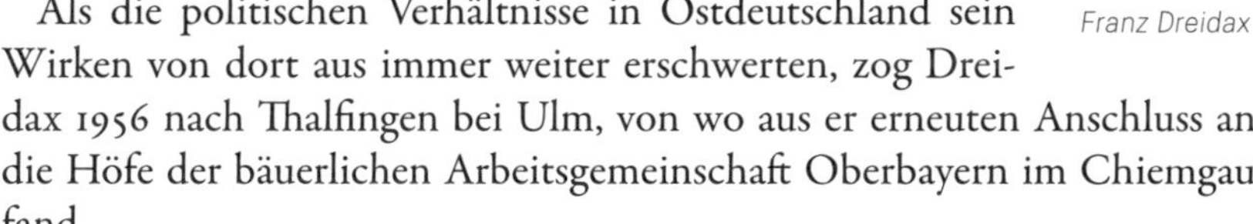

Mit anderen älteren Freunden der Demeter-Landbaubewegung, die dem materialistischen Wissenschaftsbetrieb und den daraus resultierenden Arbeitsformen einer industrialisierten Landwirtschaft kritisch gegenüberstanden und besonders in der Frage der chemischen Düngung jeden Kompromiss ablehnten, geriet er in Widerspruch gegenüber dem Darmstädter Kreis des Forschungsrings für biologisch-dynamische Wirtschaftsweise um Hans Heinze, der einen neuen, um nüchterne Kooperation mit der etablierten wissenschaftlichen Forschung bemühten Kurs verfolgte.

1934/35 hatte sich Erwin Jaus an der Gründung der Verteilungsstelle für Demeter-Lebensmittel von Wilhelm Döhler beteiligt und diese Aufgabe 1937 selbst übernommen. Er erweiterte sie als Bezirksvertretung des Demeter-Wirtschaftsbundes auch auf München und übernahm zusätzlich die Verteilung von Demeter-Gemüse.

Nach 1945 nahm er die Verbindung zu Franz Dreidax und zum Forschungsring wieder auf. Er engagierte sich im Vorbereitungskreis zur Gründung des Demeter-Bundes. Die Bäckerei wurde in den Nachkriegsjahren von den Brüdern zu einer Großbäckerei ausgebaut. Erwin Jaus begründete die Arbeitsgemeinschaft für Verarbeitung und Vertrieb von Demeter-Erzeugnissen.

1954 war er Mitbegründer und viele Jahre Vorsitzender des Demeter-Bundes. Seine Ziele bei der Arbeit im Demeter-Bund waren: gerechte Preise und die Finanzierung der biologisch-dynamischen Forschung und Beratung. Mit seiner Firma gab er dafür ein gutes Beispiel.

Udo Renzenbrink

Almar von Wistinghausens Lebensweg war diesem Schicksalsgeflecht verbunden. Ab 1952 entwickelte er eine enge Zusammenarbeit mit Erwin Jaus in Stuttgart-Bad Cannstatt. Dadurch lebte die durch den Krieg unterbrochene Demeter-Arbeit wieder auf. 1954 wurde der «Demeter-Bund e. V.» gegründet, der im Auftrag des Forschungsrings das auf diese Organisation übergegangene registrierte Demeter-Zeichen umsetzte. Die Aufgabe war – anders als in der Vorkriegsregelung –, die mit Erzeugungs- und Verarbeitungsrichtlinien zu gewährleistende Qualität durch Verträge mit Landwirten, Händlern und Verarbeitern zu entwickeln, zu sichern und zu überwachen. 1965 übergab Erwin Jaus den Vorsitz des Demeter-Bundes an von Wistinghausen, der durch Vorträge und Reisen in Holland, Italien, Frankreich und Österreich an der Verbreitung und Weiterentwicklung der biologisch-dynamischen Arbeit mitwirkte.

1970 gründete Almar von Wistinghausen mit Udo Renzenbrink den Arbeitskreis für Ernährungsforschung in Unterlengenhardt, der durch Forschung, Rundbriefe und Information die Verarbeitung und Verwendung biologisch-dynamisch erzeugter Produkte förderte.

Udo Renzenbrink wurde am 2. April 1913 in Hamburg als Sohn eines Studienrats und einer Försterstochter geboren. Er wurde Arzt und arbeitete ab 1963 in der «Sektion für Ernährung und Landwirtschaft am Goetheanum». Hier führte er Ernährungsversuche mit damals wenig verbreiteten Getreidearten, vor allem Gerste, durch. Er erprobte deren verträgliche Zubereitung und ließ die Speisen von Studenten und Mitarbeitern kosten. Das trug ihm den liebevollen Spitznamen «Gerstenbrink» ein.

1968 zog er nach Bad Liebenzell-Unterlengenhardt, wo er in der Heilpädagogik tätig wurde und mit Walther Bühler im Verein für ein erweitertes Heilwesen mitwirkte. 1970 gründete er den «Arbeitskreis für Ernährungsforschung», um die anthroposophischen Ernährungsansätze weiter zu erforschen und die Ergebnisse zu publizieren. Sein Anliegen war unter anderem, die Vollwerternährung auf Getreidebasis in biologisch-dynamischer Qualität bekannt zu machen.

Den biologisch-dynamisch wirtschaftenden Gruppen erwuchsen immer neue Helden, die die Kontinuität von den Anfangszeiten bis in die Gegenwart garantierten. Dazu zählt beispielsweise Karl Tress, der seinen Hof bereits 1954 auf die neue Landwirtschaftsmethode umstellte und damit keineswegs auf das Verständnis seiner Berufskollegen stieß.

1913 geboren, wurde er, fünfzehnjährig, von den Eltern in den konventionellen landwirtschaftlichen Familien-Betrieb auf der Schwäbischen Alb eingespannt, kurze Zeit später lag der Hof in seinen Händen. Zu jener Zeit fasste er einen alles verändernden Entschluss und stellte wider den herrschenden Zeitgeist und abseits aller vermeintlich fortschrittlichen agrartechnischen Errungenschaften auf biodynamische Landwirtschaft um. Das war keine leichte Aufgabe, lag doch der Hof im Tal der Lauter und die Felder auf der Hochebene. Belächelt oder als Spinner abgetan, lebte und gestaltete er jahrzehntelang Landbau gegen den Strom. 1968/69 erfolgte die Aussiedlung auf die Hochebene. Heute wird der Betrieb bereits von der dritten Generation biodynamisch bewirtschaftet. Im Laufe seines Lebens bildete Karl Tress mehr als dreißig Auszubildende aus. Für seine außergewöhnlichen Leistungen im Bereich der Landwirtschaft wurde er im Jahr 1989 vom Land Baden-Württemberg mit der Goldenen Staatsmedaille ausgezeichnet.

Karl Tress

Krafft von Heynitz

Seit mehr als zwanzig Jahren pilgern Menschen über das Lautertal hinauf zu den Steighöfen zum Betrieb von Familie Tress und Freytag, um an den jährlich stattfindenden und von Demeter Baden-Württemberg und Demeter-Gartenbau-Berater Jochen Maurer organisierten Einführungskursen in die biodynamische Wirtschaftsweise teilzunehmen. Karl Tress starb am 20. Juli 2021 in seinem zweiundneunzigsten Lebensjahr.

Krafft von Heynitz wurde 1923 geboren. Am 7. November 2015 fand an seinem Geburtsort im Schloss Heynitz bei Dresden eine bewegende Trauerfeier für ihn statt. Er zählt zu den Pionieren der biodynamischen Wirtschaftsweise und hat sich große Verdienste um die Demeter-Gemeinschaft erworben, indem er Landwirte und Gärtner in die neue Wirtschaftsweise einführte und Höfe über lange Jahre begleitete. Nach dem Krieg war von Heynitz zunächst als sogenannter Bauernhelfer, wie die Berater damals genannt wurden, vor allem in der Region Hohenlohe tätig. Nach seiner Tätigkeit auf dem Schulbauernhof der Freien Waldorfschule Engelberg beteiligte er sich zusammen mit Fritz Strempfer maßgeblich am Aufbau der Bauernschule Hohenlohe in Weckelweiler. Mit seiner Frau Maria-Renata

Wolfgang Feuerstack

von Heynitz war er in den Anfangsjahren der Bauernschule für die Heimleitung zuständig.

Weckelweiler trug durch die Kurse und Vorträge an der Bauernschule Hohenlohe wesentlich zur Ausbreitung des biologisch-dynamischen Impulses bei.

Durch die Initiative von Wolfgang Feuerstack, geboren am 16. Mai 1929 und am 1. August 2020 verstorben, entstand in Weckelweiler ab 1959 eine beispielhafte Einrichtung mit der Verbindung von Landwirtschaft, Heilpädagogik und Sozialtherapie, die zu zahlreichen ähnlichen Einrichtungen an vielen Orten der Erde führte.

Die Landwirtschaft wirkte für die Verlebendigung der Erde und des menschlichen Zusammenlebens.

1960 war von Heynitz zusammen mit Almar von Wistinghausen und anderen Persönlichkeiten an der Gründung von Demeter Baden-Württemberg beteiligt. Als geschäftsführender Vorstand prägte er die Demeter-Landesarbeitsgemeinschaft bis zu seinem Ausscheiden im Jahr 1991 entscheidend mit. Bis heute sind die Spuren des Wirkens von Krafft von Heynitz auf verschiedene Weise sichtbar.

So gründete er 1989 mit Unterstützung durch den damaligen Landwirtschaftsminister Weiser die Beratungsdienste für ökologischen Landbau in Schwäbisch Hall und Ulm sowie den Beratungsdienst für ökologischen Obstbau in Weinsberg. Diese Beratungseinrichtungen leisten auch heute noch wertvolle Arbeit für die ökologischen Betriebe in Baden-Württemberg.

Für seine besonderen Verdienste um die Entwicklung des ökologischen Landbaus in Baden-Württemberg wurde Krafft von Heynitz im Jahr 1996 die Verdienstmedaille des Landes Baden-Württemberg verliehen.

Mit der Einführung des *Gartenrundbriefes* 1959 machte er die biodynamische Wirtschaftsweise auch bei Haus- und Hobbygärtnern bekannt. Als Buchautor vermittelte Krafft von Heynitz mit *Das biologische Gartenbuch* und *Kompost im Garten* weiten Kreisen sein fundiertes Wissen.

Nach 1991 engagierte sich von Heynitz am Wiederaufbau der biologisch-dynamischen Wirtschaftsweise des Demeter-Hofgutes Mahlitzsch in seinem Heimatland Sachsen.

Bis ins hohe Alter blieb er als Beiratsmitglied in der Stiftung «Haus der Bauern» in Schwäbisch Hall ein geschätzter Ratgeber der biodynamischen Bewegung und für die ökologische Landwirtschaft.

Die biologisch-dynamische Landwirtschaft ist zugleich ein signifikantes

Beispiel für die neue Rolle, die Stuttgart als Zentrum anthroposophischer Kulturinitiativen mit dem Neuanfang der anthroposophischen Arbeit nach 1945 aufnahm. Dabei wurde die Fiktion einer zentralistischen Aufgabe überwunden und ein kommunikativ-atmendes Verhältnis zum Umkreis gefunden.

Das wird nicht zuletzt an dem selbstbewussten Auftritt sichtbar, mit dem sich die Demeter-Organisation für das Stuttgarter Stadtgebiet vorstellt:

«1946 wurde der ‹Forschungsring für biologisch-dynamische Wirtschaftsweise› neu gegründet, aus dem das 1950 in Darmstadt von Josef Blockhuys, Kurt Eisele, Hans Heinze, Ernst Meyer, Nicolaus Remer, Immanuel Voegele, Kurt Theodor Willmann und Brunhild-Erika Windeck gegründete Institut für biologisch-dynamische Forschung hervorging. Erste Schritte wurden unternommen, um die Vermarktung aufzubauen. 1954 wurden die Warenzeichenrechte an den ‹Demeter-Bund› übertragen und 1956 Richtlinien erarbeitet und erlassen. Bis 1988 war der Demeterverband der mitgliederstärkste Bio-Anbauverband.

Der größte Demeter Landesverband ist in den vergangenen Jahren auf über 560 biodynamische Betriebe gewachsen, die etwa 27 000 Hektar Land in Baden-Württemberg bewirtschaften.

Für Verbraucher:innen sind in dreizehn Demeter-Kulturregionen Baden-Württembergs vor Ort Bauernhöfe, Gärtnereien, Weinbau, Hofläden und Ferienwohnungen sichtbar. So wird die biologisch-dynamische Gemeinschaft von Erzeuger:innen, Verarbeiter:innen, Gastronomie und Handel transparent.

Es kann uns Landwirt:innen auch durchaus begeistern, dass die S-Bahn am Feld vorbeifährt. So bekommen die Städter mit, dass hier regionale Lebensmittel angebaut werden. Bauernhöfe im Stadtrand-Bezirk, wo gibt es das noch?! Und dann sogar noch biodynamische Landwirtschaft, gemäß Demeter-Richtlinien sowie zukunftsweisende Projekte wie ‹Solidarische Landwirtschaft›. Das trägt alles hoffentlich dazu bei, dass deutlich wird, wie wichtig Agro-Biodiversität mit Äckern, Wiesen, Feldern, Tieren und Bio-Höfen für die regionale Versorgung sind.» *M. P. B., Demeter-Gemüsegärtnerin, 28 Jahre.*

Mit unverhohlenem Stolz berichtet die Demeter-Vereinigung von Baden-Württemberg 2020 über ihre beeindruckende Entwicklung:

«In Stuttgart, nicht gerade als ‹Öko-Stadt› bekannt, hält das Demeter-Restaurant ‹Lässig› ganz gelassen die Fahnen hoch. Doch was ‹Bio› ge-

Biologisch-dynamische Landwirtschaft in Stuttgart

nerell betrifft, gilt es in Kantinen, Mensen und Außer-Haus-Verpflegung noch viel aufzuholen in der Landeshauptstadt. Wenn Nordlichter an das Image von Stuttgart denken, fällt ihnen wohl eher Gottlieb Daimler ein als das Ehepaar Heinze. Dabei haben diese Pionier:innen, nach dem Zweiten Weltkrieg von Stuttgart aus, Aufbauarbeit für die biologisch-dynamische Landwirtschaft in ganz Deutschland geleistet. 1955 stellten Karl und Ursula Reyer ihren Hof in Stuttgart-Möhringen auf die biologisch-dynamische Wirtschaftsweise um. Statt der Versuchung der industriellen Landwirtschaft mit ihren arbeitserleichternden Spritz- und Düngemitteln zu erliegen, setzten sie auf Humusaufbau ihrer Ackerböden – unterstützt durch biologisch-dynamische Präparate – sowie auf die Lebenskräfte des gesamten Hoforganismus mit Biodiversität, Tieren und Fruchtfolgenwechsel.

Wir, die nachfolgenden Generationen, sind Landwirt:innen, Gemüsegärtner:innen und Winzer:innen, die den Impuls der biodynamischen Landwirtschaft weiterleben, weiterentwickeln und die mit Ausbildungsplätzen für Hofnachfolger:innen sorgen wollen. Mit unserem Kompostmanagement, Humusaufbau auf unseren Äckern und in Gewächshäusern, auf Feldern und Weinbergen kümmern wir uns mit unserer kleinteiligen Landwirtschaft um die direkte Versorgung vor Ort.

Landwirtschaft in der Stadt wird für Verbraucher:innen durch innovative Modelle wie die Solidarische Landwirtschaft erlebbar oder auch durch Hofläden, Hof-Cafés sowie Praktika für Schüler:innen und Hofführungen.

Nur wenn Felder, Wiesen und Äcker für die biodynamische Landwirtschaft rund um Städte und Gemeinden erhalten bleiben, kann es biodynamisch erzeugtes Gemüse, Fleisch und Getreide auch weiterhin vor Ort geben. Unsere Demeter-Betriebe rund um Stuttgart mit Milch, Gemüse (ja, es gibt sogar Demeter-Filderkraut), Kartoffeln, Obst, Getreide und Wein befinden sich am Albtrauf, in Stuttgart und bis ins Remstal auf insgesamt 1 560,90 Hektar. Das sind etwas mehr als 2 000 Fußballfelder.»[122]

Mathematisch-Astronomisches

Die verschiedenen Sektionsgebiete traten in Stuttgart unterschiedlich deutlich in Erscheinung. Häufig wurden sie durch Zusammenarbeit mit verwandten Arbeitsfeldern sichtbar. In besonderem Maß galt das für Mathematisch-Astronomische Fragestellungen.

Eberhard Schickler bezog die entsprechenden Arbeitsergebnisse fortwährend in die Fortbildungsveranstaltungen der Ärztetagungen ein.

Im April 1947 rühmte Gerbert Grohmann das Zusammenkommen von Mitarbeitern aller Fachgebiete, denn «gründliches Fachwissen, nicht aber Spezialistentum sollten den Bildteppich dieser Arbeitswoche weben». Es sollte dadurch jene Vielseitigkeit gewährleistet sein, «welche die anthroposophische Naturforschung von jeder anderen unterscheidet».

So bildete den Auftakt ein Vortrag von Georg Hartmann über Nicolaus Cusanus, der von Rudolf Steiner als so bedeutsam am Wendepunkt zum Bewusstseinsseelenzeitalter stehende Persönlichkeit bezeichnet wurde.

Mit Georg Hartmann wurde für diesen Vortrag jener ehemalige Klassenlehrer der Waldorfschule berufen, der 1935 die verwaiste Klasse von Caroline von Heydebrand übernommen hatte, 1945 mit Friedrich Kempter die Freie Waldorfschule Engelberg in Schorndorf gründete und in fortwährender Zusammenarbeit mit der Anthroposophischen Gesellschaft in Stuttgart stand. 1950 gründete er dort den Hegel-Zweig und seit 1951 gestaltete er die großen pädagogischen Sommertagungen mit, die sich in der Nachfolge der 1923 von Rudolf Steiner eingerichteten pädagogischen

Georg Hartmann

Ostertagungen sahen. 1960 wurde er ans Goetheanum berufen, um dort ein «Allgemein Anthroposophisches Seminar» aufzubauen und ab 1962 das Pädagogische Seminar zu übernehmen.

In der von Hartmann 1935 übernommenen Klasse befand sich auch der Schüler Suso Vetter, mit dem er später eine intensive Zusammenarbeit im Rahmen der mathematisch-astronomischen Sektion pflegen sollte.

Auf der Ärztetagung von 1947 folgte auf den Vortrag Hartmanns ein Beitrag von Walther Bühler zum «Wirken der Wandelsterne in den Jahreszeiten», in «sauberer phänomenologischer Betrachtungsweise».

Das Gesamtthema der Tagung lautete «Das Wirken kosmischer und irdischer Kräfte».[123]

Ebenso konsequent dokumentierte Eberhard Schickler die fortwährende Zusammenarbeit mit den Freunden des mathematisch-astronomischen Fachgebietes in seinem Bericht über die große Ärztetagung von Ostern 1948.

«Für unsere medizinische Arbeit (Ostern 48) hatten wir das Thema Herz und Kreislauf in Forschung und Therapie gewählt, nachdem etwa zwei Jahre lang über Ernährungs- und Stoffwechselprobleme gearbeitet worden war. Diesmal haben wir dabei in großem Umfang die Mitarbeit vieler Fachgebiete aus den Naturwissenschaften erbeten und erhalten. Es gilt ja – Rudolf Steiner hat das oft und deutlich, besonders im Zyklus für die astronomische Sektion gesagt –, dass ganz neue Zusammenhänge erkannt werden, wenn sich die Vertreter z. B. der Astronomie mit Embryologen und Mathematikern zusammensetzen. Wir haben damit jetzt so ausgezeichnete Erfahrungen gemacht, dass wir unsere Forschungsergebnisse sowohl in Arbeitsgruppen als auch auf den Tagungen immer mit den Freunden aller Fachgebiete zusammen ausarbeiten werden.»

Eberhard Schickler selbst trug auf dieser Tagung drei Aspekte zum Verständnis des menschlichen Kreislaufs nach Entstehung und Funktion vor.

Erstens: Alle Hohlorgane werden durch den aufgenommenen Inhalt gedehnt und ziehen sich dann hinter dem ausgereiften Inhalt auf ihre ursprüngliche Organform wieder zurück.

Zweitens: Der Blutstrom im rechten Vorhof quirlt die Blutströme aus Gehirn und Leber in solchen Spiralen zusammen, wie in der Schnecke zwei Flüssigkeitssäulen spiralförmig gegeneinander schwingen, zwischen denen dann das Gehörorgan ausgebildet liegt.

Entsprechendes zeigt die linke Seite des Herzens, wo durch Vorhof, linke Kammer und anschließenden Aortenbogen in etwa halbkreisförmige Schlingen verlaufen, die ungefähr (der Idee nach aber exakt) senkrecht aufeinanderstehen und dabei Formen zeigen, welche an dem Gleichgewichtsorgan exakt ausgebildet sind.

Drittens: Die Menschengestalt kann durch mathematische Umformungen als vierkammeriges Hohlorgan dargestellt werden, vierkammerig mit Wandformen wie das Herz. Seine Hohlräume können nach der nicht-euklidischen Geometrie als ätherische Räume mit saugendem Charakter verstanden werden.

Suso Vetter

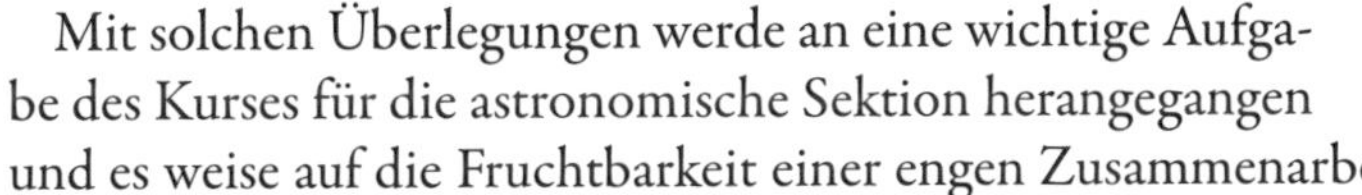

Mit solchen Überlegungen werde an eine wichtige Aufgabe des Kurses für die astronomische Sektion herangegangen und es weise auf die Fruchtbarkeit einer engen Zusammenarbeit.

Suso Vetter wurde am 16. Dezember 1924 in Rothenburg ob der Tauber geboren und besuchte die Waldorfschule, wo er vor allem durch Caroline von Heydebrand und Georg Hartmann geprägt wurde. Nach der Schließung der Schule machte er ein Notabitur. Seine kritische Haltung dem NS-Regime gegenüber führte zur Vernehmung durch die Gestapo, was glücklicherweise ohne weitere Folgen blieb. Im Krieg diente Vetter als Funkoffizier auf einem Minensuchboot in der Nord- und Ostsee. Nach dem Krieg studierte Vetter Geologie, half beim Wiederaufbau der Waldorfschule sowie der Stuttgarter Sternwarte auf der Uhlandshöhe und besuchte das Waldorflehrerseminar. Joachim Schultz lud ihn ein, in der Mathematisch-Astronomischen Sektion bei experimentellen Arbeiten mitzuwirken. Vetter ging zunächst für neun Monate und in den folgenden Jahren immer wieder für kürzere Zeiten nach Dornach. Nach dem Tod seines Freundes übernahm er auf Anfrage des Vorstands der Anthroposophischen Gesellschaft 1953 die Aufgaben von Joachim Schultz. Die sorgfältige Gestaltung des *Sternkalenders* der Mathematisch-Astronomischen Sektion war ihm ein besonderes Anliegen. Mit dem Jahrgang 1958/59 verlegte er wieder den Beginn des Kalendariums auf Ostern, den Beginn des kosmischen Jahres. Er zeichnete alle Figuren selbst von Hand und wählte mit Fantasie und Kompetenz die literarischen und naturwissenschaftlichen Beiträge aus. Daneben baute er die Kepler-Sternwarte auf, gab viele Kurse und widmete sich der Weiterführung, Ordnung und Herausgabe des wissenschaftlichen und literarischen Nachlasses von Schultz. Vetter steckte viel Energie in die Neukonzeption der experimentellen Arbeiten zu irdischen Tierkreiswirkungen.

Seinem Leitmotiv folgend, arbeitete Suso Vetter Ende der Sechzigerjahre das erste Mal mit Schülern der Engelberger Waldorfschule die Bewegungen der Planeten eurythmisch aus. Seitdem wurde dies des Öfteren wiederholt, das letzte Mal für eine landwirtschaftliche Tagung auf dem Engelberg kurz vor seiner letzten Krankheit.

Zwölf Jahre lang veranstaltete er, immer unter Einbezug der Eurythmie, zunächst mit Heinz Eckhoff, dann mit Jörgen Smit Dreikönigs-Tagungen für Mitglieder der Ersten Klasse der Freien Hochschule.

Suso Vetter starb nach einem überreichen Arbeitsleben in seinem achtundsechzigsten Lebensjahr am 24. Mai 1992 in Filderstadt.

Naturwissenschaften

Als Hans Heinze im Frühjahr 1947 in der ersten Ausgabe der *Mitteilungen aus der anthroposophischen Arbeit in Deutschland* von der Gründung einer «Arbeitsgemeinschaft der Naturwissenschaftler» berichtete, hatten bereits zwei größere naturwissenschaftliche Arbeitstagungen in Stuttgart stattgefunden.

An verschiedenen Orten hatten sich im Umkreis von Gisbert Husemann, Friedrich Kipp, Walther Bühler, Karl Ernst Schäfer, Arthur Fuchs und Wilhelm Pelikan örtliche Arbeitsgruppen gebildet, die sich nun zu einer Arbeitsgemeinschaft verbanden und in Stuttgart am Adelheidweg 4 eine Geschäftsstelle einrichteten.

Die Arbeit erfuhr eine Steigerung mit der dritten Tagung, die als «Naturwissenschaftliche Arbeitswoche» vom 29. Juli bis 2. August 1947 in Stuttgart durchgeführt wurde. Von ihr berichtete Gerbert Grohmann ausführlich im Oktoberheft der *Mitteilungen*.

Gerbert Grohmann wurde am 5. Juni 1897 in Braunsdorf bei Freiberg in Sachsen geboren und wuchs im Erzgebirge auf, wo sein Vater als Gefängnisgeistlicher arbeitete.

Nach dem Abitur 1916 wurde er einberufen und begann 1919 nach der Entlassung aus dem Kriegsdienst ein naturwissenschaftliches Studium in Leipzig, das er 1923 mit Auszeichnung und Promotion abschloss.

Noch im selben Jahr reichte er die Examensarbeit für das Lehramt bei dem dreißig Jahre älteren Hans Driesch ein. Driesch hatte 1887 an der Universität Jena Zoologie bei Ernst Haeckel studiert und promoviert.

Studienreisen führten ihn nach Plymouth, Indien, Dalmatien, Neapel und Aberdeen. 1909 wurde er Privatdozent in Heidelberg, 1920 Ordinarius in Köln und 1921 ordentlicher Professor und Direktor des Philosophischen Seminars der Universität Leipzig. 1923 verlieh ihm die Universität Hamburg den medizinischen und die Universität Nanking einen naturwissenschaftlichen Ehrendoktor.

Gerbert Grohmann

Driesch ging von der Frage aus, ob eine rein materielle Struktur als Grundlage des Formbildungsgeschehens denkbar ist oder nicht und hielt es für unmöglich, die Gestaltbildung der Organismen auf diese Weise hinreichend zu erklären. Vielmehr ging er von einem immateriellen Faktor aus, der in die räumliche Formgebung hineinwirke.

In der bei Driesch eingereichten Arbeit führte Grohmann den anthroposophischen Begriff des Ätherleibs ein, begründete ihn durch exakte Begrifflichkeit und wurde von Driesch mit einer Eins benotet.

Hans Driesch

Während seines Studiums begegnete Grohmann in Tübingen unter anderem Gottfried Husemann und Ernst Weißert.

1923 fand sich eine Gruppe junger Menschen, die bei Johannes Trüper in der «Trüperschen Anstalt» auf der Sophienhöhe arbeitete, um den Gedanken einer ganzheitlichen Heilpädagogik zu verwirklichen. Sie wollten benachteiligte Kinder nicht nur schützen und beschäftigen, sondern durch geistige und künstlerische Bildungsinhalte eine gesundende Entwicklung fördern.

So wendeten sich Siegfried Pickert, Franz Löffler und Albert Strohschein mit der in Jena tätigen Ärztin Dr. Ilse Knauer an Rudolf Steiner mit der Bitte um Hilfe. Ilse Knauer gab den Hinweis auf ein auf dem Lauenstein zur Miete angebotenes Haus in Jena. Darin wurde 1924 das «Heil- und Erziehungsinstitut für Seelenpflege-bedürftige Kinder» mit fünf Kindern am Lauenstein eröffnet.

Gleichzeitig hatten sich junge Lehrer und Studenten zum Jana-Zwätzener-Kreis zusammengeschlossen, um sich für eine Tätigkeit an einer Waldorfschule vorzubereiten. Es war der Vorläufer eines Waldorfseminars, in dem Grohmann die naturkundlichen Fächer übernahm. Erst 1928 richteten Caroline von Heydebrand und Bettina Mellinger die Lehrerbildungskurse an der Waldorfschule ein.

Grohmann ging zunächst mit einigen Mitgliedern der Zwätzener-

Gruppe als Mitarbeiter in das «Heil- und Erziehungsheim Lauenstein». 1929 übernahm er eine zweite Klasse an der neu gegründeten Waldorfschule Dresden.

Im selben Jahr erschien in Stuttgart sein Buch *Die Pflanze als dreigliedriges Wesen in ihren Wechselbeziehungen zwischen Erde und Mensch*, das im Laufe der Zeit erweitert wurde und zahlreiche Auflagen erfuhr.

Neben dem goetheanistischen Wissenschaftler wurde in Grohmann immer auch der einfühlsame Pädagoge wirksam, der mit der *Kleinen Pflanzenkunde für Kinder* ein unübertroffenes Lesebuch für Kinder schuf.

1937 übersiedelte er in Ablehnung des Sonderstatus der Dresdener Schule nach Stuttgart und wurde wissenschaftlicher Mitarbeiter der Weleda AG. Dort blieb er von der Verfolgung durch die Gestapo nicht verschont. Seine Vortragstätigkeit wurde verboten, die Neuauflage der «Pflanze» beschlagnahmt und vernichtet. Ausgebombt zog er 1944 auf die Schwäbische Alb und beteiligte sich 1946 am Neubeginn der Stuttgarter Waldorfschule und des Lehrerseminars.

Mit Gisbert Husemann und Friedrich Kipp begründete er die jährlichen Arbeitstagungen der anthroposophischen Naturwissenschaftler, blieb intensiv mit der biologisch-dynamischen Arbeit und insbesondere mit Hans Heinze verbunden.

Friedrich Kipp, geboren am 17. März 1908 in Höfingen bei Leonberg und in Filderstadt am 30. Juni 1997 verstorben, gehörte zu den ersten Waldorfschülern. Die Tatsache, dass nach der Einschulungsfeier für mehrere Wochen wegen der fehlenden Schulbänke «schulfrei» war, veranlasste ihn zu der launigen Bemerkung, dass ihm daran aufgegangen sei, was das Attribut «frei» im Namen der Schule zu bedeuten habe.

Einprägsame Schulerlebnisse hatte Kipp durch die persönliche Begegnung mit Rudolf Steiner, dem Chemieunterricht bei Eugen Kolisko, dem Deutschunterricht bei Walter Johannes Stein und im Malunterricht bei Karl Schubert.

Einmal saß Rudolf Steiner nur drei Stühle von ihm entfernt und dem interessierten Knaben fiel auf, dass sein Antlitz von Abertausenden von kleinen Fältchen zerfurcht war.

Rudolf Steiner empfahl den Lehrern, den aufgeweckten Knaben die naturkundliche Sammlung der Schule betreuen zu lassen.

Nach der Schulzeit studierte Friedrich Kipp Biologie, Geologie und Chemie in Stuttgart, Kiel und Tübingen. Seine Dissertation verfasste er 1936 über den Vogelzug: *Studien über den Vogelzug im Zusammenhang mit Sonnenlauf und Mauserzyklus*.

Er sah in ihnen einen Beleg für das Einwirken der Tier-Gruppenseele. Später ergänzte er diese Sicht durch Einflüsse von Sonne, Sternen und Umwelt auf die innere biologische Uhr der Vögel.

Friedrich Kipp

Friedrich Kipp war in seinem Leben als Gymnasiallehrer für Biologie und Chemie, als Wissenschaftler für Flugmedizin, als Autor von mehr als dreißig ornithologischen Fachabhandlungen, goetheanistischer Naturforscher und engagierter Anthroposoph tätig.

In den naturwissenschaftlichen Tagungen war er als ein um gründliche Besonnenheit bemühter und zugleich durchaus streitbarer Kollege geschätzt.

Im Sommer 1947 bildete neben den im Zusammenhang der Ärztetagungen bereits erwähnten Beiträgen von Georg Hartmann über Nicolaus Cusanus und Walther Bühler zu den Wandelsternen die Mitarbeit von George Adams, Olive Whicher und Frits Julius besondere Höhepunkte.

George Adams hatte die Anregungen Rudolf Steiners auf dem Gebiet der projektiven Geometrie fruchtbar weiterentwickelt. Die Teilnehmer sahen in den vorgeführten Umstülpungsmetamorphosen staunend pflanzliche und tierische Formen entstehen. Daraus ergab sich eine exakte Möglichkeit, vom sinnlichen Raum in den ätherischen Raum forschend vorzudringen.

Frits Julius bereicherte den Umkreis dieser Darstellungen durch eine lebendige Bildhaftigkeit bezüglich chemischer Prozesse und des Tierkreises.

Michael Aschenbrenner behandelte die Substanzkräfte des Phosphors der vorangegangenen Betrachtungsweise folgend – nicht allein ihrer chemischen Natur nach, sondern bezog auch ihre Kraftentfaltung im Bereich des Lebendigen ein.

Deutlich wurde während der Arbeitswoche die Aufgabe identifiziert, die Ergebnisse der modernen Physik bis hin zur Atomphysik in das spirituelle Weltbild einzubauen. Die Physik tritt in der Gegenwart mit hegemonialem Anspruch auf, ihr mechanistisches Weltbild als einzig mögliche Sichtweise aufzudrängen. Demgegenüber tritt die Aufgabe an die anthroposophische Naturwissenschaft heran, auch hier das Geistige sichtbar zu machen, durch denkendes Erkennen alteingesessene Begriffe zu entwirren, falsch gedeutete Versuchsergebnisse in das rechte Licht zu rücken und theoretische Vorstellungen, welche irrtümlich als Tatsachen hingenommen werden, klarzustellen.

Gerbert Grohmann schloss seinen Bericht mit den Worten: «Auf der Tagung wirkten Mitarbeiter von Universitätsinstituten, Lehrer, Landwirte, Ärzte usw. mit reger Anteilnahme am Erkenntnisstreben des anderen zusammen, und alle fühlten die zentrale Bedeutung dessen, was vorgetragen und diskutiert wurde, denn hier wurde das Rüstzeug geschmiedet auch für die praktischen Berufe!

Mit einer wohlgelungenen Eurythmieaufführung konnte unsere fünftägige Arbeit abgeschlossen werden. Wo Kunst und Wissenschaft ineinanderfließen – und jeder empfand es deutlich, dass die Eurythmie nicht neben der wissenschaftlichen Arbeit stand –, da bestätigen sich in schönster Weise die geistigen Triebkräfte.»[124]

Bereits in derselben Nummer der *Mitteilungen* wies Hans Heinze mit Grohmann auf die nächste Arbeitstagung der Naturwissenschaftler mit dem thematischen Stichwort «Farbenlehre» hin. Er erklärte, dass eine «Neu-Erarbeitung der Goethe'schen Farbenlehre unter Einbezug aller neu hinzugekommenen Phänomene dringendes Erfordernis» sei.

In diesem Zusammenhang machte er auf die Arbeiten von Max Rebholz, Freiburg i. Br., aufmerksam, dessen Studien unter dem Titel *Beiträge zu Goethes Farbenlehre* 1942 in Freiburg erschienen waren.

Rebholz veröffentlichte unter dem Pseudonym Max Barth die Arbeit *Der Farbenkreis I. Beiträge zu einer goetheanistischen Farbenlehre*. Darin setzte er sich vehement für Goethes Farbenlehre ein und zitierte den alten Goethe aus seinen *Gesprächen mit Eckermann*: «Auf alles, was ich als Poet geleistet habe, bilde ich mir gar nichts ein. Es haben treffliche Dichter mit mir gelebt, es lebten noch trefflichere vorher und es werden ihrer nach mir sein. Dass ich aber in meinem Jahrhundert in der schwierigen Wissenschaft der Farbenlehre der Einzige bin, der das rechte weiß, darauf tue ich mir etwas zugute, und ich habe daher ein Bewusstsein der Superiorität über viele.» So couragiert sich Rebholz für Goethe einsetzte – die Schrift über den Farbenkreis erschien 1942 –, so qualifiziert setzte er sich mit den Verfechtern der Atomistik und Wellentheorie auseinander.

Rebholz wurde am 2. Dezember 1890 in Konstanz geboren und starb überraschend an einem Herzschlag am 23. Dezember 1950 in Horn bei Radolfzell.

Er begeisterte sich schon mit neunzehn Jahren für Theosophie. 1913 trat er, bereits Mitglied der deutschen Sektion der Theosophischen Gesellschaft, in München der neu gegründeten Anthroposophischen Gesellschaft bei und gründete ein Jahr später mit Otto Graf Lerchenfeld, Harriet von Vacano und Toni Völker in Kreuzlingen den Parzival-Zweig der Anthroposophischen Gesellschaft.

Rebholz' Anliegen war, Rudolf Steiners Werk gründlich kennenzulernen. Daher legte er nach dem Vorbild von Adolf Arensons *Leitfaden* eine Sachwortkartei an, um das Material für geplante Veröffentlichungen systematisch zu sammeln.

Max Rebholz

1918 gründete er in Konstanz den Wölfing-Verlag, in dem er erlesene Beispiele anthroposophischer Literatur herausbringen wollte. Dazu gehörten Autoren wie Elise Wolfram, Albrecht Wilhelm Sellin, Hermann Heisler und Walter Johannes Steins Dissertation.

Rebholz war verheiratet und hatte eine Tochter. Aus seinem Privatleben ist wenig bekannt. Vor und nach dem Verbot der Anthroposophischen Gesellschaft 1935 durch die Nationalsozialisten publizierte er unverdrossen weiter. Das führte zu seiner Verhaftung und in eine gemeinsame Zelle mit Emil Bock. Bock beschrieb Rebholz als still und zart. Nach dem Krieg setzte Rebholz seine Arbeit im Novalis Verlag von Friedrich Herbert Hillringhaus fort, für dessen Zeitschrift *Die Kommenden* er ebenfalls schrieb.

Zu seinen schriftstellerischen Leistungen gehört das 1936 in Breslau erschienene *Zur Systematik der Geisteswissenschaft*, als Herausgeber *Briefe über den Sinn des Lebens*, Rundbriefe, Studienhefte für Anthroposophie und die Darstellung über *Goethes Märchen von der grünen Schlange und der schönen Lilie mit besonderem Bezug auf Die Pforte der Einweihung* von 1949.

Ab 1981 erschien im Verlag Freies Geistesleben die Heftreihe *Der Farbenkreis. Beiträge zu einer goetheanistischen Farbenlehre* mit dem Aufsatz von Max Barth über «Goethe und die Physik» sowie einer Würdigung der Arbeit von Rebholz durch Heinrich Oskar Proskauer.

Das Thema der in Aussicht genommenen Tagung lautete schließlich «Vom Wesen und Wirken des Lichtes». Vom 3. bis 7. Januar 1948 vereinigte sie über hundert naturwissenschaftlich Forschende und Interessierte in der Waldorfschule in Stuttgart.

Das Bedürfnis der Teilnehmer ging dahin, sich dieses Mal auf eine enger begrenzte Thematik zu konzentrieren. Und wenn es auch Max Rebholz war, der über den Kontakt mit Hans Heinze die Richtung angegeben hatte, so entwickelte die Tagung über den so viele Facetten des Themas vermittelnden Georg Hartmann ihr ganz eigenes Profil. Er fasste es mit den Worten zusammen: «Unsere naturwissenschaftlichen Bestrebungen müssen immer ein doppeltes Ziel haben: erstens die Herausarbeitung klarer und lebendiger Grundbegriffe auf gesicherter Erkenntnisgrundlage und zweitens die Erweiterung des Blickfeldes für die Naturphänomene durch das Studium der Geisteswissenschaft und das Beschreiten des durch Rudolf Steiner gewiesenen Erkenntnispfades.»[125]

Hartmann setzte das Licht als eine wirkliche Wesenheit in der Sinneswelt, die aber selbst außersinnlich ist, in Beziehung zum Denken, das auch als ein Außersinnliches im Sinnenbereich ist und von jedem Menschen beobachtet werden kann. Wie das Licht im Raum den Gegenständen einen Seins-Charakter verleiht, der ohne das Licht nicht gegeben ist, so bringt das Denken Licht in die beziehungslose Fülle der Wahrnehmungen.

Kurt Röth sprach «Zum System der Farben» und zeigte, wie die Farben ihrer Entstehung nach sich gliedern zwischen Einflüsse des übersinnlichen und des untersinnlichen Gebietes.

Daran anschließend entwickelte Arthur Fuchs den Begriff der Komplementarität an den Wirkungen des untersinnlichen Gebietes als «Effekte» gegenüber den gewöhnlichen Naturphänomenen.[126]

Gerbert Grohmann führte in den Bereich des Lebendigen durch seine Darstellung über «Die Pflanze als Lichtsinnesorgan der Erde». Michael Aschenbrenner behandelte die chemischen Wechselwirkungen zwischen Licht und Materie, indem er von Bundesgenossen und Gegnern des Lichtes im Bereich der chemischen Elemente und ihrer Verbindungen sprach. Franziska Fuchs folgte einer Aufgabenstellung Rudolf Steiners, «das Auge als Parallelbildung zum ganzen Organismus zu untersuchen». Friedrich Kipp regte mit seinen Ausführungen über «Licht und Idee» zu fruchtbaren Gesprächen an, «wie überhaupt die an den Nachmittagen stattfindenden Aussprachen nicht nur zu einer immer größeren Klärung der Begriffe, sondern auch ganz besonders zu einem wahrhaft menschlichen Sich-Zusammenfinden im Erkenntnisringen führten».

Mit den Beiträgen von Johannes Rohen, Gisbert Husemann, Julius Hebing und Heimo Rau wurden weitere Dimensionen im sowohl wissenschaftlichen als auch künstlerischen Zugang zum Tagungsthema erschlossen.

Gerbert Grohmann schloss die Tagung aus dem Bewusstsein einer anthroposophischen Gesamtverantwortung und der Freude über ein auch soziales Wachstum der Zusammenarbeit ab.

Bereits im Herbst 1946 ergriff Emil Leinhas die Initiative zur Wiederbelebung der durch Verbotszeit und Krieg unterbrochenen Arbeit an den Ideen zur Dreigliederung des sozialen Organismus.

Damit traf er auf eine große Resonanz, denn der ganze Umfang des gesellschaftlichen Lebens bedurfte einer Neugestaltung. So konnte er berichten, dass auf der sozialwissenschaftlichen Tagung am 5./6. Oktober 1946 in Stuttgart unter Beteiligung von etwa zweihundert Mitgliedern aus ganz Deutschland in der Anthroposophischen Gesellschaft eine «Sozialwissenschaftliche Arbeitsgemeinschaft» begründet wurde. Als Mitglieder dieser Arbeitsgemeinschaft meldeten sich damals dreißig Arbeitsgruppen und eine große Anzahl von Einzelpersönlichkeiten an. Im Adelheidweg 4 wurde eine Geschäftsstelle eingerichtet. Neue Arbeitsgruppen wurden eingeladen, ihre Anschrift mitzuteilen, damit Benachrichtigungen zugeschickt und ein Netzwerk eingerichtet werden könne.

Dieses Netzwerk sollte nicht allein organisatorische Aufgaben leisten. Vielmehr galt es inhaltliche Grundlagen zu erarbeiten und den Aktionismus der Zwanzigerjahre zu vermeiden. Emil Leinhas schrieb daher in einem *Rundbrief* von einer jüngst durch Guenther Wachsmuth erhaltenen Mitteilung und griff in weiteren Beiträgen die ausgesprochene Mahnung konstruktiv auf:

«Auf eine Anfrage einer unserer Arbeitsgruppen, die sehr stark nach äußerer Aktivität drängt, antwortete Herr Dr. Wachsmuth durch Mitteilung einer ‹Erinnerung an letzte Gespräche mit Herrn Steiner›: ‹Rudolf Steiner äußerte aufgrund der konkreten und schwerwiegenden Erfahrungen nach dem Ersten Weltkriege, dass es in Zukunft vor allem erst einmal darauf ankommen werde, dass eine genügend große Anzahl von Anthroposophen sich eine intensive Kenntnis der Dreigliederungsgedanken erwerbe, und dass man aus den damaligen Fehlern lernen müsse, dass irgendwelche hastige oder laute öffentliche Vertretung der Dreigliederungsgedanken ... ohne diese zunächst zu schaffende Grundlage nur Schaden stiften könnte. Wenn diese Grundlage erst einmal geschaffen sei, dann müsse auch noch der historische Zeitpunkt erwartet werden, in dem sich aus der Situation heraus eine fruchtbare Möglichkeit der Realisierung ergibt.› Ich möchte diese Mitteilung, die mir außerordentlich beachtenswert erscheint, hiermit allen an der sozialwissenschaftlichen Arbeit teilnehmenden Freunden zur Kenntnis bringen. Die von Rudolf Steiner damals als notwendig erachtete Grundlage eines intensiven Studiums der Dreigliederungsgedanken scheint mir auch heute noch nicht bei einer genügend großen Anzahl von Anthroposophen vorhanden zu sein. Als eine solche Grundlage genügt es ja nicht, dass man die Dreigliederungsgedanken theoretisch verstehen kann. Dazu ist vielmehr eine lebendige Aufnahme des Impulses zur Dreigliederung des sozialen Organismus in Kopf und Herz, ja in Fleisch und Blut des einzelnen Menschen notwendig.

Auf diesem Gebiet ist noch sehr viel Aktivität nach innen zu entfalten, bevor man es wagen kann, sehr stark an eine breitere Öffentlichkeit heranzutreten oder gar maßgebende Amtsstellen oder offizielle Persönlichkeiten dauernd mit unerwünschten Vorschlägen zu überfallen. Propagandistisches Auftreten verträgt sich weder mit Anthroposophie noch mit Bestrebungen, die aus der Anthroposophie hervorgehen.

Wenn ein Bedürfnis dazu besteht und die Reisemöglichkeiten es erlauben, kann im Laufe dieses Winters eine weitere Tagung für alle Mitarbeiter der sozialwissenschaftlichen Arbeitsgemeinschaft stattfinden. Anregungen dazu und Anträge für die zu behandelnden Fragen, sowie Anmeldungen zu Vorträgen und Aussprachen über bestimmte Themen nehmen wir gerne entgegen. Inzwischen möchten wir aber empfehlen, sich gegenüber Gründungen, die außerhalb des Zusammenhangs der Gesamtbewegung da und dort auf eigene Faust unternommen werden, ablehnend zu verhalten.»[127]

Bald darauf ergab sich die Gelegenheit, die empfohlene Grundlagenarbeit mit einer konkreten Thematik anzuregen. In einer Gegenwart, die von Aufräumarbeiten und allerersten Erfolgen bei der Schaffung einer funktionierenden Infrastruktur bestimmt war, stand die Frage nach den Geldverhältnissen ganz oben auf der Tagesordnung. Als erfahrener Unternehmer und Verwalter großer Vermögen war Emil Leinhas wie wenige berufen, sich zu dem Thema zu äußern. Die Mitglieder der Sozialwissenschaftlichen Arbeitsgemeinschaft wurden eingeladen, sich ein gemeinsames Verständnis der Sachverhalte zu erarbeiten:

«Das Geldproblem: Das Problem des dreifachen Geldes – Kaufgeld, Leihgeld, Schenkungsgeld – bzw. die praktische technische Durchführung der Hinweise, die Rudolf Steiner dafür gegeben hat, bereitet den Freunden der Dreigliederung wohl die meisten Schwierigkeiten. Die hiesige sozialwissenschaftliche Arbeitsgruppe befasst sich seit einiger Zeit besonders mit diesem Problem und möchte, sobald ein befriedigendes Ergebnis ihrer Studien vorliegt, darüber etwas mitteilen. Die Arbeitsgruppe wäre dankbar, wenn ihr von anderen Arbeitsgruppen Anregungen zu dieser Problemstellung oder Ergebnisse, die dieses Problem berühren, evtl. bestimmte

Fragen dazu, schriftlich mitgeteilt würden, damit solche Berichte mitverarbeitet werden können.»

Die Beschäftigung mit dem Geldproblem geschah gleichzeitig zum lebhaften Gründungsgeschehen der Waldorfschulen. Nach dem Krieg entstanden mehr Schulen, als vor den Verboten bestanden hatten. Die Zeit der Unterdrückung hatte das Verlangen nach einer unbelasteten, sich an den Bedürfnissen des heranwachsenden Menschen orientierten Pädagogik gesteigert. Mit der Gründungsbegeisterung war jedoch auch die Gefahr von Illusionen verbunden. Als Vorstand des Waldorfschulvereins war Leinhas dieses Problem wohlbekannt und er äußerte sich in einem Aufsatz «Kleine Betrachtung zu einem großen Problem»:

«Von der Freiheit des Geisteslebens ist jetzt viel die Rede. Es war ja auch zu schlimm – namentlich in Deutschland – mit der Abhängigkeit des Geisteslebens vom Staat! Jeder sieht ein: Die Religion und ihre Lehre, Kunst und Wissenschaft müssen frei sein. So steht es sogar in den Verfassungen der meisten deutschen Staaten. Erziehung und Unterricht? – da wird die Sache schon etwas schwieriger. Immerhin: Die Einsicht, dass das Geistesleben nicht vom Staat verwaltet, und nicht von wirtschaftlichen Mächten abhängig sein darf, breitet sich langsam aus.

Aber indem man so von der notwendigen Freiheit des geistigen Lebens spricht, ist man doch viel zu sehr geneigt, an die Einrichtungen des kulturellen Lebens zu denken; an die Kirchen, die Hochschulen, die Kunstakademien, an Ausstellungen, Theater, Konzerte, Vortragsveranstaltungen usw.

Das Geistesleben umfasst viel mehr als das, was sich innerhalb dieser Einrichtungen abspielt. Zum Geistesleben gehört ‹alles dasjenige, was beruht auf der natürlichen Begabung des einzelnen menschlichen Individuums, was hineinkommen muss in den sozialen Organismus auf Grundlage dieser natürlichen, sowohl der geistigen wie der physischen Begabung des einzelnen menschlichen Individuums›. (Rudolf Steiner, *Die Kernpunkte der sozialen Frage*, II. Kapitel.)

Den Ausgangspunkt, den Quellpunkt alles geistigen Lebens bildet das einzelne menschliche Individuum – nicht irgendeine kulturelle, wissenschaftliche oder religiöse Einrichtung. In diesen Einrichtungen ist nur so viel geistige Freiheit, als ganz individuelle menschliche Freiheit darin zur Geltung kommen kann. Eine sogenannte ‹freie Schule›, in die der Staat gar nicht hineinredet, in der aber in irgendeiner dogmatischen Weise unterrichtet wird, hat mit der Freiheit des Geisteslebens weniger gemein als eine Staatsschule, in der ein Lehrer aufgrund seiner besonderen pädagogischen Begabung sich – trotz staatlicher Beaufsichtigung – den freien Lebensraum für seine individuelle Leistung zu schaffen versteht. Man darf eben auch die Freiheit des Geistes nicht in dogmatischer Weise vertreten.

Und dies ist eine Gefahr, die im geistigen Leben sogar ständig lauert. Das Geistesleben ist mehr als die andern beiden Lebensgebiete durch sich selbst der Gefahr ausgesetzt, einem gewissen Dogmatismus und Autoritätsglauben zu verfallen. Das Geistesleben beruht auf zwei Elementen: auf menschlichem Vertrauen und auf menschlicher Freiheit. Ohne menschliches Vertrauen ist ein geistiges Leben ebenso wenig denkbar wie ohne menschliche Freiheit. Die menschliche Freiheit missverstanden führt zur Zügellosigkeit des Individuums; das menschliche Vertrauen zur Vertrauensseligkeit und zum Autoritätsglauben.

Nun verlangt aber das Geistesleben aus sich selbst heraus nach einer gewissen hierarchischen Ordnung. Alles Geistesleben der Geschichte war stets hierarchisch orientiert. Das Hierarchische ist sozusagen ein notwendiges Lebenselement des Geisteslebens. Aber dieses Element trägt auch seine Gefahr in sich. Und diese Gefahr kann nur ihren Ausgleich finden – wenigstens gilt dies für das moderne Menschheitsbewusstsein – durch das Element der menschlichen Freiheit.

Die Gefahr, auf die damit hingedeutet wird, fand in einer Ausführung Rudolf Steiners in dem Schweizer Rednerkurs 1921 (IV. Vortrag) einen eigentlich tief erschütternden Ausdruck. Rudolf Steiner sagte damals:

‹Das Geistesleben ist, wenn man ihm gegenübersteht, ein Element, das auf sich selbst gebaut ist; ein sehr strenges Element; ein Element, demgegenüber man fortwährend seine Freiheit bewahren muss, das deshalb nicht anders als auch in Freiheit organisiert werden darf. Lassen Sie einmal eine Generation ihr Geistesleben freier (als bisher! d. V.) entfalten und dann diese Generation dieses Geistesleben organisieren, wie sie es will – und es ist die reinste Sklaverei für die nächste Generation. Das Geistesleben muss wirklich, nicht bloß der Theorie nach, sondern dem Leben nach frei sein. Die Menschen, die drinnen stehen, müssen die Freiheit erleben. Das Geistesleben wird zur großen Tyrannei, wenn es überhaupt auf der Erde sich ausbreitet. Denn ohne dass eine Organisation eintritt, kann es sich nicht ausbreiten, und wenn eine Organisation eintritt, so wird die Organisation zur Tyrannin. Daher muss fortwährend um die Freiheit, die lebendige Freiheit gekämpft werden, gegen die Tyrannis, zu der das Geistesleben selber neigt.›»[128]

Die sozialwissenschaftliche Arbeit wurde dezentral an vielen Orten in Deutschland fortgeführt. Im Stuttgarter Umkreis fand sich um den Heidenheimer Unternehmer Hanns Voith ein Kreis anthroposophisch orientierter Unternehmer, der sich über viele Jahre zu Wochenendtagungen traf. Dieser «Heidenheimer Kreis» setzte sich unter Mitarbeit von Emil Leinhas und Fritz Götte geisteswissenschaftlich und praxisorientiert mit Fragen der Wirtschaft im Zusammenhang der Ideen zur sozialen Dreigliederung Rudolf Steiners auseinander.

Fritz Götte berichtete über Entstehung und Arbeitsweisen: «Ende Juni 1947 fand sich zum ersten Male im ‹Eisenhof› der Voith'schen Fabrik in Heidenheim ein Kreis von Freunden zusammen, denen im Beruf die Aufgabe gestellt ist, Betriebe zu leiten. Sie hatten die Empfindung, dass es notwendig sei, einmal die Erfahrungen zusammenzutragen, die in Erfüllung dieser Aufgabe an verschiedenen Orten und in verschiedenen Wirtschaftszweigen gemacht worden waren. Sie hatten andererseits das Bedürfnis, die Fragen ihrer täglichen Praxis von den Gesichtspunkten aus, die Rudolf Steiner gegeben hat, gemeinsam mit anderen Freunden, die sich in gleicher Verantwortung befinden, durchzudenken.

Inzwischen haben vier solcher Zusammenkünfte in diesem Kreise stattgefunden, die sich jeweils über mehrere Tage erstreckten. Von morgens bis abends waren die Teilnehmer in ernster Arbeit beieinander, in der bis in die konkreten Einzelheiten hinein Antwort auf die Frage gesucht wurde: Wie kann in der Wirtschaft, in der die Seelen der Menschen zerrieben zu werden drohen, der Mensch zur Geltung gebracht werden?

Es gehört zur Methode des Heidenheimer Kreises, dass niemand sich in Referaten ergeht. Die Arbeit vollzieht sich im Rundgespräch, das meist mit einem Zitat von Rudolf Steiner, welches sich auf den betreffenden Gegenstand bezieht, eröffnet wird und das dann von Menschen, die als Wirtschafter wissen, dass Gedanken Folgen haben in der Wirklichkeit, behutsam und diszipliniert geführt wird; wenn auch hinzugefügt werden kann, dass es dabei an innerer Dynamik, ja Dramatik, keineswegs mangelt. Vielfach werden dann in den Pausen unter den Bäumen des schönen Voith'schen Anwesens, aber doch auch im Schatten der Fabrikanlagen dieser Weltfirma die aufgeworfenen Probleme im Zwie- oder Gruppengespräch noch fortgeführt.

Solcherart wurden die Fragen des Betriebsrätewesens, des Lohnes, der Kapitalverwaltung durchgearbeitet, und zwar, wo irgend angängig, von den Erfahrungen und Erlebnissen in der Praxis ausgehend. In den Besprechungen arbeitete sich immer deutlicher heraus, dass ein Betrieb innerhalb des dreigliedrigen sozialen Organismus selber ein dreigliedriges Wesen ist, ja, dass es eine wirklichkeitsgemäße Betriebsführung und ein wirklichkeitsgemäßes Darinnenstehen im Betriebe nicht gibt, wenn man nicht beachtet, wo und wie die drei Sphären des Geistigen, des Menschlich-Rechtlichen und des eigentlich Wirtschaftlichen wirksam sind. Dem mechanisch gedachten und geführten Betrieb kann heute, dank Rudolf Steiner, der Gedanke des lebendigen Betriebs-Organismus gegenübergestellt und aus den Gegebenheiten des modernen Betriebslebens selber heraus weitgehend verwirklicht werden.

Die Apriltagung dieses Jahres zeigte uns in besonderem Maße, wie tief unsere Wirtschaftsfragen mit dem anthroposophischen Leben selber verknüpft sind. Betriebsberichte aus der Fabrikation von Bleistiften und optischem Glas, ferner aus der Seifen- und Heilmittelherstellung zeigten, was es mit wahrer Produktion, die auf der Umwandlung der Natur beruht, auf sich hat und welche Perspektiven die Anthroposophie Rudolf Steiners eröffnet, wenn man an die Fragen des Konsums, der Bedürfnisse des Menschen herangeht, aus denen die Antriebe zum Wirtschaften ja kommen müssen.

An einem der Tagungsabende nehmen die Mitarbeiter des Kreises jedes Mal am Heidenheimer Zweige teil, und es ist schon Übung geworden, dass dann einer der Mitarbeiter den dortigen Freunden aus dem Arbeitsbereich der Wirtschafter etwas vorträgt. So wurde von Emil Leinhas über die Funktion des Geldes gesprochen, von Fritz Götte einmal über die Geschichte des Dreigliederungsgedankens und die inneren Bedingungen für seine Entfaltung heute, und im April über die Wirtschaft in ihrer Geistigkeit. – An einem zweiten Abend fanden sich die Teilnehmer stets zu intimen musikalischen, rezitatorischen und eurythmischen Veranstaltungen zusammen, die immer aufs Neue bis ins Inhaltliche der Darbietungen bewiesen, wie sehr unsere Künstler, aufgeschlossen durch die Anthroposophie, ein Herz für uns Wirtschafter haben; aber auch umgekehrt: wie die Wirtschafter nach der Kunst lechzen, die gerade sie nicht entbehren können.

Die Bemühungen des Heidenheimer Arbeitskreises haben sich ganz in der Stille vollzogen, und sie bedürfen auch weiterhin der Stille. Aber da dennoch häufig von diesem Kreis gesprochen wird, sollte hier einmal kurz darüber berichtet werden.

Diese Arbeit ist unmittelbaren Lebensbedürfnissen entsprungen und nur in Bezug darauf hat sie ihren Sinn. Aber wenn etwas wirklich Fruchtbares in der Richtung des von Rudolf Steiner für die Wirtschaft Gemeinten darin lebt, so wird es zu gegebener Zeit auch den Weg in weitere Zusammenhänge des sozialen Lebens finden.»[129]

Von der intensiven sozialwissenschaftlichen Arbeit in den Jahren nach

1945 zeugt ein Bericht, den Ernst W. Slanina von Entwicklung und Praxis des Sozialwissenschaftlichen Seminars in diesen Jahren gab. Im Unterschied zum exklusiven Heidenheimer Kreis zeigt das Seminar das Interesse einer soziologisch breit gefächerten Teilnehmerschaft.

«Der Umriss der gestellten Aufgabe war durch Zufälligkeiten bestimmt. Als man sich am 19. April zur Eröffnung des Lehrgangs unter Hinzuziehung weniger Freunde zusammenfand, wusste man nur: Es muss und darf sein. Die Lehrer waren gewonnen, der Lehrplan festgelegt. Die Methode der Arbeit jedoch und das eigentliche Ziel des Lehrganges waren erst noch zu finden, brachte doch jeder Hörer seinen ganz eigenen Ausgangspunkt mit, waren doch die schicksals- und bildungsmäßigen Voraussetzungen, die Lebensalter und Berufe denkbar verschieden. Die Teilnehmer waren zwischen 21 und 48 Jahre alt; es waren Arbeiter, Handwerker, Angestellte und freie Berufe vertreten.

Man kam täglich vormittags zusammen zu Hauptkursen und wissenschaftlichen Übungen, die in der Regel je vierzehn Tage lang unter einem Grundthema standen. Man begann mit Grundfragen der Sozialwissenschaft (Schöneborn) und einem Abriss der Bewusstseinsentwicklung (H. Blume). Daran schloss sich eine Arbeitsgemeinschaft ‹Kernpunkte› (Leinhas) und eine erkenntnistheoretische Arbeitsgemeinschaft (Witzenmann) an, welche beide zu den wichtigsten Inhalten des Lehrganges gehörten. Zu den größeren Themenkreisen gehörten dann noch Fragen staatsgeschichtlicher Entwicklung (Naager) und Wirtschaftsfragen (D. Vogel) vom Gesichtspunkt der Dreigliederung, zwei historische Beiträge (v. Grone: Gesellschaftsordnungen der neueren Zeit – Conradt: Historische Rhythmen) und eine Vortragsreihe über Grundlagen der Sozialpraxis (Dr. Wachter). Durch den ganzen Lehrgang hindurch zog sich eine Arbeitsgemeinschaft ‹Theosophie› (Dr. Schühle), die vor allem methodisch viel zur Lockerung sowie zur Belebung und Vertiefung der Gespräche des Lehrganges beitrug. Jede Woche wurde durch ein Colloquium abgeschlossen, in dem vor allem die Hörer selbst mit Beiträgen und Fragestellungen zu Wort kamen. An zwei Nachmittagen der Woche erarbeitete man künstlerisch (Eurythmie und Sprachgestaltung). An einem weiteren Nachmittag erarbeitete man die Okkulte Physiologie (Dr. Schulz).

Lebhaft wirkte die Außenwelt in den Lehrgang herein, nicht nur über Besprechungen der Arbeit anthroposophischer und sozialwissenschaftlicher Gruppen Stuttgarts, sondern auch über Referate, die als Beobachtungsergebnisse und Berichte über das gehalten wurden, was den Hörern in der unmittelbaren sozialen Umwelt ‹auftragsgemäß› begegnete.

Hatte der eine oder andere Teilnehmer zu Beginn des Lehrgangs erwartet, dass es vor allem auf die Entgegennahme intellektuellen Stoffes ankommen würde, so bildete sich sehr bald eine ganz andere Aufgabe als wesentliche heraus: Man hatte eine Arbeitsgemeinschaft von aneinander Erwachenden aufzubauen. Die Mitarbeiter sowohl als auch die Hörer, die immer mehr zu einer – berechtigten – Gemeinschaft wurden, trugen starke Impulse in die Zusammenarbeit. Alle Beteiligten hatten, bei der lebhaften und ernsten Anteilnahme jedes Einzelnen an den Gesprächen, einander zu ertragen und zu tragen. Es wurden Wege der Selbsterkenntnis mühsam gegangen und wichtige Keime für weiteres Üben in dieser Richtung gelegt. Die zu Anfang des Lehrgangs ausgegebenen und in den letzten Wochen gehaltenen Referate der Hörer waren ein wesentliches Element der Arbeit.

Der Abschluss des Lehrganges machte offenbar, dass die anfänglich nur im Umriss deutliche Aufgabe im Verlauf der zwölf Wochen Form und Inhalt bekommen hatte.

Die Hörer, die weiterhin im Arbeitskontakt mit dem Seminar stehen werden, mögen selbst, soweit sie inzwischen schrieben, einiges hinzufügen zur Ergänzung des Berichtes:

‹Die Teilnahme am Unterricht war während der ganzen Zeit so intensiv, wie es sonst nur bei ganz guten Vorträgen erlebt wird. Der unbedingte Wille, in die Probleme einzudringen, war deutlich spürbar. Ich darf wohl sagen, dass wir uns alle gegenseitig getragen haben.›

‹Was war lebendig in diesem Keim? Enthusiasmus, gemeinsames Ringen, Vertrauen, schweres einzelnes Kämpfen, Krisen, herzhafte Offenheit, ein immerwährendes Erspüren des andern. Und was war nicht da? – Streit.›

‹Wie alles Lebendige einer ständigen Um- und Neugestaltung sich unterwerfen muss – so war auch dieser Kurs ein Lebendiges. Wie ein roter Faden zog sich durch alle Arbeiten hindurch ein: Hier darfst du dich hörend in die sozialen Aufgaben der Zeit einleben. Hier bieten sich positive Beurteilungsgrundlagen. Hier ist Gelegenheit, durch eigenes Wiedergeben die aufgenommenen Erkenntnisse, aber auch dein eigenes Menschsein zu erproben.›

‹Das Praktizieren freiester Meinungsäußerung gab die Basis, auf der jeder Teilnehmer sich selbst erarbeiten musste, was an ihn herankam. Die Leitung gab nur einen Rahmen; die Hörer mussten aus Eigenem das Wesentliche der Gestaltung beitragen.›

‹Ich bin unzufrieden damit, dass Zeit und Umstände es nicht erlaubten, über den gestellten Rahmen hinaus noch länger gemeinsam weiterzuarbeiten. Wie viele neue Gebiete schlossen sich auf, in die man tiefer wird eindringen müssen? Aber wir erhielten doch auch die Anleitung dazu, wie dies von jedem von uns gemacht werden muss. Mindestens werden wir Stuttgarter weiterarbeiten, um das Gewonnene zu festigen und zu vertiefen und neue Erkenntnisse zu gewinnen.›»[130]

In den frühen Jahren des 20. Jahrhunderts wurde der Sektion für Sozialwissenschaften gleichsam die Wiege gebaut. Die Dreigliederungsbewegung, Freie Waldorfschule und der «Kommende Tag» sind Zeugnisse dieses Wirkens.

Im letzten Drittel des 20. Jahrhunderts kulminierten von Neuem Fragen des Gemeinschaftslebens, deren Spektrum vom mikrosozialen Bezugsrahmen des Privaten bis zu makrosozial-globalen Problemen in Wirtschaft, Umweltgestaltung, Zusammenleben und Freiheitsräumen reichte. Im anthroposophischen Zusammenhang traten bildungspolitisch-ökonomische Fragestellungen immer wieder im Bereich des Schulwesens auf, bei denen es um die Gestaltungsfreiheit nichtstaatlicher Schulen im Verhältnis zum staatlich organisierten Bildungswesen ging.

So führte etwa das aus dem institutionellen Zusammenhang mit der Waldorfschule emanzipierte Lehrerseminar der Freien Waldorfschulen einen jahrzehntelangen Rechtsstreit mit dem Land Baden-Württemberg um die Anerkennung als Freie Hochschule mit staatlichen Ausbildungsstätten gleichwertigen Abschlüssen, bis die Anerkennung durch das Wissenschaftsministerium 1998 erfolgte.

Der Fall des Eisernen Vorhangs bereitete sich da bereits seit einiger Zeit vor und die festgefügten Blöcke westlicher und östlicher Staaten begannen sich zu lockern. In Stuttgart hatte sich ein sozialwissenschaftlicher Arbeitskreis mit u. a. Stefan Leber, Manfred Leist, Dietrich Spitta, Christoph Strawe und Hans-Jürgen Bader gebildet, der die auftretenden Themen systematisch bearbeitete.

Höhepunkt war eine 1989 in der Waldorfschule veranstaltete Tagung zum 200. Jahrestag der Französischen Revolution, an der neben dem DDR-Dissidenten Rolf Henrich Gäste aus osteuropäischen Staaten teilnahmen.

Das im April 1989 von Henrich erschienene regimekritische Buch *Der vormundschaftliche Staat. Vom Versagen des real existierenden Sozialismus*[131] war ein wichtiger Impuls für die Formierung der Bürgerbewegung in der DDR. Die aktuellen Zeitereignisse im Verein mit einer über Jahrzehnte gewachsenen Grundlagenarbeit kulminierten in einer engagierten

Das Gebäude Libanonstraße 3

Christoph Strawe

Seminar- und Öffentlichkeitsarbeit, zu der u.a. eine neu gegründete Zeitschrift *Sozialimpulse – Rundbrief Dreigliederung des sozialen Organismus* von der Initiative Netzwerk Dreigliederung beitrug.

1991 gründeten Christoph Strawe und Udo Herrmannstorfer einen gemeinnützigen Trägerverein «Institut für soziale Gegenwartsfragen e.V. Stuttgart» mit Sitz im Gebäude Libanonstraße 3 der Freien Hochschule Stuttgart.

Der Verein bietet Seminare, Kolloquien, Fortbildungen und Beratungen zu Studien- und Praxisfragen der sozialen Dreigliederung an, die sich thematisch von den Gestaltungsgrundlagen des Geistes-, Rechts- und Wirtschaftslebens über speziellere aktuelle Probleme wie Bodenrecht, Landwirtschaft, Geldordnung, Buchführung, Arbeitslosigkeit etc. bis zu spirituellen Aspekten der sozialen Frage und des individuellen übenden Umgangs mit ihr spannen.

Das Geistesstreben der Jugend

In der Ankündigung einer Jugendsektion bezeichnete Rudolf Steiner die Äußerung «Die Jugend stand in jedem Zeitalter in einem Gegensatz zum Alter» im *Nachrichtenblatt* vom 24. Februar 1924 als «Zigeunerwahrheit».

Zwar trösteten sich viele Menschen mit solchen Meinungen über vorhandene Probleme hinweg, aber, so fügte er hinzu, «*dieser* Trost könnte leicht zum Unheil werden».[132]

Denn er verkennt das eigentliche Problem und drängt es zu einer endlosen Fortsetzung. Das wurde im *Nachrichtenblatt* vom 9. März 1924 unter der Überschrift «Was ich den älteren Mitgliedern in dieser Sache zu sagen habe» schonungslos deutlich gemacht.

Inzwischen hatten zahlreiche jüngere Menschen dem Vorstand am Goetheanum erfreute Rückmeldung zu der Ankündigung gegeben und ihre Unterstützung ausgedrückt.

Jetzt schrieb Steiner:

«Will der ältere Mensch heute von der Jugend verstanden werden, so muss er in seinem Verhalten zum Zeitlichen das Ewige als treibende Kraft walten lassen. – Und er muss dies auf eine Art tun, welche die Jugend versteht. ... die Jugend könnte gar nicht anders, als auf den älteren Menschen hinschauen und ihn sich zum Vorbild nehmen, wenn er wirklich ‹alt› wäre. Denn die menschliche Seele, und ganz besonders die junge Seele, ist so geartet, dass sie sich zu dem wendet, was ihr fremd ist, um es mit sich zu vereinigen. Nun sieht jedoch die heutige Jugend an dem älteren Menschen nicht etwas, das ihr als *Menschliches* fremd zugleich und aneignungswert erscheint. Denn der gegenwärtig ältere Mensch ist nicht wirklich ‹alt›. Er hat den Inhalt von vielem aufgenommen, er kann von vielem reden. Aber er hat das Viele nicht zur menschlichen Reife gebracht. Er ist an Jahren älter geworden; aber er ist in seiner Seele nicht mit seinen Jahren mitgekommen. Er spricht aus dem alt gewordenen Gehirn noch so, wie er aus dem jungen gesprochen hat. Das fühlt die Jugend. Sie empfindet nicht ‹Reife›, wenn sie mit den älteren Menschen zusammen ist, sondern die eigene junge Seelenverfassung in den alt gewordenen Körpern. Und da wendet sie sich ab, weil ihr das nicht als Wahrheit erscheint. ... Die Jugend wendet sich heute von den älter gewordenen Menschen nicht deshalb ab, weil diese ‹alt› geworden sind, sondern weil sie ‹jung› geblieben sind, weil sie nicht verstanden haben, in rechter Art ‹alt› zu werden. Dieser Selbsterkenntnis bedürfen heute die älteren Menschen.

Man kann aber nur in rechter Art ‹alt› werden, wenn man den Geist in der Seele zur Entfaltung kommen lässt. Geschieht dies, so hat man in einem alt gewordenen Körper dasjenige, was mit diesem zusammenstimmt. Dann wird man der Jugend nicht nur das entgegenbringen können, *was die Zeit an dem Körper entwickelt hat, sondern was das Ewige aus dem Geist heraus offenbart.*

Wo ernstlich nach dem Geist-Erlebnis gesucht wird, da kann sich das Gebiet finden, auf dem die Jugend sich wieder mit den älteren Menschen zusammenfindet. Es ist eine inhaltlose Phrase, wenn gesagt wird: Mit der Jugend muss man ‹jung› sein. Nein, man muss unter der Jugend als älterer Mensch in der rechten Art verstehen, ‹alt› zu sein.»[133]

Aus den angeführten Äußerungen wird deutlich, warum Rudolf Steiner diese Sektion nicht bloß einfach «Jugendsektion» genannt hat, sondern etwas umständlicher klingend, vom Sachverhalt aber wesentlich treffender «Sektion für das Geistesstreben der Jugend».

Eine Beschreibung ihrer Aufgabe wird von der Sektionsleitung 2021 so ausgesprochen:

«Spiritualität beginnt mit Fragen und Ahnungen. In der Jugend ist diese Suche rein und ursprünglich. Deshalb fördern wir, dass Jugendliche Gesprächsräume bilden, um ihre eigene Sprache und Lebenshaltung für das Unaussprechbare zu finden.»[134]

In und um Stuttgart äußerten sich die beschriebenen Bedürfnisse jüngerer Menschen nach dem Zweiten Weltkrieg schnell und tatkräftig. In kurzer Zeit wurden große Jugendtagungen organisiert, die begeisterten Zuspruch erfuhren.

Einen Eindruck dieser Aktivitäten vermittelt der Bericht «Anthroposophische Jugendarbeit», den eine Initiativgruppe im Mai 1948 veröffentlichte:

«Nach den Erschütterungen des Jahres 1945 trafen sich überall junge Menschen, die in der Anthroposophie eine neue Lebensgrundlage suchten. Sie hatten erlebt, dass anderes ihnen diese Grundlage nicht geben konnte. So traten sie mit fragendem Suchen an die älteren Freunde heran, um von ihnen die Antworten zu erhalten, die Anthroposophie auf solche Fragen geben kann.

In dem Maße, wie sie sich Anthroposophie erarbeiten konnten, ergaben sich ihnen auch bestimmte Impulse und Aufgaben, die zum Ziele und Inhalt hatten, in tätiger Weise an den in unserer Gegenwart notwendigen Geschehnissen mitzuwirken.

Gemäß den besonderen, in ihrer Generation wirksamen Impulsen erschien es ihnen notwendig, neben dem selbstverständlichen Zusammenwirken mit allen älteren Freunden auch Gemeinschaftsformen zu schaffen, in denen in der richtigen Weise das reifen kann, was an Impulsen aus den Aufgabenstellungen der Gegenwart in dieser jetzigen jungen Generation erwachsen will. Diese Gemeinschaftsformen konnten in den letzten zwei Jahren entstehen als ‹Anthroposophische Jugendarbeit›.

In lebensgemäßer Weise ergaben sich Gruppen, Kreise und Menschen-Zusammenhänge, die zusammenarbeiteten, zum Teil auch zusammenlebten, und die nach dem Urbild einer freien, der Gegenwart gemäßen Menschengemeinschaft strebten. In der Weihnachtstagung 1923 hat Rudolf Steiner dieses Urbild als ‹Allgemeine Anthroposophische Gesellschaft› vor uns hingestellt. Wir wollen helfen, mit allen Freunden der anthroposophischen Bewegung in stetig neuer, lebendiger Weise dieses Urbild zu verwirklichen.

In Deutschland schließen sich diejenigen Gruppen der Jugendarbeit, die sich schon als Gruppen der Allgemeinen Anthroposophischen Gesellschaft konstituiert haben, zur Mitgliederaufnahme und Beitragszahlung aufgrund persönlicher und sachlicher Beziehungen an andere Gruppen der Allgemeinen Anthroposophischen Gesellschaft an. In Holland und England finden Gesellschaftsanschlüsse aufgrund persönlicher und sachlicher Beziehung entsprechend den dortigen Verhältnissen statt.

In der Karwoche 1948 trafen sich in Stuttgart wieder die Freunde aus allen Zonen Deutschlands, aus Holland und der Schweiz, die sich für die Arbeit in diesem Sinne verantwortlich fühlen. In ihnen waren gleichzeitig die bestehenden Gruppen vertreten. Die Freunde aus England und Österreich konnten nicht da sein, ihre Berichte jedoch wurden lebendig in das Treffen mit einbezogen. Bei diesem fünften der regelmäßig zu Ostern und Michaeli stattfindenden Treffen waren etwa 100 Menschen zugegen.
Stuttgart, den 27. März 1948.»[135]

Mit der positiven Entwicklung der Raumsituation in der Waldorfschule, im Rudolf Steiner-Haus und auch der Christengemeinschaft fanden die Intentionen der Jugend eine kontinuierliche Unterstützung von verschiedenen Seiten.

Ein Brennpunkt war diesbezüglich ein Jugendkurs, der 1963 zugleich als Berufsorientierungskurs junger Menschen ab achtzehn Jahren angekündigt war. Tatsächlich überstieg das angebotene Programm den engeren Bereich einer Berufsorientierung bei Weitem. Im Verlauf von acht Tagen wurden eine vertiefte Erkenntnisarbeit, künstlerische Übungen und neue Erlebnisse durch intensive Gesprächsbegegnungen vermittelt.

«Menschenkunde – Schicksalskunde – Gegenwartskunde» bildeten den Dreiklang der Morgenvorträge. Dem schlossen sich vormittags die künstlerischen Übungen in Eurythmie, Sprachgestaltung, neuer vokalischer und instrumentaler Musik an. Die Nachmittage waren Berufs- und Lebensfragen gewidmet und am Abend wurden die Motive in einer gesprächsweisen Erarbeitung von klaren, spirituellen Begriffen durchdrungen. Ergänzt wurde die Arbeit durch die Besuche bei der Weleda AG in Schwäbisch Gmünd und dem Heilpädagogischen Heim Hepsisau. Der letzte Abend schließlich fasste die vorausgegangenen Tage in einer gemeinsamen Festesstunde zusammen und klang mit einem Dank aus für den eigentlichen Gastgeber des Kurses: Rudolf Steiner.

Der Bericht von diesen Tagen schilderte: «Die Teilnehmer forderten uns durch eine außerordentlich direkte und sehr bald erstaunlich sicher das geistig Wesentliche treffende Art der Fragen. Zuweilen enthüllen sie im persönlichen Gespräch oder erst in einem später zugesandten Dankbrief, mit welchen Schicksalsfragen, die sie oft schon mit klarer Bewusstheit zu formulieren vermögen, sie gekommen sind. Andere entdecken das Staunen und Fragen erst in der Arbeit dieser Tage und vor allem an der Begegnung mit den Gleichaltrigen und Gleichstrebenden.»

Und er klang aus mit der Mitteilung, dass sich «das Element ‹Jugendkurs›, die Vertiefung der freien seminaristischen Arbeit, seine eigene Gründung aus diesen Kursen heraus geschaffen hat».

In einem an einen engeren Kreis gerichteten Brief vom Mai 1963 erzählte Helmut von Kügelgen von den konkreten Vorbereitungen und dem «eigentlichen Geburtsmoment» des Jugendseminars.

Er ereignete sich nach dem von Friedrich Benesch gehaltenen Kurs über Schicksalsfragen vor der Exkursion zur Weleda. In der einstündigen Pause zwischen Kursende und Abfahrt fragten die Dozenten nach Meinungen der Teilnehmer zum erwogenen Ausbau des Jugendkurses zu einem ganzjährigen Seminar.

Behutsam wurde die Idee einer Bildungsstätte umrissen, in der auf dem Erkenntniswege wirkliche Schritte des Welt- und Selbstbewusstseins gegangen werden können. Eine Bildungsstätte, in der künstlerische Übung, religiöse Vertiefung, Wahrnehmungsschulung und lebendige Intelligenz sich zu innerer Sicherheit verweben. Auch wurde ein gemeinsames Wohnheim mit einem entsprechenden Lebensstil erwähnt. Die Bedeutung eines solchen Unternehmens für Berufswahl, Berufswechsel, Studium oder Ausbildungskrisen klang an. Die erste Reaktion war eine rasche und zunächst

Das Freie Jugendseminar Stuttgart

die Bedenken aufzählende Äußerung. Wer habe Zeit und Geld, sich so etwas zu leisten?

Danach ging es Schlag auf Schlag. Zuletzt wurde ausgerufen: «Was reden wir hier eigentlich so viel herum? Es ist doch ganz eindeutig, dass das Jugendseminar von uns gesucht, gewollt und bejaht wird.»

Daraufhin gingen die Dozenten ins Detail. Das Wohnheim werde nur zwei Ecken entfernt von der Waldorfschule, dem Rudolf Steiner-Haus, der Eurythmieschule, dem Haus der Christengemeinschaft liegen. Gewohnt werde zu zweit, zu dritt in einem Zimmer, auch gebe es Einzelzimmer. Das tägliche Leben werde durch gemeinsame Gartenpflege, künstlerische Übungen, Kurse in Menschenkunde, goetheanistischer Pflanzen- und Tierkunde, Erkenntnistheorie, Geschichte als Bewusstseinsentwicklung der Menschheit, Grundschriften Rudolf Steiners, das Johannes-Evangelium, Mensch und Technik, Zeitbetrachtungen und Exkursionen, die Möglichkeit zur Teilnahme am Kultus der Christengemeinschaft, Jahresfeste und genügend Zeit, gestellte Aufgaben auszuarbeiten und in seminaristischen Arbeitsgemeinschaften zu besprechen, bestimmt.

Spontan klang begeisterter Beifall auf, der die vormaligen Bedenken verbannte. Die Erfahrung der vorangegangenen Arbeit verschaffte sich als Begeisterung Bahn. Helmut von Kügelgen schrieb: «Nein, es war kein luziferischer Augenblick! Das Jugendseminar Stuttgart war von der

Helmut von Kügelgen

Jugend gefordert, beschrieben, für durchführbar erklärt und nüchtern warmherzig bejaht worden – es war begründet.»

Das Wohnheim war in der Ameisenbergstraße 44 gefunden, der Kaufvertrag abgeschlossen. Allerdings fehlten noch einige hunderttausend DM.

Als Helmut von Kügelgen und Friedrich Benesch das zum Verkauf stehende Haus «Fürstenblick» besuchten, zückte Benesch seinen Geldbeutel und zählte nach: «14 Mark fünfundvierzig». Kügelgen tat es ihm gleich: «22 Mark sechzig». Darauf fragte Benesch: «Helmut, was meinst du?» Der antwortete: «Fritz, wir kaufen das Haus.»

Die Entwicklung gab ihnen recht. Über Erwartung großzügig liefen Spenden ein und das Jugendseminar konnte Ostern 1964 eröffnet werden.

An Michaeli 1964 berichtete Helmut von Kügelgen in den *Mitteilungen aus der Anthroposophischen Arbeit in Deutschland* über die Eröffnung des Jugendseminars in Stuttgart.

«In aller Stille, in einer Haltung demütiger Bereitschaft, den michaelischen Impulsen der Geisteswissenschaft Rudolf Steiners eine Wirkensstätte zu begründen, haben am 13. April die ‹Dozenten› und Studierenden des ersten Trimesters die Arbeit des Freien Jugendseminars aufgenommen. Wir empfanden den Keim dieser Arbeit noch zu zart für die Darstellung in einer öffentlichen Feierstunde. Erst muss sich die Arbeit erweisen; das Wohnheim wird erst während des Trimesters bezugsfertig; zu sehr ist die Aufgabe auf das Mitgestalten durch die Seminaristen und auf die schicksalhaft zu gebenden Antworten auf ihre Bedürfnisse abgestellt, als dass wir mit Programmen und Demonstrationen hätten dem vorausgreifen wollen, was erst entstehen soll.

Wenn ein Stück Arbeit getan ist, wollen wir über diese auch mehr berichten. Zunächst sei nur die Tatsache mitgeteilt: Das Freie Jugendseminar hat mit dreiundzwanzig Teilnehmern glückhaft begonnen! Nach den ersten Erfahrungen ist das zweite und dritte Trimester skizziert und terminmäßig festgelegt: Zweites Trimester vom 6. September bis 30. Oktober, das dritte Trimester vom 29. November bis 30. Januar (Weihnachten in der Wohnheimgemeinschaft eingeschlossen!). Mit jedem Trimesterbeginn nehmen wir auch neue Teilnehmer auf. Die in Stuttgart Verbleibenden können weiter im Wohnheim wohnen und sich Geld für das nächste Trimester verdienen. Anfragen sind zu richten an: Dr. Julius Knierim, Wohnheim am Eisenberg, 7 Stuttgart 1, Ameisenbergstraße 44, oder an Dr. Friedrich Benesch bzw. Dr. Helmut von Kügelgen, Sekretariat Freies Jugendseminar, 7 Stuttgart 1, Haußmannstraße 44.»[136]

Zunächst übernahm Julius Knierim für ein Jahr die Leiterrolle, dann folgte ihm Heinz-Volker Prange nach. Er betonte zum Ende des dritten Jahres die veränderliche Konstitution, die sich aus den wechselnden Schicksalstatsachen der Seminaristen ergibt. Seiner Beobachtung zeigte sich, dass sich immer wieder bestimmte Menschen aus karmischen Zusammenhängen fanden, die nicht nur als Einzelne, sondern mit anderen gemeinsam entscheidende Schritte der Entwicklung vollziehen wollten. Sie suchten nach wirklicher Klarheit in den inneren Seelenerlebnissen, die sie auf diese Seminar-Gemeinschaft zuführte.

Die Gliederung des Studienjahres in Trimester bildete einen geeigneten Rahmen, in welchem ein zunächst mehr aufnehmendes Bewusstsein sich wandelte und zu einem entschiedenen Erleben der eigenen freien Initiativkräfte wurde.

Die Teilnehmer kamen aus den Niederlanden, aus Schweden, Kanada, Südamerika, Italien, Österreich, der Schweiz, Frankreich und Deutschland. Sie wurden zumeist durch Begegnungen mit anthroposophischen Menschen angeregt, die, oft aus weiter Ferne, die Bemühungen des Freien Jugendseminars anteilnehmend verfolgten. In den folgenden Jahren ging die Leitung des Jugendseminars an Hans-Joachim Marquart (1973–1988), Veronika Hillebrand (1988–2002), Christophe Rogez (1988–2008) und Marco Bindelli (ab 2002) über.

Langjährige Mitarbeiter waren unter anderem Wolfgang Tittmann, Manfred Welzel und Elke Worm.

Redende und Musizierende Künste

Als sich die anthroposophische Arbeit in Stuttgart neu formierte, umfasste dies auch den Reigen der Künste.

Vom 10. bis 17. August 1947 fand sich auf Anregung von Anny von Lange und Fritz Büchtger in Stuttgart ein kleiner Kreis von Musikern der anthroposophischen Bewegung zusammen, um an eine grundlegende Verarbeitung der geisteswissenschaftlichen Erkenntnisse in Bezug auf die Musik heranzutreten.

Anny von Lange

Fritz Büchtger hob die bescheiden zurücktretende Leitung Anny von Langes hervor, welche der Zusammenkunft ein besonderes Gesicht verliehen habe.

Ausgegangen wurde von den drei grundlegenden musikalischen Vorträgen Rudolf Steiners, zu denen vor allem Erich Schwebsch aus der persönlichen Zusammenarbeit mit Rudolf Steiner viele wichtige Hinweise und deutende Ergänzungen geben konnte.

Anny von Lange führte eine gründliche phänomenologische Arbeit am Tonwesen durch, die von den Teilnehmern als höchst bedeutungsvoll und ergebnisreich bezeichnet wurde.

Anny von Lange stammte aus Mühlhausen in Thüringen, wo sie am 20. Juni 1887 geboren wurde. Ihre Mutter war Hofdame in Dresden, der Vater General. Geschwisterlos aufgewachsen, zeigte sie bereits als Kind eine ungewöhnliche künstlerische Begabung in der Musik und der Malerei.

Gegen den Willen der Eltern studierte sie in Berlin Komposition und Klavier und lebte anschließend als freischaffende Pianistin und Komponistin in Dresden. 1920 begegnete sie Rudolf Steiner und zeichnete ihn in einer Veranstaltungs-Pause. Rudolf Steiner bemerkte dies und sagte: «Sie können mich ganz anders zeichnen.» Das verstand sie als Aufforderung, seinen musikalischen Hinweisen nachzugehen und sie goetheanistisch zu vertiefen.

Für einige Jahre geriet sie in eine Sinnkrise, die sie 1926 schließlich an das Priesterseminar der Christengemeinschaft nach Stuttgart führte. Dort beschäftigte sie sich intensiv mit der Musik für den Kultus und schlug den Weg der Musik als Lebensauftrag ein.

1931 ging sie nach Dornach und studierte im Archiv am Goetheanum drei Jahre lang insbesondere die musikalischen Hinweise Rudolf Steiners.

Ihr weiterer beruflicher Weg führte sie nach Hamburg, wo sie bis zu ihrer Ausbombung – mit dem Verlust sämtlicher Manuskripte und Noten – einer intensiven Kurs- und Vortragstätigkeit nachging. 1943 zog sie nach Stuttgart, wo sie ihrer Berufung weiter nachging und einen Manuskriptdruck mit dem Titel: *Anthroposophische Beiträge zur Musiklehre. Goetheanismus in der Musik* veröffentlichte.

1953 wurde ihr für ihre Arbeit durch Peter von Siemens ein Haus in Nürnberg zur Verfügung gestellt. Sie begann ihr grundlegendes Werk *Mensch, Musik und Kosmos* zu schreiben und verfasste eine Reihe von

Aufsätzen über musikalische Themen sowie deren Randgebiete.

Sie starb am 28. April 1959 in Arlesheim an einer Krebserkrankung.

Fritz Büchtger

Fritz Büchtger als die andere Leitungsgestalt war ein in München hoch angesehener Komponist, Dirigent, Chorleiter und von 1952 bis 1957 Musiklehrer an der Münchner Rudolf Steiner-Schule.

Geboren wurde er am 14. Februar 1903 in München als Sohn eines Landschaftsmalers und der Tochter eines bayerischen Generals. Vierundzwanzigjährig wurde er Mitglied in der Freien Anthroposophischen Gesellschaft.

An der Münchner Akademie studierte er Komposition, Chorleitung, Orgel, Klavier, Flöte und Gesang. Er war rastlos schaffend, streng, gewissenhaft, pünktlich.

1927 gründete er eine Vereinigung für zeitgenössische Musik. Er brachte Werke von Carl Orff, Werner Egk, Ernst Krenek und Nikolai Tscherepnin zur Uraufführung und holte 1932 Hermann Scherchen nach München. Büchtger förderte unter anderem auch Alois Hába, den tschechischen Komponisten, der durch seine Mikrointervallkompositionen in Viertelton-, aber auch Sechstel- und Zwölfteltonstimmung berühmt wurde.

Seine Musikerkollegen bezeichneten Fritz Büchtger als kraftvoll, kompromisslos und schöpferisch. Als er 1948 das «Studio für Neue Musik» gründete, wirkte er dort ausgleichend und vermittelnd. Seine Werke wurden mit Erfolg bei internationalen Musikfesten sowie von zahlreichen Rundfunkanstalten im In- und Ausland aufgeführt.

Als Vokalkomponist wählte er hymnische, prophetische oder ermutigende Texte, die den modernen Menschen existenziell berührten.

1952 wurde Büchtger Präsident der «Musikalischen Jugend Deutschlands» und Direktor der Münchner Jugendmusikschule, 1956 Vorsitzender des Verbandes deutscher Oratorien- und Kammerchöre, 1955 Vizepräsident und 1960 Präsident des Verbandes Deutscher Musikerzieher und konzertierender Künstler. Er organisierte in den drei Jahrzehnten nach dem Zweiten Weltkrieg zehn Musikfestivals und etwa 700 Konzerte, in welchen 2 800 Werke moderner Musik vorgestellt wurden.

Im März 1959 stellte er seine Kompositionsweise und musikalischen Erfahrungen im Rahmen eines Seminars in der Sektion für Musikalische Künste am Goetheanum dar.

Viele Jahre arbeitete er eng mit anthroposophischen Musikerkollegen zusammen und pflegte eine tiefe Beziehung zur Christengemeinschaft.

Er starb am 26. Dezember 1978 in Starnberg infolge eines Autounfalls.

Am 23. Februar 1980 fand im Rudolf Steiner-Haus Stuttgart ein Gedenkabend mit seinen Kompositionen statt.

In der ersten Zusammenkunft im August 1947 hatte Erich Schwebsch auf die Bedeutung einer auch erkenntnismäßig gründlichen Durchdringung der von Rudolf Steiner gegebenen anthroposophischen Grundlagen hingewiesen.

In der übintensiven Arbeit am Tonerleben mit Anny von Lange wurde das musikalische Erleben künstlerisch vertieft und dem bewussten Umgang erschlossen. Der Physiologe Herbert Hensel demonstrierte den aktiven geistigen Prozess des Hörens im Zusammenhang mit dem Bau des Ohres.

Einen Höhepunkt der Tagung brachten vier von Ernst Bindel gehaltene Vorträge, in denen er den Bewusstseinswandel von der griechischen Kulturepoche (Quint) bis zur Gegenwart (Terz) darstellte.

Fritz Büchtger beschrieb als Ergebnis der Tagung zuletzt einen doppelten Weg des Musikers: «Auf der einen Seite muss der Musiker durch meditative Schulung und Übung an den Phänomenen des einzelnen Tons, der Skalen, des Rhythmus, der Intervalle usw. zu einer Steigerung und Ausweitung der musikalischen Erlebnisfähigkeit kommen und diese spirituell gewordene Herzsphäre in das Bewusstsein heraufheben.

Andrerseits muss, von oben nach unten dringend, eine strenge Erkenntnisarbeit im geisteswissenschaftlichen Sinne, ausgehend von den angegebenen Hinweisen Rudolfs Steiners, sich die Grundlagen schaffen, auf denen die Ergebnisse des ersten Weges zueinander in Beziehung gebracht werden können. Dazu gehört im eminentesten Sinne auch die rein wissenschaftliche Arbeit, wie sie Ernst Bindel und Dr. Hensel vertraten.

Das Beglückendste der ganzen Woche lag eigentlich darin, dass in den letzten Tagen immer deutlicher wurde, wie die Ergebnisse der beiden unabhängig voneinander beschrittenen Wege sich trafen und ergänzten, sodass wesentlich neue Aspekte daraus entstanden.

So darf man der weiteren Arbeit, die sich aus diesem ersten Versuch ergeben wird, mit begründeten Erwartungen entgegensehen.»[137]

Der musikalische Impuls fand seine Erweiterung in zahlreichen Seminaren, Kursen und Ausbildungsstätten.

Eine unmittelbare Fortsetzung des Vorjahres war aber mit der Musiktagung gegeben, die vom 26. bis 31. Juli 1948 im Heil- und Erziehungsinstitut Hepsisau stattfand.

Sie wurde von einer Gruppe vorbereitet, der unter anderem Fritz Büchtger (München), O. E. Crusius (München), Dr. Julius Knierim (Hepsisau), Anny von Lange (Stuttgart), Mathäus Reisch (Hamburg) und Heinrich Schulze (Niederrodenbach) angehörten.

Anny von Lange fasste die Abfolge der zum Thema «Musikalisches Hören» eingerichteten Kurse und Vorträge übersichtlich zusammen:

«Die Vormittage umfassten vier praktische Übungsstunden: Hörstudien an Tönen und Intervallen, Toneurythmie, Tonbildung im Singen und Leierspiel.

In allen vier Kursen war das gemeinsame Bestreben, das Phänomen des Tones als Hülle für sein geistiges Wesen zu erleben. Dass dieses Erleben nicht zu allen Zeiten dasselbe war, sollte der Kurs an den Nachmittagen über ‹Der Wandel des Hörens von der vierten zur fünften Kulturperiode› verdeutlichen. Die Musik der Griechenzeit, des Mittelalters, des Frühbarock (Heinrich Schütz) und das Zwölftonproblem wurden besprochen und in tätigem Musizieren von allen Anwesenden nachzuerleben versucht. Während die Kenntnis der Vorträge von Rudolf Steiner über ‹Das Tonerlebnis im Menschen› und der Toneurythmiekurs als Voraussetzung der Arbeit galten, wurde der Vortrag über ‹Das Ohr› vom 9. Dezember 1922 gemeinsam gelesen und durch einen Vortrag von Dr. Gisbert Husemann (Stuttgart) über ‹Der Kehlkopf und seine Metamorphosen› ergänzt. Die Abende waren den anwesenden Komponisten gewidmet, die ein Bild ihres Schaffens zu geben versuchten und einzelne ihrer Werke zusammen mit den Hörern musizierten.»[138]

In den folgenden Jahrzehnten wurde die Arbeit in der musikalischen Aus- und Fortbildung Stuttgarts insbesondere von Julius Knierim, Veronika und Christoph Peter sowie Peter-Michael Riehm geprägt.

Ida Rüchardt gab im Frühjahr 1947 einen Überblick über die Sprachgestaltungsarbeit in Stuttgart. Darin nannte sie neun in Stuttgart und Umgebung tätige Sprachgestalter mit spezifischen Wirkungskreisen.

Als obligatorisches Fach wurde die Sprachgestaltung im Eurythmischen Konservatorium in Köngen, im Lehrerseminar der Waldorfschule, im Priesterseminar und im «Private College» von Fräulein von Göckingk ausgeübt. Außerdem liefen verschiedene Kurse und Einzelstunden für Interessenten.

Sie selbst hatte nach ihrer Übersiedlung nach Stuttgart im Herbst 1946 neben ihrer Arbeit in Köngen und am Priesterseminar im Einvernehmen mit der «Sektion für Redende und Musische Künste am Goetheanum» mit Ausbildungskursen begonnen. Sie berichtete von einem großen Inter-

Ida Rüchardt

esse junger Menschen an dieser Ausbildung für den Lehrer- und Künstlerberuf, dem sie mit ihrer Initiative einen Boden schaffen wollte. Die weitere Ausgestaltung werde von der weiteren Entwicklung dieser anfänglichen Ausbildungskurse sowie von den allgemeinen Verhältnissen abhängen.

Ida Rüchardt wurde am 27. März 1864 als Tochter deutscher Eltern in Moskau geboren. Von einem Hauslehrer unterrichtet, lernte sie Griechisch, Italienisch, Französisch, Englisch, Deutsch und das Russische durch die Kinderfrau. Hinzu kamen Gesangs- und Klavierunterricht. Sie besuchte Ballett- und Theateraufführungen. Eine Aufführung der «Maria Stuart» beeindruckte sie besonders und sie beschloss, Schauspielerin zu werden.

1905 übersiedelte die Familie nach Dresden, wo Ida Rüchardt ein Gesangsstudium aufnahm. Dies führte sie dann nach Rom, wo sie Isadora Duncan kennenlernte. Zurück in Dresden, traf sie 1919 Monica von Miltitz, ihre lebenslange Freundin. Ein Jahr später begegnete sie der Truppe von Gottfried Haaß-Berkow und einer Eurythmiegruppe mit Marie Steiner. 1921 fuhr sie mit Monica von Miltitz nach Stuttgart und erlebte dort Rudolf Steiner, Ernst Uehli, Carl Unger und Friedrich Husemann in Vorträgen. Sie beendete ihr Gesangsstudium 1926, fuhr nach Dornach und studierte Sprachgestaltung. In den Folgejahren begleitete sie das Dornacher Eurythmieensemble als Rezitatorin auf Reisen durch Europa bis nach Konstantinopel.

1945 erlebte sie den Feuersturm des großen Angriffs auf Dresden. 1946 wurde sie von Gottfried Husemann nach Stuttgart ans Priesterseminar der Christengemeinschaft berufen, wo sie den Unterricht in Sprachgestaltung übernahm und außerdem an einer Schule für Ausländer Sprachunterricht gab.

Im gleichen Jahr begann die Eurythmieschule in Köngen ihre Arbeit und sie unterrichtete – wie auch später in Stuttgart – zusammen mit Else Klink und Otto Wiemer.

Einer ihrer Herzenswünsche war es, in Stuttgart eine Schule für Sprachgestaltung zu gründen. Allerdings fehlten ihr dazu sowohl die Mittel als auch die Zeit.

Als 1970 Wilfried Hammacher mit der Bitte zu ihr kam, beim Aufbau der «Novalis-Schule für Sprachgestaltung und Dramatische Kunst» zu helfen, sagte sie trotz ihrer sechsundachtzig Jahre freudig zu und unterrichtete dort noch zehn Jahre lang.

Karin Haupt

«Ihre klang- und kraftvolle, tiefe und weittragende Stimme konnte nicht nur in zwölf Sprachen Texte erklingen lassen, sondern atmete auch die großzügige Weite ihres Geburtslandes Russland – mit all der tiefen Religiosität und warmherzigen Naturverbundenheit seiner Menschen und seiner Schwermut.» (Martin Sandkühler)

Stuttgart war zum Ende des Weltkrieges zu einem Sammelbecken hervorragender Sprachgestalterinnen geworden, zu denen die von Ida Rüchardt genannten Karin Haupt, Eva Hebing, Anne Louise Heder und Julie Lämmert gehörten.

Auch Karin Haupt war Mitglied der Haaß-Berkow-Truppe und lernte durch Gottfried Haaß-Berkow die Anthroposophie kennen. Bis Anfang 1925 war sie Geschäftsführerin dieser Unternehmung. Sie war im September 1924 Teilnehmerin des Dramatischen Kurses, in dem sie Ernst Weißert begegnete, und lernte Sprachgestaltung bei Marie Steiner. Rudolf Steiner nannte ihr Vorsprechen eine «beachtliche Leistung». 1924 wurde sie Mitglied der Anthroposophischen Gesellschaft. 1927/28 schickte Marie Steiner sie an die mit Else Klink neu begonnene Eurythmieschule. In der Waldorfschule arbeitete sie in der Fortbildung des Kollegiums und an den Lehrerbildungskursen mit.

Nach dem Krieg beteiligte sie sich an der Wiedereröffnung der Schule. Mit Felicia Schwebsch, Jürgen von Grone, Gerhard Mattke und Josef Schulz arbeitete sie Jahre hindurch an den Leitsätzen.

Alljährlich hielt sie Rezitationsabende und am 6. Januar las sie stets das Traumlied des Olaf Åsteson. Sie half bei den Einstudierungen der Klassenspiele und nahm die Sprachübungen Rudolf Steiners einzeln mit den Schülern durch.

Karin Haupt wurde am 27. Dezember 1891 in Oberlungwitz/Sachsen geboren und starb am 7. August 1963 in Köln.

Die am 16. Juni 1907 in Hannover geborene Eva Schuchhardt kam als elfjähriges Mädchen nach Berlin, wo sie eine private Mädchenschule und später Kurse an einer sozialen Frauenschule besuchte.

Sie absolvierte eine Ausbildung in künstlerischer Fotografie und arbeitete einige Jahre als Fotografin. In diesem Zusammenhang war sie ein Jahr lang für das Archäologische Institut in Athen tätig.

Sie lernte die Anthroposophie durch Ida Stümcke kennen und besuchte 1922/23 Vorträge Friedrich Rittelmeyers in Berlin. In Berlin studierte sie Eurythmie an der dortigen Schule und gab Eurythmiekurse in Lichter-

Eva (geb. Schuchhardt) und Julius Hebing

felde und 1927 auch in Stockholm.

Zu Beginn der Dreißigerjahre zog sie für eine Ausbildung in Sprachgestaltung nach Dornach und wirkte bei den Aufführungen des Redentiner Osterspiels mit.

Julius Hebing lernte sie 1933 kennen. 1935 heirateten sie und der Sohn Johannes wurde geboren. Eva Hebing half ihrem Mann bei der Herstellung der *Briefe zur Farbenlehre*. Durch ihr handwerkliches Geschick war sie ihm eine große Hilfe.

Ab Sommer 1945 arbeitete sie als Sprachgestalterin bei Else Klink in Köngen. Danach unterrichtete sie zwölf Jahre am Priesterseminar in Stuttgart. Zu den Maltagungen von Julius Hebing in Ulm trug Eva Hebing mit Rezitationen bei.

Eva Hebing starb am 7. Februar 1985 in Murrhardt.

Anne Louise Heder war eine couragierte Sprachgestalterin und Heilpädagogin. Geboren am 1. Mai 1902 in Borken bei Kassel, absolvierte sie nach dem Schulabschluss eine kaufmännische Lehre und studierte von 1926 bis 1932 am Goetheanum Sprachgestaltung. Als wesentlichen Impuls nahm sie die selbstlose Einsatzbereitschaft für eine Sache auf, die sie bei Marie Steiner erlebte. Das war eine Eigenschaft, die ihr als «Franziskanerin» zur Lebenssignatur wurde. Mehr als das Allernötigste hat sie für sich nie angenommen.

Nach einem Jahr der Mitarbeit an der Dornacher Goetheanum-Bühne ging sie als freie Sprachgestalterin nach Dresden in das Heilpädagogische Heim von Bonnewitz, wo sie nach kurzer Zeit als Mitarbeiterin auch als Betreuerin einer Gruppe von behinderten Kindern wirkte. Dieses Heim wurde nach dem frühen Tod der Gründerin Annemarie Kretschmer ab 1934 vom Kreis der Mitarbeiter kollegial geleitet. Diese Art der kollegialen Führung erkannte sie als zukunftsträchtig und für den modernen Menschen als einzig angemessene Möglichkeit einer Sozialgestaltung.

Nach Schließung des Heims durch die Gestapo 1941 wirkte sie als Sprachgestalterin am Eurythmeum in Köngen und unterrichtete neben-

Anne Louise Heder

her in Eckwälden Kinder und Erwachsene. Auch dort übernahm sie nach 1945 eine Kindergruppe, konnte sich aber mit dem autoritativen Führungsstil der Leitung nicht anfreunden. Schon bald trug sie sich mit Gründungsgedanken an eine Gemeinschaft Gleichgesinnter, die sie im Februar 1950 bei Freudenstadt (Schwarzwald) im «Heil- und Erziehungsinstitut für Seelenpflege-bedürftige Kinder Lauterbad» fand. Der Gründungsgedanke beinhaltete, dass alle tragenden Mitarbeiter auf ihrem Gebiet Krankenbetreuung, Pädagogik, Sprachgestaltung, Musik, Ernährung oder Medizin – so weit selbstständig sein sollten, dass sie lehrend dieses Fach vertreten könnten und dass die Gestaltung des Heimes durch diese gleichberechtigten Mitarbeiter im Kollegium geschehen sollte. Zentrum der Arbeit sollte die Anthroposophie Rudolf Steiners und seine Menschenkunde sein. Diese Ideale konnten zunächst weitgehend verwirklicht werden und beflügelten die Arbeit. 1959 zog das Heim auf ein eigenes Grundstück oberhalb Kassels um.

Sie erlitt auf einer Reise in Israel einen Schlaganfall und musste aus der tätigen Arbeit ausscheiden. Geistig blieb sie aber bis zu ihrem Tod 1996 außergewöhnlich rege und unterrichtete noch Sprachschüler, als sie in ihren letzten Jahren das Bett nicht mehr verlassen konnte. Anne Louise Heder starb am 16. September 1996 in Kassel.

Auch Julie Lämmert gehörte zu denjenigen, die wesentliche Impulse ihres Lebens im Zusammenhang mit der Schauspielertruppe von Gottfried Haaß-Berkow verbanden. Sie wurde am 23. Juli 1897 in Stuttgart geboren und wuchs mit vier jüngeren Brüdern in einer Musik liebenden Familie auf. Bereits als Achtjährige erhielt sie einen ersten Preis in Klavierspiel am Stuttgarter Konservatorium und zwölfjährig übte sie intensiv nach der Methode von Jaques-Dalcroze. Als Haaß-Berkow für seine mittelalterlichen Spiele geeignete junge Menschen suchte, entdeckte Julie Lämmert die Anthroposophie. In Berkows Truppe wirkte sie u. a. an Aufführungen von «Totentanz» und «Theophilus» mit. Gleichzeitig nahm sie bei Adelheid Lang Gesangsunterricht. Mit neunzehn Jahren wurde sie Mitglied der Anthroposophischen Gesellschaft, mit dreiundzwanzig Jahren Musiklehrerin an der Waldorfschule Stuttgart für Chorsingen an allen Stufen.

Im August 1923 begleitete sie mit vier anderen Waldorflehrern (Hermann von Baravalle, Caroline von Heydebrand, Erich Schwebsch und Karl Schubert) Rudolf Steiner auf den *Pädagogischen Kurs* in Ilkley (West

Julie Lämmert

Yorkshire, England). Sie sprach dort über den Musikunterricht. 1924 wurde sie von Steiner zum Kursus für Sprachgestaltung und Dramatische Kunst in Dornach eingeladen, anschließend begann sie bei Marie Steiner ein zweijähriges Sprachgestaltungsstudium.

Danach unterrichtete sie wieder an der Stuttgarter Waldorfschule, unterwies auch die Lehrer in Sprachgestaltung und gab besondere Stunden für sprachbehinderte Kinder. Sie leitete die Monatsfeiern und studierte Abschlussspiele ein, aber auch die Weihnachtsspiele, in denen sie den Engel spielte. Täglich las sie den Wochenspruch des Seelenkalenders mit den Lehrern vor dem Unterrichtsbeginn.

Nach der Schließung der Schule durch die Nationalsozialisten 1938 arbeitete Julie Lämmert als Sprachgestalterin am Stuttgarter Eurythmeum, bis auch dieses 1941 schließen musste. Nach Kriegsende übernahm sie die Sprachgestaltung an der wiedereröffneten Stuttgarter Waldorfschule. Sie starb am 25. Mai 1959 in Stuttgart.

Die Tagung der Eurythmisten und Sprachgestalter in Köngen vom 2. bis 10. August 1947 legte wiederum Zeugnis ab von der erfüllten Zusammenarbeit der versammelten Künstler.

Es wurden die Vorträge von 1923 über *Die Weihnachtstagung zur Begründung der Allgemeinen Anthroposophischen Gesellschaft* und *Die Konstitution der Freien Hochschule für Geisteswissenschaft, ihre Gliederung in Sektionen* gelesen, die erst 1944 erschienen und bis dahin nur wenigen Mitgliedern in Deutschland zugänglich waren. «Daran schlossen sich Aussprachen an, die klärend waren, aber auch Fragen aufwarfen, wie der Einzelne als tätiges Mitglied im Ganzen der anthroposophischen Bewegung die Forderungen der Weihnachtstagung zu erfüllen anstrebt. ...

Die Nachmittage versammelten zum praktischen Üben. Die Sprachgestaltung Treibenden beschäftigten sich u. a. mit dem Ausdruck der dichterischen Sprache in den Stimmungen der Jahreszeiten. Die Heileurythmisten teilten sich ihre verschiedenen Ausarbeitungen der Angaben Dr. Steiners mit und lernten dabei gegenseitig sich und ihre Arbeiten kennen. Verschiedene Laut- und Toneurythmie-Gruppen übten unter abwechselnder Leitung in mehreren Sälen zugleich; es herrschte dabei das Bestreben, aus grundlegenden Anschauungen eine Gemeinsamkeit zu entwickeln, die alle Differenzierungen des künstlerischen Ausdruckes einschließen kann.

Ein Rezitationsabend, veranstaltet von den in Stuttgart und näherer Umgebung tätigen Sprachgestaltern, eine durch auswärtige Eurythmisten gebotene Aufführung und eine Darbietung der Stuttgarter Eurythmisten waren als Abendveranstaltung auch eingeladenen Gästen zugänglich.»[139]

Zu weiteren Gelegenheiten wie den Hochschulwochen, den Unterrichtsveranstaltungen der Ausbildungsstätten und Kursen wurden die musizierenden und sprachgestaltenden Künstler tätig.

Eine herausragende Rolle beim Aufbau künstlerischer Wirksamkeit nach dem Krieg spielte die Eurythmie. Über das Wirken von Else Klink und Emil Kühn wurde bei früherer Gelegenheit bereits berichtet.

1947 erwähnten die *Mitteilungen* die Absicht Emil Kühns, einen «Verein zur Förderung der Eurythmie» zu gründen. Vornehmliche Aufgabe dieses Vereins sollte sein: «... die Grundstücke und Gelände, in denen die Köngener Ausbildungsstätte heute wirkt, zu erwerben, zu erweitern und zu erhalten, sowie die Förderung der gesamten eurythmischen und sprachgestalterischen Arbeit in Deutschland zu übernehmen.»[140]

Im September 1948 berichtete Emil Kühn in den *Mitteilungen* von der vollzogenen Gründung des Vereins. Vorsitzender war er selbst, Stellvertreter der Bonner Zweigleiter Reinhold Boerner und Schriftführerin Martha Brons-Morell, Köngen.

Aufgabe des Vereins sollte die Förderung und Verbreitung der redenden und musischen Künste sein. Seine Bestrebungen gingen dahin, «die eurythmistischen Bestrebungen über das ganze deutsche Gebiet» zu fördern.

Dazu zählten die Schulung am Eurythmischen Konservatorium in Köngen, aber auch an anderen Stätten, Fortbildung von Eurythmisten, «Aufführungsgarantien und alles, was geeignet ist, die Eurythmie zu verbreiten sowohl an den Bühnen (hier etwa die Mitwirkung bei öffentlichen Theateraufführungen) als auch in Laienkursen oder in Kursen in Verbindung mit Industriewerken und selbstverständlich auch für Kinder anderer Schulen».[141]

Die Leitung des Eurythmischen Konservatoriums in Köngen war Else Klink und Otto Wiemer vorbehalten, der Verein hatte für die Grundstücke in Köngen und die Grundstücksverwaltung zur Entlastung der dortigen eurythmischen Arbeit zu sorgen. Die erforderlichen finanziellen Mittel sollten durch Fördermitglieder und die Anthroposophische Gesellschaft aufgebracht werden.

Unter diesen Umständen entwickelte sich die Wirksamkeit der Köngener Arbeit prächtig. Die Zahl der Schüler, Fortbildungen, Aufführungen und Tourneen nahm nach Zahl und Radius ständig zu.

Ende der Fünfzigerjahre meldeten sich jedoch Anstöße zur Verände-

Theodor Beltle

rung. Das Zentrum der anthroposophischen Arbeit in Stuttgart wollte das vor dem Krieg geschlossene Eurythmeum wieder näher mit sich verbinden und an die Gründung von 1921 anschließen.

Auch waren die Beziehungen zu weit entfernten Aufführungsorten und öffentlichen Bühnen leichter mit der Infrastruktur der Großstadt zu pflegen als aus dem beschaulichen Köngen.

So wandte sich Else Klink 1958 mit dem Wunsch an Theodor Beltle, in Stuttgart ein Haus für die Eurythmie zu bauen.

Theodor Belte, geboren am 5. Dezember 1913 in Waiblingen, war Geschäftsführer und Teilhaber des Süßwarenbetriebes «Frigeo». Theodor Beltle hatte 1925 einen einfachen Limonadengrundstoff erfunden, der als Brausepulver unter Beimischung von Wasser ein kohlensäurehaltiges Erfrischungsgetränk ergab. «Ahoj-Brause» wurde als Markenname rasch populär.

Nach der Mittleren Reife besuchte Theodor Beltle eine höhere Handelsschule, absolvierte eine kaufmännische und Konditorlehre und verrichtete Praktika in England und den USA. Nach einer Tätigkeit im väterlichen Betrieb leistete er ab 1939 Kriegsdienst in Rumänien, Bulgarien und Russland. In dieser Zeit lernte er durch seine spätere Frau Erika Wagner die Anthroposophie kennen und erarbeitete sich trotz des Verbotes der einschlägigen Literatur an dem wenigen Erreichbaren eine sichere Grundlage.

Nach Kriegsende leistete er Wiederaufbauarbeit an der zerstörten Fabrik des Vaters und begann ein wirtschaftswissenschaftliches Studium.

Bis zur Einweihung des Eurythmeums in Stuttgart dauerte es sechs mühevolle Jahre. Es zeigte sich, dass neben dem Neubau eine finanziell verantwortliche Institution zu schaffen war, um für Lehrer und Künstler gesicherte Verhältnisse herbeizuführen. Dafür wurde der Verein Eurythmeum e.V. gegründet, Beltle übernahm den Vorsitz, den er bis ein Jahr vor seinem Tod innehatte. Hier erwies er sich als ein würdiger Nachfolger Emil Kühns. Seine Finanzhilfen trugen wesentlich zur Realisierung von Eurythmie-Tourneen in alle Welt bei.

1963 wurde er von Ernst Weißert zur Mitarbeit im Initiativkreis der Anthroposophischen Gesellschaft Stuttgart gebeten. Von 1965 bis 1982 war Beltle Mitglied des Vertreterkreises und von 1973 bis 1987 Vermittler der Ersten Klasse der Freien Hochschule für Geisteswissenschaft in Stuttgart.

Er starb am 11. Oktober 1989 in Stuttgart.

Bildende Künste

Schon im Herbst 1945 bildete sich in Stuttgart ein kleinerer Arbeitskreis zu Fragen des bildnerischen Gestaltens und am 28. Mai 1946 fand auf Einladung dieses Kreises ein Künstlertreffen mit etwa 90 Malern, Bildhauern, Architekten und Kunsthandwerkern statt.

Das Zentrum der Arbeit bildeten Max Wolffhügel, Walter Besteher, Julius Hebing und Felix Kayser, die in ihren Vorträgen das Bewusstsein einer ernsten Verantwortung gegenüber der Zeitlage und den Aufgaben des Künstlers zum Ausdruck brachten.

Max Wolffhügel war der erste noch von Rudolf Steiner berufene Kunstlehrer an der Waldorfschule.

Er wurde am 11. Dezember 1880 in Berlin geboren, besuchte das Gymnasium in Göttingen, wohin sein Vater einen Ruf als Professor für Hygiene erhalten hatte.

Die stark intellektuelle Ausrichtung der Schule war für den künstlerisch begabten Knaben wenig fruchtbar und er legte das Abitur nur mit Mühe ab.

Wolffhügel ging nach München, um Kunst zu studieren. Nebenbei unternahm er einige Reisen und lernte in der Schweiz seine spätere Frau, Annie Abegg, kennen. Es folgten Studienaufenthalte an der Akademie der Künste in Karlsruhe, in Worpswede bei Mackensen und 1905 an der Kunstakademie Stuttgart. 1906 kehrte Wolffhügel wieder nach München zurück und setzte seine Ausbildung fort. 1907 heiratete er Annie Abegg, mit der er weitere Studienaufenthalte auf Sylt, in Worpswede, am Bodensee und in Bayern unternahm. Durch sie wurde Wolffhügel auf Rudolf Steiner aufmerksam gemacht und besuchte 1908 einen Vortrag. Die Wirkung war außerordentlich: «Ich erlebte eine so zur eigenen Besinnung aufrufende höhere Einsicht, dass eine geradezu schöpferische Unruhe in mich einzog.»

Nach einer intensiven Beschäftigung mit der Anthroposophie überzeugte ihn die bereits erfolgreiche Arbeit mit den dichten Ölfarben nicht länger. Er beschloss, sich «der von Rudolf Steiner angeregten, neuen Wasserfarbenanwendung zuzuwenden».

Es brauchte Jahre, ehe er mit den neuen Mitteln zu ihn selbst überzeugenden Resultaten gelangte.

Im November 1918 krank aus dem Krieg zurückgekommen, zog er mit

Max Wolffhügel

der durch drei Kinder angewachsenen Familie nach Freiburg.

Der Zugang zur künstlerischen Arbeit fiel ihm schwer, und so entschloss er sich zu einer Schreinerlehre. Inzwischen war er mit der Leitung des Freiburger Zweiges betraut worden. 1919 nahm die Familie Else Klink als Pflegekind auf.

In dieser Zeit besuchte Rudolf Steiner die Familie und nahm erfreut das von Wolffhügel gefertigte bewegliche Holzspielzeug wahr. Im Sommer 1920 berief Rudolf Steiner Wolffhügel als Kunst- und Werklehrer an die Stuttgarter Waldorfschule, für Wolffhügel ein großen Mut erforderndes Ereignis. «Das war für mich abermals eine große Entscheidung, da ich aus eigener, schlimmer Schulerfahrung nie im Entferntesten daran gedacht habe, je wieder mit dieser Atmosphäre in Berührung zu kommen.»

Wolffhügel baute den Kunst- und Werkstattbereich auf, war Gartenbau- und Religionslehrer. Er besaß die Fähigkeit, Unterrichtsinhalte aus dem Erleben der Bedürfnisse seiner Schüler zu entwickeln. So kam es zum Plastizieren des menschlichen Hauptes und zu den von den Schülern geliebten farbigen Tafelbildern zu den Erzählungen des Alten und Neuen Testaments.

Wolffhügel folgte nicht einfach den Lehrplanangaben Rudolf Steiners, sondern entwickelte als erster Kunstlehrer an der Waldorfschule durch einfühlsames Bewusstsein von den Entwicklungsbedürfnissen der Heranwachsenden den Kanon des «Hell-Dunkel»-Zeichnens, kunsthandwerklicher Holzarbeiten und des Plastizierens. Damit schuf er ein freilassend-orientierendes Gerüst für einen Lehrplan des künstlerisch-bildenden Unterrichts in der Oberstufe. Max Wolffhügel starb am 25. Oktober 1963 in Stuttgart.

Der zweite des Künstlerquartetts war Walter Besteher, geboren am 31. August 1887 in Berlin und am 14. April 1962 in Stuttgart verstorben, mit ebenfalls außergewöhnlicher künstlerischer Begabung. Seine Doppelbegabung für die Musik und das Malen ließ ihn lange Zeit unentschlossen, welcher Richtung er den Vorzug geben sollte.

Ein Unfall entschied die Frage unfreiwillig. Er verlor das vorderste Glied des Zeigefingers seiner linken Hand und wandte sich der Malerei zu. Das Studium nahm er bei dem Historienmaler Anton von Werner auf, der

Anton von Werner, Kaiser-Proklamation am 18. Januar 1871

wegen seiner Ablehnung der Modernen Kunst als Hauptrepräsentant des Wilhelminismus gilt. Bekannt ist sein Bild der Proklamation des deutschen Kaiserreiches im Spiegelsaal des Schlosses von Versailles.

Besteher lehnte Werners unzeitgemäß rückwärtsgewandte Kunstauffassung ab und wandte sich der Künstlergruppe um Herwarth Walden, einem der wichtigsten Förderer der deutschen Avantgarde des frühen 20. Jahrhunderts, zu.

In Berlin bildete sich 1910 mit Max Pechstein die Neue Secession, die Werke Berliner Expressionisten, Arbeiten der Brücke-Mitglieder Ernst Ludwig Kirchner, Erich Heckel und Karl Schmidt-Rottluff, der Künstler des späteren Münchner Blauen Reiters sowie zahlreicher Maler und Bildhauer aus anderen deutschen Städten zeigte. Ihnen schloss sich der junge Besteher an, nahm an ihren Versammlungen teil und stellte mit ihnen aus. Er suchte nach einer tragfähigen Lebens- und Weltanschauung. 1905 begegnete er der Anthroposophie, die er in aller Stille mit der ihm eigenen Intensität aufgriff. Die Kunstauffassung, die in Herwarth Waldens *Sturm* Ausdruck fand, erweiterte er durch das in-

Walter Besteher

Julius Hebing

tensive Studium der Farbenlehre Rudolf Steiners. 1920 trat er mit seiner Frau Hedda in die Anthroposophische Gesellschaft ein. Im August 1922 zeigte er seine Arbeiten Rudolf Steiner, der ihn anerkannte und ermutigte.

1926 folgte Besteher einer Einladung von Mieta Pyle-Waller ans Goetheanum und arbeitete dort an den Bühnenbildern zu den Mysteriendramen. In dieser Zeit begann seine Lebensgemeinschaft mit der Pianistin Maria Kahl-Decker. 1937 waren sie gezwungen, nach Deutschland zurückzukehren. Aus den Kunstgesprächen im Hause Felix und Hede Kayser entstand nach Kriegsende der Arbeitskreis anthroposophischer bildender Künstler und die alljährlich zu Pfingsten stattfindende Künstlertagung in Stuttgart. Viele wichtige Anregungen gingen von ihm aus. Seine Bilder haben bei aller Vielfalt der Techniken und Themen eines gemeinsam: die Frische und Musikalität des Einmaligen, das Augenöffnen zu einem neuen Sehen.

Am 14. April 1962 starb Walter Besteher in Stuttgart und hinterließ ein umfangreiches malerisches Werk.

Julius Hebing wurde am 14. Januar 1891 in München geboren. Er war Maler und mindestens ebenso Forscher auf den Gebieten von Goethes und Steiners Farbenlehre.

Sein Vater war Dekorations- und Kirchenmaler. Der Sohn machte eine Malerlehre in Oberbayern. Im Winter 1911/12 besuchte er die Westernrieder Kunstschule in München und ein Jahr darauf eine weitere private Kunstschule.

Nach quälendem Kriegsdienst, schweren gesundheitlichen Krisen und traumatischen Folgen bildete er sich an der Natur künstlerisch fort und hatte erste Erfolge in der Schwabinger Kunstszene. 1922/23 ging er nach Berlin. Er kopierte im Auftrag alte Meister und machte Erfahrungen mit skrupellosen Kunsthändlern.

Über die Christengemeinschaft entdeckte er 1925 die Anthroposophie, 1927 wurde er Mitglied der Anthroposophischen Gesellschaft. Im Dachgeschoss der Berliner Gesellschaft bekam er ein Atelier und unterrichtete zahlreiche Künstler. Nach dem Verbot 1935 waren seine Farbenlehre-Kurse ein Sammelpunkt der Gesellschaft. Sonntags machte er Führungen durch die Berliner Museen, regte andere Menschen an, die Welt der Kunst zu erfahren.

Nach dem Krieg fand er an der Eurythmieschule in Köngen ein neues

Betätigungsfeld. Auch seine zweite Frau Eva Hebing wurde dort als Sprachgestalterin tätig. Bald unterrichtete er am Lehrerseminar der Waldorfschulen und sie als Sprachgestalterin am Priesterseminar.

Im Winter 1949/50 berief ihn die Rudolf Steiner-Nachlassverwaltung nach Dornach zu der ersten Restaurierung der Farbskizzen von Rudolf Steiner. Von 1952 bis 1963 leitete er die künstlerisch-pädagogischen Fachtagungen in Ulm, bei denen die zeichnerischen und malerischen Probleme aller Altersstufen behandelt wurden.

In einem Aufsatz für die Zeitschrift *Erziehungskunst* formulierte er sein anthroposophisch-pädagogisches Credo unter dem Titel «Orientierung im künstlerischen Chaos der Zeit»:

«So aber, wie Geisteswissenschaft für das Ganze der gegenwärtigen Menschheitssituation zum Wendepunkt werden kann, so wirkt sie auch in alle speziellen Gebiete des Lebens und zeigt uns z. B. in leuchtender Klarheit, dass Farbe, als ein im Menschen und im Weltall wesendes Seelisches, ihre gesundenden, aufbauenden Kräfte in dem Augenblick wieder entfalten kann, wo wir versuchen, sie sich selbst aussprechen zu lassen.

Dies ist der entscheidende Punkt für den Maler und ebenso für den Pädagogen, für das Malen mit den Kindern. Einzig aus dem konkreten Einblick in die geisteswissenschaftlich erfassbaren Tatsachen menschlicher Entwicklung und die objektiven Gesetzmäßigkeiten und Wirkungen der Welt der Farbe – also aus wirklichen, nicht erdachten Grundtatsachen des Lebens, nicht aus dessen materialistisch-subjektiv-dekadenten Verfallserscheinungen, und wären sie als Einzelleistungen noch so bedeutend – kann das kommen, was das Malen mit den Kindern fruchtbar für das ganze Leben gestalten kann. Dieses Drinnenstehen im Objektiven der Farbe und des Erziehens wird den Lehrer auch jene Klippe meiden lassen, die gerade im Bildnerisch-Malerischen so oft in den Vordergrund rückt: das Herausstellen, Herausarbeiten von Resultaten. Äußerlich zeigbare Resultate werden sich ergeben als Nebenerscheinungen. Sie dürfen nie in den Vordergrund treten, besonders dem Kinde gegenüber sind sie nicht das Entscheidende. Auch im Malen ist das vor allem anzustrebende Resultat, das Kind innerlich gesund und kräftig seiner späteren Lebensaufgabe zuzuführen, indem es am Umgang mit dem Farbwesen lernt, Seelenkräfte zu entfalten.»[142]

Ernst Weißert würdigte Hebings Tätigkeit 1973 durch einen Nachruf in der *Erziehungskunst*: «Jetzt, im Nachschauen wird die Dankbarkeit und das Staunen über seine eigengeprägte, einzigartige Lebensleistung noch größer werden, zumal nun das ganze, reiche Material seiner Farbenlehrestudien – an denen er seit den Dreißigerjahren, damals in Berlin, und

Felix Kayser

dann seit 1946 in Stuttgart unentwegt als ein Genie des Fleißes gearbeitet hat.»[143]

Julius Hebing starb am 20. August 1973 in Murrhardt.

Felix Kayser wurde am 28. März 1892 in Mailand geboren, wuchs aber als siebter Sohn seiner Eltern ab dem zweiten Lebensjahr in Wiesbaden auf. Das Fluidum Italiens blieb aber zeitlebens mit ihm verbunden. Er beschäftigte sich immer wieder mit der langobardischen Romanik.

Obgleich musisch begabt, erhielt er nur in den Fächern Mathematik, Zeichnen und Turnen gute Noten. Die Musik pflegte er in einem von ihm gegründeten Schülerkunstverein, mit dem er Vorträge, Ausstellungen sowie Museumsbesuche organisierte und ein kleines Schülerorchester einrichtete.

Nach dem Abitur 1910 begann er ein Architekturstudium an den Technischen Hochschulen von Berlin, München und Dresden, das er in Elbflorenz 1918 abschloss. Er malte in einer Kunstschule und besuchte Kurse im Zeichnen.

Nach dem Ersten Weltkrieg begann seine berufliche Tätigkeit in einem Architekturbüro in Nürtingen. 1919 lernte Kayser die Dreigliederungsbewegung kennen, ging nach Stuttgart und hörte dort Rudolf Steiner selbst. 1920 wurde er Mitglied und schloss sich 1924 der «Freien Anthroposophischen Gesellschaft» an.

Erst nach dem Tod Rudolf Steiners hatte er Gelegenheit, nach Dornach zu reisen. Dort wurde er von den maßgeblich am Bau des ersten und zweiten Goetheanum beteiligten Architekten Ernst Aisenpreis und Hermann Ranzenberger freundlich empfangen und in den Baugedanken eingeführt.

1927 gründete er sein eigenes Büro in Stuttgart und baute in der Schellbergstraße 20 ein Wohnhaus (Haus Lehrs), das die Schüler der Waldorfschule das «kleine Goetheanum» nannten und in dem Karl Schubert nach Schließung der Waldorfschule mit seiner Hilfsklasse Zuflucht fand.

1930/31 nahm Kayser eine Tätigkeit in einem Architekturbüro in Basel auf und konnte so seine Verbindung zum organischen Bauimpuls durch eine Mitarbeit bei Ernst Aisenpreis im Dornacher Baubüro vertiefen.

Aus dem im Herbst 1945 entstandenen kleineren Arbeitskreis bildender Künstler heraus gründete Felix Kayser 1947/48 zusammen mit Wolfgang Gessner und Felix Durach den «Stuttgarter Architektenkreis», der regelmäßige jährliche Pfingsttagungen und Ausstellungen für bildende Künstler veranstaltete.

Felix Kayser war – von einer kompromisslosen künstlerischen Sachlichkeit geleitet – ein geradezu mathematisch maßvoller, Kunst und Zweckmäßigkeit konsequent vereinender Lehrer einer neuen Architektur. Neben den Bauten haben ihn die von ihm entworfenen Möbel bekannt gemacht.

Felix Durach

Ein entscheidender Schritt gelang diesem Initiativquartett mit der Pfingsttagung für bildende Künstler 1948.

Sie wurde von Karl Schubert eingeleitet, der nicht nur ein begnadeter Heilpädagoge, sondern zugleich ein vielseitiger Künstler war. Er stellte aus seinen Erinnerungen ein lebensvolles Bild von Rudolf Steiner vor die über hundert Teilnehmer hin, dessen kraftvolle Größe die vier folgenden Tage durchwirkte.

Anschließend wurden die verschiedenen Gebiete der bildenden Kunst durch Referate von Felix Durach, der durch Vermittlung von Ernst Fiechter Vorlesungen über Bau- und Bodenrecht an der Technischen Hochschule in Stuttgart hielt, Mitbegründer des Stuttgarter Architektenkreises und von 1958 bis 1962 Leiter der Abteilung für Architektur der Sektion für bildende Künste am Goetheanum war, dargestellt.

Hermann Kirchner

Die weiteren Vorträge über Architektur hielten Wolfgang Gessner, Felix Kayser und Reutter.

Über Probleme der Malerei trugen Walter Besteher, Julius Hebing und Hermann Kirchner vor.

Ein wichtiger Hinweis auf die zukünftige Entwicklung trat durch die Mitwirkung von Karl Auer ein.

Karl Auer wurde am 1. April 1904 in Freising geboren und wuchs in einer Handwerkerfamilie auf. Der Vater betrieb eine Bau- und Kunstglaserei. Karl Auer lernte nach dem Abschluss der Realschule beim Vater. Nach der Gesellenprüfung ging er zu einer Kunstglaserei und Glasmalerei nach Kempten, ab 1927 an die Kunstgewerbeschule in Stuttgart. Dort wurde er Schüler Wilhelm von Eiffs. Erste öffentliche Arbeiten entstanden 1929/30, von denen die meisten dem Krieg zum Opfer fielen.

In Stuttgart lernte er die Anthroposophie kennen, 1941 wurde er eingezogen und kehrte erst 1947 aus russischer Gefangenschaft zurück. Noch im selben Jahr wurde er in den laufenden Seminarkurs der Waldorfschule aufgenommen. In der Möbelfabrik Behr arbeitete er mit

Karl Auer

Emil Kühn und Hellmut Blume, der die Lehrlingsausbildung betreute.

Von 1954 bis 1972 unterrichtete er Handwerk, Plastizieren, Malen und Hell-Dunkel-Zeichnen. Im Zusammenhang mit Erich Gabert, Fritz Koegel und Gerhard Schnell entwickelte er Ideen zur Umgestaltung des künstlerisch-handwerklichen Unterrichts der Oberstufe. Bis 1979 arbeitete er gemeinsam mit Julius Hebing in der Lehrerbildung.

Entscheidend wurden sein Wort und seine Mittätigkeit beim Wiederaufbau der Schule, vor allem in der Mitgestaltung des Seminargebäudes und des Saalbaus (Architekten Billing, Peters & Ruff).

Während all dieser Tätigkeiten blieb die Glasschleiferei lebendig. Zusammen mit seiner Frau Elisabeth Auer schuf er die großen Scheiben des Christophorus-Motivs. Nach ihrem Tod entstanden das Michaels-Triptychon, die Planeten-Siegel, freie Formen für den Musiksaal und «Die drei Frauen mit dem Jüngling am Grabe».

In einer Würdigung zum 80. Geburtstag beschrieb Ekkehard Randebrook Karl Auers Glaskunst mit eindrucksvollen Worten: «Hier gibt es keine reliefartigen Umrisse mehr, alles bleibt in der Fläche und ist aus der Fläche heraus gestaltet. ... Eine aufs feinste differenzierte Schleiftechnik ist hier entwickelt, die mit verschiedenartig schraffierenden Strukturen die Oberfläche bearbeitet. Diese Strukturen lassen nicht nur ein Mehr oder Weniger an Licht durch, sie verändern das Licht auch qualitativ, in unzähligen Nuancen; so entsteht wärmeres und kühleres, weicheres und härteres, strahlendes und sanftes Licht. Alles ist Lichtgestaltung. ... Zu den stärksten Wirkungen des Fensters gehört, dass das Angeschaute niemals gleichbleibt; schon durch die Lichtverhältnisse des Tageslaufes verwandelt es sich dauernd. ... Es ist ein Lichtgeschehen, an dessen Zustandekommen, an dessen Gestaltung und Verwandlung der Beschauer selbst teilhat. Das Fenster entsteht in jedem Moment wieder neu und anders, man ist in einem Prozess darinnen und erlebt das Kunstwerk als Geschehnis, an dem man selbst mitzugestalten hat. Das ist das eigentlich Überraschende und auch wohl das Neue an diesen Fenstern.»[144]

Der Bericht über das Künstlertreffen an Pfingsten 1948 klang in bewegenden Worten Willy Mayrs aus:

«Es war erschütternd zu erleben, wie alte Gestaltungskräfte bei künstlerisch Tätigen erloschen und wie um die Erlangung neuer aus den Erkenntniskräften der Anthroposophie gerungen wird. Beglückend war es auch vor allem, in welch vertrauensvoll schöner Art Schaffensnöte einzelner Teilnehmer geoffenbart, von anderen verstehend getragen und helfende Hinweise gegeben werden konnten.

War nach Tagungsanfang durch die Referate übendes Denken zu erleben, so in deren Mitte ein mitgehendes Empfinden im Anschauen vieler gezeigter Arbeiten, was gegen Tagungsende zu einem beschwingten Wollen für die Arbeit der kommenden Monate bis zur möglichen Tagung Pfingsten 1949 wurde.»[145]

Die von positiver Willensäußerung durchzogenen Worte sollten alsbald zu einer überaus bemerkenswerten Konsequenz führen.

V. Die Ausgestaltung des Rudolf Steiner-Hauses in Stuttgart

Im fünften Jahr des Rudolf Steiner-Hauses wandte sich Fritz Götte in einem ausführlichen Aufsatz[146] an den «Hausgeist» des Stuttgarter Baues. Er erinnerte daran, dass der von Rudolf Steiner gegebene Spruch für das Haus eine Aufgabe – nicht einen gesicherten Zustand – ansprach:

> «Wer eintritt, bringe Liebe diesem Heim.
> Wer drinnen weilt, suche Erkenntnis an diesem Ort.
> Wer austritt, nehme Frieden mit aus diesem Haus.»

Und er verschwieg nicht, dass die Gemeinschaft der Stuttgarter Zweige im Anfang des 20. Jahrhunderts keineswegs als ein unverbrüchlich-harmonisches Zusammenwirken bezeichnet werden konnte:

Für den, der «das Leben und das Sich-Begegnen der Menschen aus beiden Gruppierungen» kannte, der wusste, «dass es von einem schweren Ringen begleitet war. Der Frieden unter ihnen war ihnen – weder vor der Hausweihe noch nachher – einfach gegeben; der Friede musste immer und immer wieder errungen werden».

Fritz Götte erinnerte an das Bestreben, eine innere Anknüpfung an den alten Bau in der Landhausstraße zu finden, und führte aus:

«Wir fanden den ‹Hausgeist› der Landhausstraße eben in jenem Ansprechen der alten Gottesweisheit der schwäbischen Theosophen, in jenem Hinweisen auf die großen schwäbischen Philosophen. Wir fanden ihn aber auch in jenem schweren brüderlichen Ringen der damaligen Freunde, das unseren Lehrer zum Gebrauch der Worte veranlasste ‹theosophische Liebe, theosophisches Friedensgefühl und Friedensstreben›. Und wir hatten das Gefühl, wir sollten hinübertragen diesen Hausgeist der Landhausstraße, den Rudolf Steiner angesprochen, in das neue Rudolf Steiner-Haus.»

Götte wies dann auf eine der Kindheitsbeschreibungen von Maxim Gorki hin, in der die Großmutter – vom Großvater weggeschickt – das alte Heim verlassen muss. Er sieht, wie sie niederkniet und einen alten Bastschuh in das Loch unter den Ofen wirft. Dabei ruft sie lockend in den Schuh hinein: «Kobold, treu und hold – da hast du einen Schlitten, komm mit, lass dich erbitten – ins neue Heim.»

Walther Roggenkamp

Kobold – damit sprach sie den Hausgeist an. Denn das Wort Kobold kommt vom althochdeutschen Koben, es bedeutet «Hütte», «Haus».

Fritz Götte appellierte an dieses Geschehen beim Einzug in das neue Haus. Damals hätten alle miteinander einen großen Seelenschuh gebildet und in ihn den Erkenntnis-, den Liebes- und den Friedensgeist der Landhausstraße hineinerbeten und hinübergetragen «ins neue Heim».

Seitdem war allabendlich beim Beenden der Arbeit im Rudolf Steiner-Haus der von Steiner gegebene Spruch für den Hausgeist gesprochen worden.

1961/62 – das fünfte Jahr im neuen Haus – war zugleich das fünfzigste Jahr der Einweihung der Landhausstraße 70.

Nach sieben Jahren – einem im rhythmischen Lauf der Zeit bedeutungsvollen Abschnitt – ergriff ein junger Künstler das Wort und berichtete über die Ausgestaltung des Rudolf Steiner-Hauses.

Der Künstler war der am 18. September 1926 in Ulm geborene Walther Roggenkamp. Sein Studium an der Akademie der Bildenden Künste Stuttgart musste er 1943 wegen seines Kriegsdienstes abbrechen. Um sich einer Einberufung zur Waffen-SS zu entziehen, meldete er sich freiwillig zur Marine. Nach kurzer englischer Kriegsgefangenschaft wurde er nach Köngen entlassen, wo seine Familie damals lebte. Da die Kunstakademie in Stuttgart noch zerstört war, setzte er sein Studium bei dem Maler Julius Hebing fort, der ihn in Goethes Farbenlehre einführte. Daneben lernte er Künstler aus den damaligen Malerkreisen, wie Felix Goll, Renate Wolffhügel oder Margarita Woloschin, kennen. Vorübergehend gründete Roggenkamp mit zwei Freunden eine gutgehende Werbeagentur, gab sie nach kurzer Zeit aber wieder auf, um seinem Wunsch nach einer sinnvolleren Tätigkeit Raum zu geben.

Die Anthroposophie hatte er durch die Familie von Emil Kühn kennengelernt und so ging er nach Dornach, um bei den Faust-Aufführungen als Bühnenhelfer zu arbeiten. Durch Henni Geck lernte er die «Schulungsskizzen für Maler» von Rudolf Steiner kennen. Wegen ihres plötzlichen Todes konnte er das Studium bei ihr jedoch nicht vollenden.

Es folgten Tätigkeiten als Bühnenmaler und -beleuchter. In den Sechzigerjahren gehörte Roggenkamp dem Stuttgarter Initiativkreis an und zeichnete für die Innenausstattung des Hauses verantwortlich.

1956 begann die Zusammenarbeit mit der Heilmittelfirma Weleda. In den folgenden vier Jahrzehnten entwarf er Bühnenbilder für die Faust-Festspiele in Dornach und für viele andere Aufführungen auf verschiedenen Bühnen Europas. Er gestaltete Schriften, Signets und Logos, schuf Buchillustrationen, Glasschliffbilder und machte Entwürfe für Bildteppiche wie die fünf Darstellungen zum *Märchen vom Quellenwunder*.

Frank Teichmann beschrieb ihn als einen Menschen, der bescheiden hinter seinem Werk zurücktrat und weder emotionale Auseinandersetzungen verursachte noch durch wetteiferndes Streben um Aufträge auffiel.

Walther Roggenkamp starb am 9. Juli 1995 in Ruchenschwand, Gemeinde Dachsberg.

Im März 1965 machte Roggenkamp in einem *Rundbrief an die Mitglieder der Anthroposophischen Gesellschaft in Stuttgart* auf Gestaltungsimpulse zur Fertigstellung verschiedener provisorisch gebliebener Bereiche aufmerksam. Dazu gehörten Modifikationen am Haupteingang, die Erneuerung der Saalbeleuchtung – «Im Saal herrscht eine blaue Dämmerung» –, ein neuer Bühnenvorhang, weil der vorhandene den feuerpolizeilichen Vorschriften nicht mehr genügte und in seiner Farbigkeit zu dunkel erschien, und Änderungen an der Fensterfront:

«Die unverhältnismäßig große Fensterfront war von den Architekten sicherlich im Hinblick auf eine dunkelfarbige glaskünstlerische Gestaltung entworfen worden. Man könnte jetzt mit einer Metallkonstruktion zu farbigen, eventuell geschliffenen Glasplatten Lüftung und Verdunklung zugleich lösen. Die technischen Voraussetzungen werden geprüft, um eine Lösung zu finden, die sich den künstlerisch gestalteten Formen organisch einfügt.»

Es gab jedoch noch weiteren Gestaltungsbedarf, auf den Roggenkamp das Augenmerk richtete:

«Über der großen freien Türfront im Saal wurden im vergangenen Jahr zwei *Planetensiegel* angebracht, die Herr Wilhelm Mohr in Stuttgart in meisterhafter Arbeit getrieben hat. Wir hoffen, dass durch weitere Spenden die Reihe fortgesetzt werden kann. Wir hätten dann für besondere festliche Gelegenheiten diese Siegel in ihrer Ganzheit zur Verfügung.

Die farbige Ausgestaltung des *Deckenspiegels* ist eine weitere verantwortungsvolle Aufgabe. Es muss dafür eine, der Bestimmung des ganzen Baues entsprechende, spirituell-künstlerische Gestaltung gefunden werden.

Ein weiteres, sicherlich leichter zu lösendes Problem entsteht durch die immer dringender werdende Frage, wie der Raum besser auszunutzen sei. Vielseitiger sollte ihn anthroposophische Arbeit erfüllen. Dazu wäre dringend erforderlich, den seinerzeit gerade für eine *bewegliche Bestuhlung* waagrecht verlaufenden Teil des Saales seiner ursprünglich vorgesehenen Bestimmung zuzuführen. Das würde bedeuten, ein bewegliches Gestühl für Rundgespräche und größere Arbeitstagungen zu haben. Eurythmiekurse könnten im Saal stattfinden. (Die Bühne eignet sich nur sehr beschränkt für Eurythmiekurse durch ihre starke Schräge.) Diese Änderung erbringt den inneren Gewinn eines so viel reicheren Lebens während des ganzen Tages in unserem zentralen Raum.

Bei gut besuchten Veranstaltungen ist es meist nötig, die Saaltüren offen stehen zu lassen, um noch Zuhörer im Vorraum unterzubringen. Dabei wird besonders fühlbar, dass der Haupteingang ohne *Windfang* wenig isoliert und neben dem Lärm der Straße vor allem Kälte und Zug bis in den Saal dringen lässt. Wir müssen also an einen ‹Windfang› denken, der nicht zu sehr den großzügigen Treppenaufgang beeinträchtigt. In diesem Zusammenhang wird man die verloren gegangene Lichtquelle des Fensters (zum Eurythmeum hin) ausgleichen können durch eine großflächige Verglasung der beiden Seitentüren des Haupteinganges, die in den ganzen Jahren überhaupt nie geöffnet wurden. Die dunkle Eingangshalle könnte dann einen einladenden, helleren Eindruck machen und das Haus von außen auch etwas ‹zugänglicher› erscheinen lassen. Eine ähnliche Wirkung hat Herr Architekt Lauer im Eurythmeum erreicht.

Weitere Ausbauten, wie die von Bücherregalen im Leseraum u. a., sind dringend notwendig, da der Raum für die Unterbringung der Bibliothek schon lange zu klein ist.

Wir wollen diese Aufgaben im Laufe des folgenden Jahres aufgreifen, durchplanen und jeweils verwirklichen, wenn eine Lösung und auch die finanziellen Möglichkeiten vorhanden sind. Alles Neue steht natürlich gegen das Gewohnte! Doch wollen wir bestrebt sein, den inneren Anforderungen und der Entwicklung der Arbeit im Rudolf Steiner-Haus gerecht zu werden und zu bleiben. Dass nach den Jahren neue Gestaltungsimpulse aufgegriffen werden, ist nur allzu verständlich – wirklich lebensvolle Arbeit wird Verwandlungen und Metamorphosen fordern.»[147]

Walther Roggenkamp erwähnte die Idee zu einer Gestaltung der großen Fensterfront durch geschliffene Glasplatten erstmals 1965 im genannten *Rundbrief.* Die in stetiger Zusammenarbeit mit Heten Wilkens zu leistende Gestaltung der Bildfolge als imaginatives Ganzes ging durch verschiedene Phasen eines Prozesses, der bis zur letzten Realisierung der bearbeiteten Glasplatten sieben Jahre dauerte.

In dieser Zeit wurde ihre Gestaltung auch in der Mitgliedschaft rege diskutiert. Das Protokoll der Mitgliederzusammenkunft am 11. Februar 1973 vermerkt:

«Viele Gedanken und Gespräche wurden auch der Thematik für die Gestaltung der geschliffenen Glasfenster im Vortragssaal zugewendet» und endlich berichtete Rudolf Brinkmann über die Imprägnierung des Dachstuhls gegen Feuer und den baldigen Einbau der geschliffenen Glasfenster, die im Atelier Roggenkamp fertiggestellt wurden.»[148]

1983 erschien im Verlag Freies Geistesleben die umfangreiche Dokumentation *Lebensschrift – Bildwege. Glasfenster und Bildteppiche im Rudolf Steiner-Haus Stuttgart*. Sie zeigt die Bildmotive der Fenster- und Wandgestaltung und gibt dazu detaillierte Interpretationen ihrer Inhalte.

Annähernd zeitgleich erscheint zu Ostern 1982 eine Ausgabe des Magazins *Stil*, das sich im Gesamtkontext von goetheanistischem Bilden und Bauen insbesondere den Glasradierungen im Rudolf Steiner-Haus zuwendet. Darin wird auf die grundlegenden Äußerungen Rudolf Steiners hingewiesen, die er zur Einweihung des Künstlerateliers (Glashaus) am 17. Juni 1914 in Dornach für die tätigen Künstler gegeben hat.

«Jetzt aber will ich noch aufmerksam machen darauf, wie durch unsere Glasfenster herbeigeführt werden soll die Verbindung des Äußeren mit dem Inneren. Jedes unserer Glasfenster wird einfarbig sein, aber wir werden doch an den verschiedenen Stellen verschiedene Farben haben. Darin drückt sich aus, dass geistig-musikalisch gegliedert sein muss der Zusammenhang des Äußeren mit dem Inneren. Und innerhalb des Glasfensters selber, da es einfarbig ist, wird es nur geben die Gliederung in dichtere und dünnere Flächen, das heißt, wir werden Flächen vor uns haben, wo uns die Materie dichter, materieller entgegentritt, und Flächen, wo uns die Materie dünner, substanziell in dünneren Verhältnissen entgegentritt. Das Licht wird stärker einfallen durch die dünneren Stellen der Glasfenster; es wird schwächer einfallen durch die dickeren Stellen und dadurch dunklere Farben geben. Geist und Materie in ihrem Zusammenhange, sie werden empfunden werden können in dem, was die Glasfenster ausdrücken. Aber die ganze Innenfläche soll sprechen wollen, sozusagen Organ sein für die Sprache der Götter. Und wie wir sagen, der Mensch hat einen Kehlkopf, durch diesen bist du imstande zu sprechen, so werden wir die Empfindung haben können: Diese ganze Reliefgestaltung ist Organ für die Sprache der

Götter, die zu uns sprechen sollen von allen Seiten des Universums. Es sind überall Sprachorgane der Götter.

Was können wir wollen, wenn wir also suchen unsere Wände zu durchdringen, wenn durch die Art, wie diese Wände geformt sind, diese sich selbst vernichten wollen, sobald wir den Weg finden, durch die Wände durchzudringen, weil wir die Wände zu Organen der Sprache der Götter machen?

Da können wir nichts anderes anstreben, als zu zeigen, dass der Mensch, wenn er so zu sich sprechen lässt die Götter durch ihre Organe, indem er die Wand durchbricht, den Weg sucht zu dem Geiste. Und so werden wir diese Fenster anschauen; sie sollen uns darstellen in ihrem Helldunkel, in ihrem farbigen Helldunkel: So findest du, o Mensch, den Weg zum Geiste!

Da wird uns gezeigt werden, wie die Seele, wenn sie in der Nacht schläft und außer dem Leibe ist, im Verhältnis steht zu der geistigen Welt. Da wird uns gezeigt, in welchem Verhältnis die Seele zu der geistigen Welt steht, wenn sie entkörpert ist zwischen Tod und neuer Geburt. Da wird sich uns zeigen, wie der Mensch, wenn er an die Schwelle herantritt, den ‹Abgrund› empfindet; die Stationen des Weges in die geistige Welt hinein werden sich uns zeigen. Sie werden auftauchen wie gleichsam Gestaltungen des Lichtes selber, vom Westen herein uns die Geheimnisse der Initiation zeigend. Das wird das Eigentümliche sein, dass wir hier Wände schaffen wollen, die sich selbst aufheben, selber vernichten durch ihre Formung. Das ‹Wie-wir-die-Wände-Durchbrechen›, das müssen uns die Darstellungen der Fenster zeigen; sie müssen uns Gestalten zeigen, denen wir begegnen, wenn wir den Weg suchen zu diesen geistigen Welten, oder ihn unbewusst gehen; sie müssen uns zeigen, wie wir uns verhalten müssen zu den geistigen Welten.»[149]

Daran schloss Walther Roggenkamp einen Überblick über die Entwicklung der anthroposophischen Glasradierkunst und seinen Beitrag «Der Glasschliff» für diesen Impuls an: «Als zu Beginn dieses Jahrhunderts die dramatische Entwicklung verschiedener Kunstrichtungen begann, wurde von Rudolf Steiner durch die Errichtung des ersten Goetheanum und seiner Nebenbauten der Keim für den goetheanistischen Stil in Dornach/Schweiz gesetzt. Dieser ist eine der Ausdrucksformen eines neuen umfassenden Kulturimpulses. Die durch Anthroposophie erschlossenen Quellen waren in der Lage, zahlreiche Gebiete des Kultur- und Kunstschaffens zu beleben.

Die Errungenschaften unseres technischen Zeitalters bieten auch den Künsten neue Möglichkeiten: Weitere Materialien und Verarbeitungsmethoden stehen zur Verfügung. In diesem Zusammenhang ist besonders auf die erstmalige Verwendung großflächiger farbiger Glastafeln hinzuweisen, welche es bis dahin in dieser Art für den künstlerischen Einsatz nicht gab. Zu ihrer Anfertigung ist ein Hüttenwerk mit speziellen, ausreichend großen Schmelz- und Kühlöfen notwendig, welche die tonnenschweren dickwandigen Glasplatten gießen und walzen können. Rudolf Steiner hat zuerst dieses neue Material in künstlerischer Bearbeitung verwendet. Er entwarf für den großen Saal des ersten Goetheanum Motive für acht verschiedenfarbige Fenster-Gruppen in der Form von Triptychen. Im Gegensatz zu allen früheren Kunstverglasungen sollten hier die bildhaften Ausgestaltungen in einer einheitlichen Farbfläche erscheinen. Technisch wurde diese dadurch erreicht, dass man 15 bis 20 mm starke, dunkelfarbige Glasplatten durch Schliff aufhellte und dadurch das Bild in Hell-Dunkel-Differenzierungen erscheinen konnte. Dieser Arbeitsvorgang setzte die Erfindung einer beweglichen Kraftübertragung voraus, der biegsamen Welle, und die Verwendung eines geeigneten Schleifsteines, dem Carborundum. – Im Goetheanum-Bau entstand durch diese neuen Glasfenster ein Farbraum, der durch das Ineinander- und Gegeneinanderspiel des Lichts seiner plastisch bewegten Innenarchitektur einen ständig wechselnden, farbigen Atem verlieh. Diese Art der Farbigkeit unterscheidet sich von der hochentwickelten Kunst der Glasfenster des Mittelalters durch den reinen Lichtcharakter, in welchem hier die Farbe in Erscheinung treten konnte. Der Betrachter dieser Glaskunstwerke schaut durch die leuchtenden, großflächigen Scheiben in eine Bilderwelt, welche aus dem Licht allein – ungetrübt in ihrer Farbigkeit – aufleuchten. Gerade durch diese neue Glasbearbeitung war erst das reine Weben der Farben möglich, da keine dunklen Linien der Bleiverglasung, keine Schatten der Glasmalerei die Farbe beeinträchtigt. Der geheimnisvolle, oft edelsteinartige Zauber der alten Glasfenster war im ersten Goetheanum durch eine reinere, lichte Bildoffenbarung abgelöst.

1922 wurde dieses Goetheanum – nahezu vollendet – ein Opfer der Flammen. Nach dem Hingang Rudolf Steiners sind seine Fensterentwürfe von Assja Turgenieff noch einmal für den Saal des zweiten Goetheanum in ähnlich farbigem Glas geschliffen worden. Zwar konnte durch die veränderte Architektur die originale Komposition des Triptychons nicht aufrechterhalten werden. Auch fehlen im Innenraum die für den Stil des ersten Goetheanum besonders bestimmenden, mehrflächigen Holzsäulen. Das farbige Licht leuchtete in vielfältiger Weise an ihnen auf. Indessen: Die in Glas radierten Motive Rudolf Steiners hinterlassen auch heute einen nachhaltigen Eindruck und leiten auf Spuren gültiger, zeitgemäßer Mysterien.

In den Jahren nach dem Zweiten Weltkrieg wurde an der Akademie in Stuttgart diese Technik besonders in hellen Glasfarben durch Prof. Wilhelm von Eiff und seine Schüler weiterentwickelt. – In den Sechzigerjahren begannen Walther Roggenkamp (Stuttgart) und Willem Westbroek (Rotterdam) wieder mit dem Bildschliff in dunkelblauem Glas für eine ca. 20 qm große Fensterfront in der Hibernia-Schule, Wanne-Eickel. Es entstand eine Bildfolge mit Motiven aus Goethes Märchen *Von der grünen Schlange und der schönen Lilie*. Eine weitere großflächige Glasfront mit verschiedenfarbigen Gläsern wurde für die Voith-Ausbildungsstätte in Heidenheim geschaffen. In Verbindung von einfarbigen Glasplatten und mehrfarbigen Betonglasteilen ist dort das mythische Schicksalsgeschehen der Wieland-Sage bildhaft aufgezeichnet. Es wurde der Versuch unternommen, wie bei dem Märchen von Goethe, Mysteriengeschehen durch bildhafte Gestaltungen raumzeitlich überschaubar zu machen.

Die vorbereitende Arbeit für die Fensterfronten des Rudolf Steiner-Hauses Stuttgarts – in kontinuierlicher Zusammenarbeit mit Heten Wilkens hinsichtlich der imaginativen Bildgestalten – hat sieben Jahre gedauert. 1973 konnten die im Atelier in Güldenholm bearbeiteten Glasplatten eingesetzt werden. Während dunkelblaues Glas durch Schleifen leichter dem Licht gegenüber zu differenzieren ist, wurden für die goldgelben Scheiben die Wirkungen von verschieden geführten Schleifstrukturen einschließlich einer Bearbeitung auch der Außenseite der Glasplatte erforderlich. Das Bildgeschehen wird durch die bewegte Dramatik der jeweiligen Lichtverhältnisse beeinflusst. So spielt der Stand der Sonne im Wechsel der Reflexe; die Jahreszeit wirkt durch die besonderen Farbschattierungen des Hintergrundes außerhalb des Saalbaues. Jeder Betrachter im Inneren des Saales hat seinen nur für ihn gültigen Ausblick. Gestaltgebende Linien und stimmungsweckende Flächen – eben noch hell und gleißend – erscheinen beim nächsten Schritt verdunkelt in schattenhafter Form: ein wechselvolles Spiel lichtdramatischen Geschehens, das sich zwischen Innen- und Außenwelt vollzieht. Es kann den Betrachter zu einer beweglichen Lebendigkeit des Schauens anregen.»[150]

Assja Turgenieff überlieferte Erfahrungen aus ihrer Arbeit an den Glasfenstern in *Rudolf Steiners Entwürfe für die Glasfenster des Goetheanum*.[151] Darin schrieb sie: «Wie mit einem Diamantstift soll das Glas herausradiert werden, durch das Dünnerwerden der Platte wird mehr Licht durchscheinen, und so soll eine Art Lichtradierung im Glas entstehen, war das von Rudolf Steiner gesetzte Ziel, und keiner zweifelte, dass zur gegebenen Zeit sich das Mittel dazu finden würde. Und tatsächlich, nach einigen Versuchen wurden bald, dem Rat eines befreundeten Zahnarztes zufolge, die dazu notwendigen technischen Einrichtungen gefunden: eine bewegliche Brücke mit elektrischem Motor für den arbeitenden Künstler, Berieselung des Glases mit Wasser, aus Amerika importierte Schleifsteine verschiedener Größe und Form aus einem diamantähnlichen Naturstein, Carborundum, und die bewegliche ‹biegsame Welle›, mit der der Künstler ein größeres Arbeitsfeld bewältigen konnte.

Oft wurde die Frage nach der Priorität auf diesem neuen Kunstgebiet aufgeworfen. Prof. Pazureck, ein Meister der böhmischen Glaskunst, die er um die Jahrhundertwende an der Kunstakademie in Stuttgart einführte, erzählt selber, wie er im Jahre 1905, während er sich von einem Zahnarzt behandeln ließ, auf den Gedanken kam, dass mit einer Art von Zahnarztapparat sich neue Möglichkeiten für das Bearbeiten von Glas ergeben könnten. Wir haben da einen technischen Ausgangspunkt gegenüber dem rein künstlerischen von Dr. Steiner. Es blieb auch bei einigen damals von Schülern Prof. Pazurecks gemachten Versuchen, und erst gegen Ende der Dreißigerjahre, zur Zeit, als an den Fenstern des zweiten Goetheanums noch gearbeitet wurde, ist diese Arbeitsweise in Stuttgart groß aufgezogen worden. Viel später erfuhren wir von fachkundiger Seite, auch durch Schüler von Prof. Pazureck, dass es ein Rätsel für sie war, wie in Dornach schon 1914 diese Arbeit vor sich gehen konnte: Der amerikanische Carborundumstein war kaum in Europa bekannt, die biegsame Welle, eben erst gefunden, noch nicht recht in den Handel gekommen. – Ein Beispiel mehr der sicheren Handhabung im Praktischen, die Dr. Steiner eigen war.

Unvergesslich bleibt die Wärme, aber auch der warnende Ernst der Worte, mit denen Dr. Steiner am 17. Juni 1914 die Arbeit im Glashaus einleitete. Sie wurde vielleicht die schwierigste am Bau, über die der nahende Krieg im Voraus seine Schatten zu verbreiten anfing. Schon mit den für Wärme und Kälte überempfindlichen farbigen Glasplatten mussten bittere Erfahrungen gesammelt werden. ‹Ahriman wird noch mehrere Gläser zerschlagen›, tröstete uns Dr. Steiner, wenn durch fehlerhafte Berieselung oder durch einen nicht genug zugezogenen Vorhang, der einen Sonnenstrahl einließ, ein unaufhaltsamer Riss durch die Scheibe lief. ‹Es ist gut, Ahriman in den Dienst einer solchen Kunst zu stellen wie hier durch die elektrischen Motoren, doch darf man mit dem Mechanischen in der Kunst nicht über eine gewisse Grenze hinausgehen ...›, wiederholte er einige Mal. Mit unerschöpflicher Geduld bemühte er sich immer wieder, die

Unzulänglichkeiten innerhalb der Mitarbeiterschaft auszugleichen. Und doch, trotz allem Verzicht, mit dem er ihr seine Entwürfe überließ, konnte man merken, wie schmerzlich er manchmal von dem, wie man damit umging, berührt wurde.»

Mit der Verwirklichung der künstlerischen Gestaltung des Stuttgarter Hauses trat zugleich eine sorgenvolle Frage auf: «Kann der Impuls der Glasradierung weitergeführt werden?»

Es schien, dass die Durchführung solcher Kunstwerke in Zukunft nicht mehr möglich sein werde, denn der einzige noch vorhandene Lieferant (in Frankreich) hatte seine Produktion inzwischen eingestellt. Als Übergangslösung wurde ins Auge gefasst, den noch vorhandenen Bestand an Gläsern aufzukaufen. Doch den Betrag von ca. 30 000 DM aufzubringen, schien der Künstlerschaft unmöglich. Eine Spendenaktion sollte die erhoffte Notlösung bringen.

Die Bildwelt des großen Saales

Das blaue Fenster im großen Saal ist als dreiteiliges Triptychon aufgebaut. Es zeigt den Lebenslauf des Menschen aus der Welt des Vorgeburtlichen kommend bis zur Schwelle des nachtodlichen Lebens am Ende seiner Inkarnation.

Gezeigt werden die über alle soziokulturellen Unterschiede der Existenzbedingungen hinaus gültigen Lebensschritte einer allgemein-menschlichen Entwicklung, die sich im Laufe der Inkarnation individuell modifizieren und ihre Eigengestalt annehmen. Dem, was sich nach Ort, Zeit und Milieu unterscheidet, liegt jedoch ein menschheitliches Entwicklungsgesetz zugrunde, das Anfang, Mitte und Ende kennt.

Demzufolge beginnt der Weg auf der linken Tafel und zeigt einen jungen Menschen, dessen Haltung und Schritt die Unverbrauchtheit seiner Lebenskräfte verrät. Sein Weg beginnt an der Grenze zwischen Himmel und Erde. Lebensspendende Sonnenkräfte und gestaltgebende Mondenwirksamkeit bilden das Tor, durch welches der junge Mensch den Weg hinab ins Tal beschreitet. Es ist der Weg Parzivals «durch das Tal», von dem Chrétien de Troyes und Wolfram berichtet haben.

Rudolf Steiner spricht in einem Vortrag vom 25. Januar 1924 in Bern von Mond und Sonne als zwei Toren der geistigen Welt: «Die Sonne

Das blaue Fenster im großen Saal

steht uns eben wirklich eigentlich am Himmel wie ein Zukunftswesen, während uns der Mond wie ein Vergangenheitswesen am Himmel steht. Es ist das andere Tor, das in die geistige Welt führt, es ist das Tor in die Zukunft hinein. Denn ebenso, wie wir gewissermaßen hereingeschoben werden ins irdische Dasein durch die Mondenwesen und Mondenkräfte, so werden wir im Tod wiederum herausgeschoben durch die Sonnenkräfte.»

Durch das eine Tor nimmt der Mensch alles aus der Vergangenheit früherer Inkarnationen mit, was seine Entwicklung begrenzt, «der Sonne verdanken wir nicht unser individuelles Leben. Die Sonne leuchtet nicht nur über Gute und Böse in gleicher Weise, sondern die Sonne leuchtet auch über Genies und Dummköpfe in gleicher Weise. Die Sonne kennt zunächst für das irdische Leben nichts, was mit der Individualität unmittelbar zusammenhängt.»[152]

Haltung und Geste des jungen Menschen zeigen auf dem linken Flügel des blauen Fensters ein dem Leben zugewandtes Staunen. So schreitet er auf eine anmutige Gegend von Hügeln und Pflanzenformen zu. Über ihm leuchten außer Sonne und Mond Sterne. Die einen leuchten hell am Nachthimmel, sieben andere bleiben ihm verborgen hinter dem Schein der dominanten Gestirne.

Aus dem Untergrund wirkend wird eine sich voluminös aufblähende

Mittleres Fenster

Kraft sichtbar, die ihn von seiner Richtung ablenken und den Weg nach rückwärts einschlagen lassen möchte. Es ist die Einflussnahme Luzifers.

Die Färbung des Glases als künstlerisches Material ist von einem leuchtenden mittleren Blau, das weder ins Ultramarin noch in finsteres Preußischblau abfällt. Vielmehr hält es durch mannigfaltige Variationen der Schliffstärke fortwährend ein Gleichgewicht von Licht und Finsternis, Wärme und Kälte. Unterstützt wird diese Wirkung durch eine Linien- bzw. Flächenbehandlung, die ein ebensolches Gleichgewicht zwischen Weichheit und Härte schafft.

Rechter Flügel

Das mittlere Fenster erzählt von einer anderen Situation, die von Veränderung und Steigerung geprägt ist.

Der Jüngling ist älter geworden. Er geht den Weg nicht mehr einsam, sondern begegnet der Gesellschaft anderer.

Diese anderen treten als eine Zwölfheit individuell unterscheidbarer Antlitze auf und repräsentieren alles, was die Menschheit als Ganzes ausmacht. So tritt die Zwölfheit als Kreis der Jünger, als Artus' Tafelrunde, Tierkreis und Grundlage eines im Sozialen gültigen Urteils auf.

In ihrem Mittelpunkt ereignet sich die Begegnung des inzwischen zum Mann gereiften Jünglings mit einem anderen. Der andere weist nach Haartracht, Kleidung und Haltung weibliche Züge auf. Die Gestik der beiden ist mehrdeutig. Sie mag umfangend oder abwehrend sein, immer aber ist sie dynamisch. Es ist eine Lebensbegegnung und von entscheidender Bedeutung. Von oben schaut ein geistiges Wesen anteilnehmend zu. Aus dem Mittelpunkt des Erdgeschehens – die Begegnung der beiden spielt sich sichtbar auf dem Erdenrund ab – wirkt das Golgatha-Geschehen herauf.

Der rechte Flügel des blauen Fensters zeigt das Menschenpaar in weiter fortgeschrittenem Alter. Es ist eine Abschiedsszene. Der Weg führt jetzt hinauf in die Sphäre, aus welcher der junge Mensch herabgestiegen ist. Die Szene atmet Ruhe und Frieden. Der Vorangeschrittene ist dieser Welt bereits näher, seine Gefährtin entlässt ihn mit liebevoller Geste. Auf sie schaut nicht mehr aus anteilnehmender Ferne ein sorgendes Antlitz, sondern da, wo zwei in seinem Namen beisammen sind, ist er mitten unter ihnen.

Am Wegesrand neben der Gefährtin ist ein Pflanzliches zu erkennen – nicht mehr als Abbild eines physisch Pflanzlichen, sondern als geistig real gewordenes ätherisches Gebilde.

Das gelbe Fenster

Hinter der Szene wird im Sternenraum eine architektonische Gestalt in der Formgebung des ersten Goetheanum sichtbar. In den Fensterworten Rudolf Steiners zum ersten Goetheanum heißt es: «Und der Bau wird Mensch.»

Bedroht wird dieser Entwicklungsweg durch den im Erdfinsteren harrenden Ahriman. Er greift aus seiner Sphäre der Erstarrung – die Eigensucht des Menschen anstachelnd – in den Weg ein. Er ist der Geist der Druckerschwärze, welche Nichtigkeit als Scheinbesitz getrost nach Hause tragen will.

Das blaue Fenster befindet sich an der rückwärtigen Saalwand gegenüber der Bühne mit dem eingebauten Rednerpult, das gelbe Fenster an der seitlichen Außenwand.

Während die Bildfolge des blauen Fensters vom Lebenslauf des einzelnen, mikrokosmischen Menschen erzählt, enthält das gelbe Fenster vier Stationen seiner makrokosmischen Entwicklung.

Die Motivfolge lässt sich im Schwarz-Weiß-Druck (S. 246/247) anhand der Entwürfe leichter verfolgen.

Im ersten Fenster wendet die Urseele der Menschheit den Keim der menschlichen Leibesbildung der Erde zu.

Das zweite Fenster schildert das entstehende Gleichgewicht zwischen Weltwirkung und Sinnesorganen. Das Sinnesleben kann sich so frei von den unmittelbaren Leibzuständen entwickeln.

Vorentwürfe für das gelbe Fenster

Das dritte Fenster zeichnet dieses Frei-Werden in seinen Folgen für das Seelenleben des Menschen nach. Vorstellen, Fühlen und Wollen klären sich in ihrem gegenseitigen Verhältnis, wirken nicht länger chaotisch durcheinander und können so vom Menschen in selbstbestimmtem Eigen-Sein ergriffen werden.

Das vierte Bild beschreibt den meditierend schauenden Menschen, der das Urbild des Menschenkeimes in sich wiederfindet.

In einer Synthese treten die Motive der blauen und gelben Fenster schließlich in den Bildteppichen zu dem Märchen vom Quellenwunder auf.[153]

In einer ähnlich genialen Zusammenarbeit wie bei der Verwirklichung der Glasfenster von Walther Roggenkamp mit Willem Westbroek kam es hier zu einer Zusammenarbeit mit Hildegard Osten. Sie studierte Handweberei und Stickerei an der Kunstgewerbeschule Hamburg, leitete von 1930 bis 1936 die Weberei der anthroposophischen Schule Loheland und hielt sich für Studienaufenthalte in Schweden und München auf. 1939 machte sie sich mit einer eigenen Werkstatt selbstständig und arbeitete in Lübeck. Von dort war die Entfernung zu Roggenkamps Atelier in Güldenholm bei Schleswig nicht weit, was für die künstlerische Zusammenarbeit günstig war. Roggenkamp malte die Entwürfe auf großformatige Bögen,

Hildegard Osten spannte sie sorgfältig auf ihren Webrahmen auf und setzte mit großer Genauigkeit, einer eigenen Schraffurtechnik und kostbaren Garnen die Entwürfe zu Wandteppichen um.

Im *Märchen vom Quellenwunder*, einer Erzählung der Frau Balde in Steiners Mysteriendrama *Die Prüfung der Seele,* werden Motive aus Steiners Lebensgang in dichterischer Form mitgeteilt.

Für die Druckwiedergabe werden auch hier die Vorentwürfe zu den im gewebten Original farbensprühenden Bild-Teppichen herangezogen.

Vorentwürfe zu den Bild-Teppichen (S. 248–251)

«Es war einmal ein Knabe,
Der wuchs als armer Förstersleute einzig Kind
In Waldeseinsamkeit heran. –
Er lernte außer seinen Eltern
Nur wenig Menschen kennen.
Er war von schwachem Gliederbau:
Durchscheinend fast war seine Haut.
Man konnte lang ins Aug' ihm schaun;
Es barg die tiefsten Geisteswunder.
Und wenn auch wenig Menschen nur
Des Knaben Lebenskreis betraten,
Es fehlte ihm an Freunden nicht.
Wenn in den nahen Bergen
Erglühte golden Sonnenhelle,
Dann sog des Knaben sinnend Auge
Das Geistesgold in seine Seele ein:
Und seines Herzens Wesen,
Es ward so morgensonnengleich. –
Doch wenn durch finstre Wolken
Der Morgensonne Strahl nicht drang
Und düstre Stimmung alle Berge überzog,
Da ward des Knaben Auge trüb
Und wehmutvoll sein Herz ––.
So war er hingegeben ganz

Dem Geistesweben seiner engen Welt,
Die er nicht fremder fühlte seinem Wesen
Als seines Leibes Glieder.
Es waren ihm ja Freunde auch
Des Waldes Bäume und die Blumen;
Es sprachen Geisteswesen aus den Kronen,
Den Kelchen und den Wipfeln –,
Verstehen konnte er ihr Raunen ––.
Geheimer Welten Wunderdinge
Erschlossen sich dem Knaben,
Wenn seine Seele sich besprach
Mit dem, was leblos nur
Den meisten Menschen gilt.
Und sorgend oft vermissten abendlich
Die Eltern den geliebten Sprossen. –
An einem nahen Orte war er dann,
Wo aus den Felsen eine Quelle drang
Und tausendfach zerstäubend
Die Wassertropfen über Steine sprengte.
Wenn Mondeslichtes Silberglanz
In Farbenfunkelspielen zauberhaft
Sich spiegelt' in des Wassers Tropfenstrom,
Da konnt' der Knabe stundenlang
Am Felsenquell verharren.
Und Formen, geisterhaft gebildet,
Erstanden vor dem Knabenseherblick
Im Wassertreiben und im Mondenlicht-
  geflimmer.
Zu dreien Frauenbildern wurden sie,
Die ihm von jenen Dingen sprachen,
Nach denen seiner Seele Trieb gerichtet. –
Und als in einer milden Sommernacht
Der Knabe wieder an der Quelle saß,
Ergriff der Frauen eine viele tausend
  Stäubchen
Des bunten Wassertropfenwesens
Und reichte sie der zweiten Frau.
Die formte aus den Tropfenstäubchen
Ein silberglänzend Kelchgefäß

Und reichte es der dritten Frau.
Die füllte es mit Mondessilberlicht
Und gab es so dem Knaben.
Der hatte alles dies geschaut
Mit seinem Knabenseherblick. –
Ihm träumte in der Nacht,
Die dem Erlebnis folgte,
Wie er beraubt des Kelches
Durch einen wilden Drachen ward. –
Nach dieser Nacht erlebte jener Knabe
Nur dreimal noch das Quellenwunder.
Dann blieben ihm die Frauen fort,
Auch wenn der Knabe sinnend saß
Am Felsenquell im Mondensilberlicht. –
Und als dreihundertsechzig Wochen
Zum dritten Mal verstrichen waren,
War längst der Knabe Mann geworden
Und von dem Elternhause und dem Waldesgrund
In eine fremde Stadt gezogen.
Da sann er eines Abends,
Von harter Arbeit müde,
Was ihm das Leben wohl noch bringe möge.
Es fühlte sich der Knabe plötzlich
Nach seinem Felsenquell entrückt;
Und wieder konnte er die Wasserfrauen schauen
Und dieses Mal sie sprechen hören.
Es sagte ihm die erste:
Gedenke meiner jeder Zeit,
Wenn einsam du dich fühlst im Leben.
Ich lock' des Menschen Seelenblick
In Ätherfernen und in Sternenweiten.
Und wer mich fühlen will,
Dem reiche ich den Lebenshoffnungstrank
Aus meinem Wunderbecher. –
Und auch die zweite sprach:
Vergiss mich nicht in Augenblicken,
Die deinem Lebensmute drohen.

Ich lenk' des Menschen Herzenstriebe
In Seelengründe und auf Geisteshöhn.
Und wer die Kräfte sucht bei mir,
Dem schmiede ich die Lebensglaubensstärke
Mit meinem Wunderhammer. –
Die dritte ließ sich so vernehmen:
Zu mir erheb' dein Geistesauge,
Wenn Lebensrätsel dich bestürmen.
Ich spinne die Gedankenfäden
In Lebenslabyrinthen und in Seelentiefen.
Und wer zu mir Vertrauen hegt,
Dem wirke ich die Lebensliebesstrahlen
Auf meinem Wunderwebestuhl. –––
Es träumt' in jener Nacht,
Die dem Erlebnis folgte,
Dem Manne, dass ein wilder Drache
In Kreisen um ihn her sich schlich –
Und nicht ihm nahen konnte:
Es schützten ihn vor jenem Drachen
Die Wesen, die er einst am Felsenquell geschaut
Und die aus seiner Heimat
Mit ihm zum fremden Ort gezogen waren.»[154]

Anmerkungen

1 Rudolf Steiner, *Mysterienwahrheiten und Weihnachtsimpulse. Alte Mythen und ihre Bedeutung*, GA 180, S. 21, Dornach ^{3}2017.

2 Ebd., S. 60.

3 Fassung HS.

4 Paul Hoser, Nationalsozialistische Deutsche Arbeiterpartei (NSDAP), 1920–1923/1925–1945, publiziert am 12. Februar 2007, *Historisches Lexikon Bayerns*, URL: <http://www.historisches lexikonbayerns.de/Lexikon/Nationalsozialistische_Deutsche_Arbeiterpartei_(NSDAP), 1920–1923/1925–1945> (22.2.2022).

5 O. V., «Das ‹Wunder› der Marne-Schlacht. Wunder oder Verbrechen?», N.S.-Propagandabüro P. Hochmuth, Berlin o. D.

6 Anna Samweber, *Aus meinem Leben. Erinnerungen an Rudolf Steiner und Marie Steiner-von Sivers*, S. 69, Dornach 2009.

7 *Pforzheimer Anzeiger*, Amtliches Organ der Nationalsozialistischen Deutschen Arbeiterpartei und einziges amtliches Verkündigungsblatt für den Amtsbezirk, Pforzheim vom 16. Dezember 1933, BAD Z/B 1 886.

8 *Pforzheimer Anzeiger*, 61. Jg., Nr. 8 vom 10. Januar 1934.

9 Heinrich Leiste an die Mitglieder der Initiativgruppe vom 2. Mai 1934, Archiv am Goetheanum.

10 Bayerische Politische Polizei B Nr. 13967 /34 I/1 G, BAD Z/B 1 903.

11 Zit. nach Uwe Werner, *Anthroposophen in der Zeit des Nationalsozialismus (1933–1945)*, S. 76, München 1999.

12 Archiv am Goetheanum.

13 REFUGEE VOICES, AJR Refugee Voices Testimony Archive, ajrrefugeevoices.org.uk.

14 Ebd.

15 Hermann Poppelbaum an Franz Bintig vom 4. November 1935, BAD Z/B 1 901.

16 Bericht über Anthroposophie des Sicherheitsdienstes vom 10. April 1936, BAD Z/B 1 886.

17 Anonymes Schreiben an die Reichskulturkammer vom 25. September 1936, BAD Z/B 1 903.

18 SS-Oberscharführer Rostock, Besuch am Goetheanum in Dornach (Schweiz) am 5. August 1938, BAD Z/B 1 887.

19 Rudolf Steiner, «Die Einweihung des Stuttgarter Hauses», *Bilder okkulter Siegel und Säulen*, GA 284, S. 142 ff., Dornach [3]1993.

20 Rudolf Steiner, «Sitzung des Dreißigerkreises», Stuttgart, 10. Juli 1923, *Das Schicksalsjahr 1923 in der Geschichte der Anthroposophischen Gesellschaft*, GA 259, S. 161, Dornach 1991.

21 Rudolf Steiner, «Das Karma der Anthroposophischen Gesellschaft und der Inhalt der anthroposophischen Bewegung», Arnheim, 19. Juli 1924, *Esoterische Betrachtungen karmischer Zusammenhänge*, GA 240, S. 165, Dornach [5]1992.

22 Lagebericht des württembergischen Innenministeriums für den Monat Januar 1936, BAD Z/B 1 904.

23 Aus einem Rundbrief Heidenreichs an die Priesterschaft der Christengemeinschaft vom Februar 1939. Privatarchiv Michael Heidenreich, zit. nach Uwe Werner, S. 294, München 1999.

24 Gundhild Kačer-Bock, *Emil Bock. Leben und Werk*, S. 447, Stuttgart 1993.

25 Friedrich Rittelmeyer, «Was spricht gegen ein Verbot der Christengemeinschaft?», Februar 1936, Archiv der Christengemeinschaft.

26 Zit. nach Uwe Werner, S. 421, München 1999.

27 Dagmar von Wistinghausen, persönliches Archiv, zit. n. Uwe Werner, S. 422.

28 Freie Universität Berlin, Universitätsbibliothek 80 – 40 178.

29 Bundesarchiv Koblenz R 58/1030.

30 Wolfgang Trees, Charles Whiting, Thomas Omansen, *Drei Jahre nach Null. Geschichte der britischen Besatzungszone 1945–1948*, S. 49, Düsseldorf 1978.

31 Daniel Jonah Goldhagen, *Hitlers willige Vollstrecker – Ganz gewöhnliche Deutsche und der Holocaust*, München 1996.

32 Emil Bock, *Briefe*, S. 62, Stuttgart 1968.

33 Ebd., S. 64.

34 Ebd., S. 69.

35 Ebd., S. 69 f.

36 So in einem Brief «An die Freunde in Berlin» vom 5. Dezember 1943, Emil Bock, *Briefe*, S. 17 ff., Stuttgart 1968.

37 Vollständiger Wortlaut in: Rudolf Steiner, *Mantrische Sprüche – Seelenübungen II, 1903–1925*, GA 268, S. 289 f., Dornach [2]2015.

38 Emil Bock, *Briefe*, S. 68 f., Stuttgart 1968.

39 Gundhild Kačer-Bock, «Fünfzig Jahre Rudolf Steiner-Haus in Stuttgart», *Mitteilungen aus der Anthroposophischen Arbeit in Deutschland*, Nr. 240, Johanni II, 2007.

40 Fritz Götte, «Zur Einweihung des ‹Hauses der anthroposophischen Arbeit› in Stuttgart Pfingsten 1957», *Mitteilungen,* Heft 2, Nr. 40, Johanni 1957.

41 Ebd.

42 Rudolf Steiner, «Weiherede», *Bilder okkulter Siegel und Säulen. Der Münchner Kongress Pfingsten 1907 und seine Auswirkungen,* GA 284, S. 145–147, Dornach ^{3}1993.

43 Fritz Götte, *Mitteilungen*, Heft 2, Nr. 40, Johanni 1957.

44 Ebd.

45 Ebd.

46 Rudolf Steiner, «Das Pfingstfest des seelischen Zusammenstrebens und des Arbeitens an der Vergeistigung der Welt», Köln, 7. Juni 1908, *Natur- und Geistwesen – ihr Wirken in unserer sichtbaren Welt*, GA 98, S. 100, Dornach ^{2}1996.

47 Fritz Götte, *Mitteilungen*, Heft 2, Nr. 40, Johanni 1957.

48 Ebd.

49 Emil Kühn, «Einiges aus der Baugeschichte des ‹Rudolf Steiner-Hauses› in Stuttgart», *Mitteilungen*, Heft 4, Nr. 42, Weihnachten 1957.

50 Fritz Götte, «Die Mitglieder und der werdende Bau», Anthroposophische Gesellschaft Stuttgart, *Rundbrief,* Nr. 3, Weihnachten 1956.

51 Gundhild Kačer-Bock, «Fünfzig Jahre Rudolf Steiner-Haus in Stuttgart», *Mitteilungen*, Nr. 240, Johanni II, 2007.

52 Johann Wolfgang von Goethe, «Wilhelm Meisters Wanderjahre», *Werke*, Hamburger Ausgabe in vierzehn Bänden, (HA), hrsg. von Erich Trunz, Band VIII, Romane und Novellen III, S. 149–158: Erstes Kapitel; S. 383–392: Neuntes Kapitel, München 2000.

53 «Ansprache zur Grundsteinlegung in Malsch», Rudolf Steiner, *Bilder okkulter Siegel und Säulen*, GA 284, S. 112 ff., Dornach ^{3}1992 und: *Mantrische Sprüche – Seelenübungen II*, 1903–1925, GA 268, S. 243 f., Dornach ^{2}2015.

54 «Ein Augenzeuge der Grundsteinlegung berichtet. Aus einer Niederschrift von Max Benzinger», *Mitteilungen,* Heft 3, Nr. 65, Seite 157–160, Michaeli 1963.

55 GA 268, S. 249.

56 GA 268, S. 344 ff. Der Text wurde zunächst von Marie Steiner in *Aus den Inhalten der Esoterischen Schule* veröffentlicht. Er ist erhalten geblieben, weil Rudolf Hahn ihn auf dem Rücken eines Nebenstehenden nachschrieb.

57 *Das Goetheanum*, 3. Jg., Nr. 19, 16. Dezember 1923, *Die Weihnachtstagung zur Begründung der Allgemeinen Anthroposophischen Gesellschaft 1923/1924*, GA 260, S. 28, Dornach ^{5}1994.

58 GA 260, S. 67 ff.

59 Vgl. GA 260, S. 60–69.
60 GA 260, S. 309.
61 GA 284, S. 140.
62 Ebd.
63 Ebd., S. 145.
64 Gundhild Kačer-Bock, «Fünfzig Jahre Rudolf Steiner-Haus in Stuttgart», *Mitteilungen*, Nr. 240, Johanni II, 2007.
65 Fritz Götte, «Grundsteinlegung zum Hause der anthroposophischen Arbeit in Stuttgart», Anthroposophische Gesellschaft Stuttgart, *Rundbrief*, Nr. 2, 1956.
66 Rudolf Steiner, Vortrag in Dornach, 20. September 1924, *Apokalypse und Priesterwirken*, GA 346, S. 239 ff., Dornach 1995.
67 Eberhard Kurras, «Erinnerungen an Emil Bock. Grundzüge seines Wesens und seiner Entwicklung», *Mitteilungen*, S. 23, Ostern 1960.
68 Vortrag am 5. November 1907, «Über die sogenannten Gefahren der okkulten Entwickelung»; Vortrag am 7. November 1907, «Esoterische Entwickelung und übersinnliche Erkenntnis», Rudolf Steiner, *Natur- und Geistwesen – ihr Wirken in unserer sichtbaren Welt*, GA 98, Dornach ²1996.
69 Ebd., Vortrag am 1. Dezember 1907, «Über die Beziehung des Menschen zu der ihn umgebenden Welt».
70 Herta Blume im Gesamtinhaltsverzeichnis 1947–1971 der *Mitteilungen aus der Anthroposophischen Arbeit in Deutschland*, Pfingsten 1972.
71 Emil Bock, *Briefe*, S. 68 f., Stuttgart 1968.
72 Gundhild Kačer-Bock, *Emil Bock. Leben und Werk*, S. 519, Stuttgart 1993.
73 GA 284, S. 143.
74 Mitteilung von B. Picht, zit. nach Husemann, «Rudolf Steiners Zweigraum-Gestaltung und ihr bisheriges Schicksal», *Mitteilungen,* Johanni 1987.
75 *Mitteilungen*, Nr. 1, Frühjahr 1947.
76 Emil Bock, «Von der Arbeit des Stuttgarter Mitarbeiterkreises», *Mitteilungen,* Nr. 1, Frühjahr 1947.
77 «Schlussworte des Abendvortrages über die Erneuerung der drei großen Ideale der Menschheit: Kunst, Wissenschaft und Religion», 22. Februar 1923, Rudolf Steiner, *Das Schicksalsjahr 1923*, GA 259, S. 119, Dornach 1991.
78 Alle Zitate in: *Mitteilungen*, Nr. 3, Dezember 1947.
79 Emil Bock, «Vom Hegen und Pflegen der Anthroposophischen Gesellschaft, Motive aus dem Jahre 1923», *Mitteilungen*, Nr. 3, Dezember 1947.
80 Rudolf Steiner, *Menschenerkenntnis und Unterrichtsgestaltung*, GA 302, S. 95 ff., Dornach ⁵1986.
81 Werner Bohm, *Mitteilungen,* Nr. 1, S. 6, Frühjahr 1947.

82 Erich Gabert, *Mitteilungen,* Nr. 1, S. 13 f., Frühjahr 1947.

83 Helmut Hessenbruch, *Mitteilungen*, Nr. 1, S. 8 f., Frühjahr 1947.

84 Hans Lutz, *Mitteilungen,* Nr. 1, S. 8, Frühjahr 1947.

85 Hellmut Blume, *Mitteilungen*, Nr. 1, S. 13, Frühjahr 1947.

86 Emil Leinhas, *Mitteilungen*, Nr. 1, S. 15 f., Frühjahr 1947.

87 Rudolf Steiner, Ansprache am 20. August 1919, *Allgemeine Menschenkunde als Grundlage der Pädagogik*, GA 293, S. 13 ff., Dornach [9]1992.

88 Rudolf Steiner, *Erziehungskunst. Seminarbesprechungen und Lehrplanvorträge*, GA 295, S. 226, Dornach [5]2019.

89 Ebd., S. 228.

90 Ebd., S. 228 f.

91 Rudolf Steiner, *Ritualtexte für die Feiern des freien christlichen Religionsunterrichtes und das Spruchgut für Lehrer und Schüler der Waldorfschule*, GA 269, S. 163, Dornach 1997.

92 Emil Bock, «Eine Englandreise Juli 1947», *Mitteilungen,* Nr. 2, S. 16 f., Oktober 1947.

93 Ebd.

94 Paula Dieterich, «Bericht über die Generalversammlung Ostern 1948», *Mitteilungen*, Nr. 4, S. 2 ff., Mai 1948.

95 Bericht Erich Schwebsch, «Nach der Dornacher Generalversammlung», ebd., S. 5 f.

96 Hermann Poppelbaum, «Ein Brief», ebd., S. 10 f.

97 Dieterich, ebd., S. 3.

98 Erich Schwebsch, ebd., S. 5 f.

99 Clara Kreutzer, «Gedanken zur Delegiertentagung Ostern 1948 in Dornach», ebd., S. 7.

100 Emil Bock, «Ein eindruckvolles Erlebnis. Die Berichte aus der anthroposophischen Arbeit in den verschiedenen Ländern», ebd., S. 9 f.

101 Rudolf Steiner, *Die Konstitution der Allgemeinen Anthroposophischen Gesellschaft und der Freien Hochschule für Geisteswissenschaft*, GA 260a, S. 109, Dornach [2]1987.

102 *Mitteilungen*, Nr. 1, Frühjahr 1947.

103 Franz Geraths, *Christian Morgenstern, sein Leben und sein Werk*. Dissertation, München 1926.

104 Franz Michael Geraths, Caroline von Heydebrand, *Märchen- und Legendenspiele für Kinder*, Stuttgart 1970.

105 Rudolf Steiner, «Die medizinische Fakultät und die Theosophie», Berlin, 25. Mai 1905, *Ursprung und Ziel des Menschen. Grundbegriffe der Geisteswissenschaft,* GA 53, S. 473, Dornach [2]1981.

106 Rudolf Steiner, *Die Konstitution der Allgemeinen Anthroposophischen Gesellschaft und der Freien Hochschule für Geisteswissenschaft. Der Wiederaufbau des Goetheanum 1924–1925*, GA 260a, S. 717, Dornach [2]1987.

107 Rudolf Steiner, *Zur Geschichte und aus den Inhalten der ersten Abteilung der Esoterischen Schule 1904–1914*, GA 264, S. 508, Dornach [2]1996.

108 Alexander Lüscher, *Beiträge zur Rudolf Steiner Gesamtausgabe,* Heft Nr. 118/119, Sommer 1997, S. 236.

109 Emil Leinhas, «Der Kommende Tag, Aktiengesellschaft zur Förderung wirtschaftlicher und geistiger Werte», *Aus der Arbeit mit Rudolf Steiner*, S. 163 ff., Basel 1950.

110 A. G. Degenaar (Hrsg.), *Krankheitsfälle und andere medizinische Fragen, besprochen mit Rudolf Steiner*, Dornach 2008.

111 Emil Leinhas, *Aus der Arbeit mit Rudolf Steiner*, S. 177 f., Basel 1950.

112 Rudolf Steiner, «Sitzung mit dem Dreißigerkreis», Stuttgart, 31. Januar 1923, *Das Schicksalsjahr 1923 in der Geschichte der Anthroposophischen Gesellschaft*, GA 259, S. 233 f., Dornach 1991.

113 Ebd., S. 235.

114 Rudolf Steiner u. Ita Wegman, *Grundlegendes für eine Erweiterung der Heilkunst nach geisteswissenschaftlichen Erkenntnissen*, GA 27, Dornach [8]2014.

115 Lili Kolisko, *Milzfunktion und Plättchenfrage*, Der Kommende Tag AG Verlag, Stuttgart 1922.

116 Rudolf Steiner, «Die Evolution der Welt im Zusammenhang mit der Evolution des Menschen», Penmaenmawr, 30. August 1923, *Initiations-Erkenntnis*, GA 227, S. 276 f., Dornach [4]2000.

117 Ebd.

118 Rudolf Steiner, «Sitzung mit dem Dreißigerkreis», Stuttgart, 31. Januar 1923, *Das Schicksalsjahr 1923 in der Geschichte der Anthroposophischen Gesellschaft*, GA 259, S. 250, Dornach 1991.

119 Eberhard Schickler, Josef Schulz, Hans Heinze, *Mitteilungen*, Nr. 1, Frühjahr 1947.

120 Hans Heinze, *Mitteilungen*, Nr. 1, S. 18, Frühjahr 1947.

121 Hans Heinze, *Mitteilungen*, Nr. 5, S. 43, September 1948.

122 https://www.demeter-bw.de/kulturregion/kulturregion-rund-um-stuttgart; 14. Juni 2022.
Demeter Baden-Württemberg, Vereinigung der AG für Biologisch-Dynamische Wirtschaftsweise Baden-Württemberg e.V., Hauptstr. 82, 70771 Leinfelden-Echterdingen.

123 Gerbert Grohmann, «Die naturwissenschaftliche Arbeitswoche in Stuttgart vom 29. Juli bis 2. August 1947», *Mitteilungen*, Nr. 2, S. 12, Oktober 1947.

124 Gerbert Grohmann, ebd., S. 12 f.
125 Georg Hartmann im Bericht über die Tagung, *Mitteilungen,* Nr. 4, S. 26, Mai 1948.
126 Die untersinnliche, unterphysische oder auch untermaterielle Welt beschreibt Rudolf Steiner als eigenständige Unter-Natur, die sich unter der sinnlich wahrnehmbaren Natur verbirgt und Kräfte besitzt, die den menschlichen Willenskräften verwandt sind. *Die geistigen Hintergründe der sozialen Frage,* GA 191, S. 51, Dornach ³1989.
127 Emil Leinhas, *Mitteilungen,* Nr. 1, Frühjahr 1947.
128 Emil Leinhas, «Kleine Betrachtung zu einem großen Problem», *Mitteilungen,* Nr. 2, S. 9 f., Oktober 1947.
129 Fritz Götte, «Der Heidenheimer Arbeitskreis», *Mitteilungen,* Nr. 4, S. 28 f., Mai 1948.
130 «Sozialwissenschaftliches Seminar», *Mitteilungen,* Nr. 5, S. 38 ff., September 1948.
131 Rolf Henrich, *Der vormundschaftliche Staat. Vom Versagen des real existierenden Sozialismus,* Reinbek 1989.
132 Rudolf Steiner, *Die Erkenntnis-Aufgabe der Jugend,* GA 217a, S. 117, Dornach ²1981.
133 Ebd., S. 121.
134 Homepage des Goetheanums, goetheanum.ch, Fachsektionen, Jugend; abgerufen am 22.8.2021, 23:00.
135 «Anthroposophische Jugendarbeit», *Mitteilungen,* Nr. 4, S. 23 f., Mai 1948.
136 Helmut von Kügelgen, «Das Freie Jugendseminar Stuttgart», *Mitteilungen,* Nr. 69, Michaeli 1964.
137 Fritz Büchtger, *Mitteilungen,* Nr. 2, Oktober 1947.
138 Anny von Lange, «Musiktagung in Hepsisau», *Mitteilungen,* Nr. 5, S. 36, September 1948.
139 Martha Brons-Morell, *Mitteilungen,* Nr. 2, S. 14, Oktober 1947.
140 Ebd.
141 *Mitteilungen,* Nr. 5, September 1948.
142 Julius Hebing, «Orientierung im künstlerischen Chaos der Zeit», *Erziehungskunst,* Mai/Juni 1949.
143 Ernst Weißert, «Ein Leben im Dienst der Farbe», *Erziehungskunst,* 1973, Nr. 9.
144 Ekkehard Randebrook, «Die Glasfenster in der Waldorfschule Uhlandshöhe in Stuttgart», *Erziehungskunst,* April 1984.
145 Willy Mayr, «Treffen bildender Künstler», *Mitteilungen,* Nr. 5, S. 38, September 1948.

146 Fritz Götte, «Vom ‹Hausgeist› des Stuttgarter Baus», *Mitteilungen*, Nr. 60, Johanni 1962.

147 Walther Roggenkamp, «Zur Ausgestaltung des Rudolf Steiner-Hauses», Anthroposophische Gesellschaft Stuttgart, *Rundbrief*, Nr. 13, März 1965.

148 Magdalene Siegloch, «Bericht über die Mitglieder-Hauptversammlung im Rudolf Steiner-Haus am 11. Februar 1973», Anthroposophische Gesellschaft Stuttgart, *Rundbrief*, Nr. 21, April 1973.

149 Rudolf Steiner, «Der Dornacher Bau – ein Haus der Sprache», *Wege zu einem neuen Baustil*, GA 286, S. 72, Dornach ^{3}1982.

150 Walther Roggenkamp, «Der Glasschliff», *Stil*, Ostern 1982, Heft 1.

151 Assja Turgenieff, *Rudolf Steiners Entwürfe für die Glasfenster des Goetheanum*, Dornach 1961.

152 Rudolf Steiner, «Die Bedeutung der die Erde umgebenden Himmelskörper für das Leben des Menschen», Bern, 25. Januar 1924, *Esoterische Betrachtungen karmischer Zusammenhänge*, GA 240, S. 18 ff., Dornach ^{5}1992.

153 Die Reproduktionen der Bildwerke des großen Saals sind dem Buch *Lebensschrift – Bildwege* von Heten Wilkens und Walther Roggenkamp, Stuttgart 1983, entnommen.

154 Rudolf Steiner, «Das Märchen vom Quellenwunder», *Vier Mysteriendramen*, GA 14, S. 196 ff., Dornach ^{5}1998.

Literaturverzeichnis

Emil Bock, *Briefe*, Stuttgart 1968.

A. G. Degenaar (Hrsg.), *Krankengeschichten. Krankheitsfälle und andere medizinische Fragen, besprochen mit Rudolf Steiner*, Dornach 2008.

Franz Geraths, *Christian Morgenstern, sein Leben und sein Werk*, Dissertation, München 1926.

Franz Michael Geraths/Caroline von Heydebrand, *Märchen- und Legendenspiele für Kinder*, Stuttgart 1970.

Johann Wolfgang von Goethe, *Werke*, Hamburger Ausgabe in vierzehn Bänden, (HA), hrsg. von Erich Trunz, München 2000.

Goethe-Farbenstudio am Goetheanum (Hrsg.), *Der Farbenkreis. Beiträge zu einer goetheanistischen Farbenlehre*, 5 Hefte, Stuttgart 1981–1986.

Daniel Jonah Goldhagen, *Hitlers willige Vollstrecker – Ganz gewöhnliche Deutsche und der Holocaust*, München 1996.

Rolf Henrich, *Der vormundschaftliche Staat. Vom Versagen des real existierenden Sozialismus*, Reinbek 1989.

Gisbert Husemann/Johannes Tautz (Hrsg.), *Der Lehrerkreis um Rudolf Steiner in der ersten Waldorfschule*, Stuttgart 1979.

Gundhild Kačer-Bock, *Emil Bock. Leben und Werk*, Stuttgart 1993.

Emil Leinhas, *Aus der Arbeit mit Rudolf Steiner*, Basel 1950.

Alexander Lüscher, *Beiträge zur Rudolf Steiner Gesamtausgabe*, Heft Nr. 118/119, Sommer 1997.

Anna Samweber, *Aus meinem Leben. Erinnerungen an Rudolf Steiner und Marie Steiner-von Sivers*, Dornach 2009.

Hartwig Schiller, *Aller Anfang. Gründergestalten der anthroposophischen Arbeit in Stuttgart*, Stuttgart 2020.

Rudolf Steiner, *Vier Mysteriendramen*, GA 14, Dornach ^{5}1998.

— *Die Kernpunkte der sozialen Frage*, GA 23, Dornach ^{7}2022.

— /Ita Wegman, *Grundlegendes für eine Erweiterung der Heilkunst nach geisteswissenschaftlichen Erkenntnissen*, GA 27, Dornach ^{8}2014.

— *Ursprung und Ziel des Menschen. Grundbegriffe der Geisteswissenschaft*, GA 53, Dornach ^{2}1981.

— *Natur- und Geistwesen – ihr Wirken in unserer sichtbaren Welt*, GA 98, Dornach [2]1996.
— *Mysterienwahrheiten und Weihnachtsimpulse. Alte Mythen und ihre Bedeutung*, GA 180, Dornach [3]2017.
— *Die geistigen Hintergründe der sozialen Frage*, GA 191, Dornach [3]1989.
— *Die Erkenntnis-Aufgabe der Jugend*, GA 217a, Dornach [2]1981.
— *Initiations-Erkenntnis*, GA 227, Dornach [4]2000.
— *Esoterische Betrachtungen karmischer Zusammenhänge*, GA 240, Dornach [5]1992.
— *Das Schicksalsjahr 1923 in der Geschichte der Anthroposophischen Gesellschaft*, GA 259, Dornach 1991.
— *Die Weihnachtstagung zur Begründung der Allgemeinen Anthroposophischen Gesellschaft 1923/1924*, GA 260, Dornach [5]1994.
— *Die Konstitution der Allgemeinen Anthroposophischen Gesellschaft und der Freien Hochschule für Geisteswissenschaft. Der Wiederaufbau des Goetheanum 1924–1925*, GA 260a, Dornach [2]1987.
— *Zur Geschichte und aus den Inhalten der ersten Abteilung der Esoterischen Schule 1904–1914*, GA 264, Dornach [2]1996.
— *Mantrische Sprüche – Seelenübungen II, 1903–1925*, GA 268, Dornach [2]2015.
— *Ritualtexte für die Feiern des freien christlichen Religionsunterrichtes und das Spruchgut für Lehrer und Schüler der Waldorfschule*, GA 269, Dornach 1997.
— *Bilder okkulter Siegel und Säulen*, GA 284, Dornach [3]1992.
— *Wege zu einem neuen Baustil*, GA 286, Dornach [3]1982.
— *Allgemeine Menschenkunde als Grundlage der Pädagogik*, GA 293, Dornach [9]1992.
— *Erziehungskunst. Seminarbesprechungen und Lehrplanvorträge*, GA 294, Dornach [5]2019.
— *Menschenerkenntnis und Unterrichtsgestaltung*, GA 302, Dornach [5]1986.
— *Apokalypse und Priesterwirken*, GA 346, Dornach 1995.

Wolfgang Trees/Charles Whiting/Thomas Omansen, *Drei Jahre nach Null. Geschichte der britischen Besatzungszone 1945–1948*, Düsseldorf 1978.

Assja Turgenieff, *Rudolf Steiners Entwürfe für die Glasfenster des Goetheanum*, Dornach 1961.

Uwe Werner, *Anthroposophen in der Zeit des Nationalsozialismus (1933–1945)*, München 1999.

Heten Wilkens / Walther Roggenkamp, *Lebensschrift – Bildwege. Glasfenster und Bildteppiche im Rudolf Steiner-Haus Stuttgart*, Stuttgart 1983.

Internet: www.ajrrefugeevoices.org.uk / www.biographien.kulturimpuls.org / www.demeter-bw.de / www.goetheanum.ch / www.historisches-lexikon-bayerns.de / www.jugendseminar.de

Bildnachweis

AGiD: 39; 52; 53; 61; 83; 84; 85; 217 / *Archiv der Verlage Freies Geistesleben & Urachhaus:* 41; 42 (unten); 44 (Mitte); 46 (unten); 47 (unten); 48 (unten); 49 (oben, Mitte); 50 (Mitte); 76; 77; 89; 91; 93; 98; 100; 103; 123; 151; 180; 218; 226; 229 (unten); 233; 242-251 / *biographien.kulturimpuls.org:* 39 (unten); 40; 43; 44 (oben); 45 (unten); 46 (oben); 47 (oben); 48 (oben, Mitte); 50; 51; 66; 92; 95; 101; 105 (unten); 107; 111; 113; 115; 116; 118; 120; 154; 156; 157; 158; 160; 161; 164; 165; 174; 176; 178; 179; 186; 187; 189 (oben); 212; 216; 219; 220; 222; 224; 225 (unten); 228; 229 (oben); 230 / © *Rudolf Bosse:* 191 / *Courtesy of the Ruprecht-Karl-Universität, Heidelberg:* 189 (unten) / *demeter-bw.de:* 181; 184 / *discogs.com:* 213 / *Edition Immanente:* 45 / *Erziehungskunst Archiv:* 44 / *inclusivesocial.org:* 182 / *jugend-projekt.org:* 204 (unten) / *Kosmos Förlag:* 43 (oben) / *Landesmedienzentrum Baden-Württemberg:* 126 (links); 127 (Mitte, unten) / *Thomas Neuerer:* 126 (rechts) / *Niedersächsisches Institut f. frühkindliche Bildung u. Entwicklung e. V.:* 210 / *Privatbesitz:* 17; 43 (unten) / *rolf-speckner.de:* 42 (unten) / *Rudolf Steiner-Nachlassverwaltung:* 67; 68; 80 / *sabu-verbundgruppe.de:* 105 oben / © *Ursus Samara:* 39 (Mitte) / *Hartwig Schiller:* 204 (oben)

Einbandmotiv und Frontispiz: Skizze aus *Mensch und Baukunst*, Anthroposophischer Architektenkreis (Hrsg.), Heft 2/7. Jg., Januar 1958, S. 19.

Namenregister

Über den Autor

Hartwig Schiller, geboren 1947, studierte Philosophie, Politologie, Psychologie und Pädagogik. Nach dem Studium war er als Klassen- und Fachlehrer an der Rudolf Steiner Schule Hamburg-Wandsbek und ab 1980 in der Lehrerbildung tätig. 1987 wurde er als Dozent an die Freie Hochschule Stuttgart berufen, war Mitarbeiter der Pädagogischen Sektion am Goetheanum in Dornach und über viele Jahre Vorstandsmitglied des Bundes der Freien Waldorfschulen. Schwerpunkte seiner Tätigkeit lagen in der internationalen Zusammenarbeit weltweit, der Beratung neu gegründeter Schulen und der Öffentlichkeitsarbeit. Von 2007 bis 2016 war er Generalsekretär der Anthroposophischen Gesellschaft in Deutschland (AGiD). Seit mehr als zwanzig Jahren ist er in Korea aktiv, wo er in Ansan an dem Projekt «Kunst, Anthroposophie und Pädagogik» mitwirkt. 2020 ist von ihm *Aller Anfang. Gründergestalten der anthroposophischen Arbeit in Stuttgart* im Verlag Freies Geistesleben erschienen.